上海市信息资源管理学科建设项目
上海市学位委员会"图情档学科学位点建设与培育"项目
上海大学图书情报档案系建设项目

学术社区知识交流模式研究

丁敬达　著

世界图书出版公司

上海·西安·北京·广州

图书在版编目(CIP)数据

学术社区知识交流模式研究/丁敬达著. —上海：
上海世界图书出版公司,2013.1
ISBN 978-7-5100-5427-3

Ⅰ. ①学… Ⅱ. ①丁… Ⅲ. ①社区—知识传播—研究
Ⅳ. ①G2

中国版本图书馆 CIP 数据核字(2012)第 296995 号

责任编辑:应长天
装帧设计:车皓楠
责任校对:石佳达

学术社区知识交流模式研究

丁敬达　著

上海世界图书出版公司 出版发行

上海市广中路 88 号
邮政编码 200083
上海市印刷七厂有限公司印刷
如发现印装质量问题,请与印刷厂联系
(质检科电话：021-59110729)
各地新华书店经销

开本：787×1092　1/16　印张:14.75　字数:240 000
2013 年 1 月第 1 版　2013 年 1 月第 1 次印刷
ISBN 978-7-5100-5427-3/G·345
定价：38.00 元

http://www.wpcsh.com.cn
http://www.wpcsh.com

序

　　学术界的科学知识交流是一个传统的老问题,但又是一个跨学科研究的新课题。集全球化、交互性、即时性、经济性、开放性、共享性、个性化于一体的网络环境,改变了传统的学术交流生态,产生了各种类型的学术社群乃至在线学术社区,对既有的科学知识交流方式产生了很大影响和变革。因此,该书以"学术社区知识交流模式"作为选题无疑具有重要的理论和现实意义。

　　该书是丁敬达在其武汉大学博士学位论文的基础上修改、补充和完善而成的。作为其导师,我对该书的选题和形成可能比别人了解得更多一些。2009年,我主持并获批了国家自然科学基金项目"基于作者学术关系的知识交流模式与规律研究"(70973093),当时,丁敬达刚好是我的在读二年级博士研究生,他坚持继承与创新相结合,在对该项目深入学习、领悟、研究的基础上,巧妙地与自己的人生阅历、专业背景和知识结构相融合,选择了当下为图书情报学界关注的、这一具有学术高度的研究命题(其博士毕业当年即以该选题获得教育部人文社会科学青年基金项目)。该书正是作者对这一选题研究成果的集中呈现。

　　作者通过图书馆学、情报学、知识管理学、社会学、科学学、组织行为学等学科的跨学科研究,采用规范研究与实证分析相结合、综合归纳与演绎推理相结合、理论与实践相结合、文献调研、网上调研与实地调研相结合等的科学研究方法,建立了学术社区知识交流模式研究的理论框架和概念体系,系统研究了泛在信息时代学术社区知识交流的类型、特征、影响因素和内在机制,构建了学术社区知识交流的典型模式,并结合文献计量学、科学计量学等相关理论和方法,对构建的学术社区部分知识交流模式进行了实证分析。此外,本书还初步探讨了学术社区知识交流模式在学术社区用户信息服务、学术交流政策和科研管理等方面的应用。

　　该书篇章结构合理,论述深入,观点鲜明,资料翔实,既有深刻的理论分析,又有大量的实证研究及案例研究,具有创新性、系统性、科学性和实用性,有着重要的科学理论价值和实际指导意义。本书出版在即,作为他的导师我感到由衷地欣慰!希望他再接再厉、积极进取,在学术的道路上取得更多、更好的研究成果。

邱均平 *

2012 年 10 月 18 日于武汉大学

---

　*　邱均平,我国著名情报学家和评价专家,湖北省有突出贡献专家和享受国务院特殊津贴专家。武汉大学信息管理学院和教育科学学院教授、博士生导师,全国百篇优秀博士学位论文提名奖指导教师(两篇)、国家社科基金重大项目主持人,湖北省人文社会科学重点研究基地——武汉大学中国科学评价研究中心主任、《评价与管理》杂志主编。

前　言

当今"大科学"时代从业人员和科技文献数量的激增以及学术信息出版和交流的全面数字化,使得科研人员置身于信息的"海洋"中难以很快寻找到解决科学研究问题所急需的知识。集全球化、交互性、即时性、经济性、开放性、共享性、个性化于一体的数字化、网络化科研环境,不仅改变了传统的学术交流生态,产生了各种类型的学术社群乃至在线学术社区,而且改变了传统的科学知识交流方式,表现为诸如研究方式、知识信息获取和创造方式的变化,研究成果的发布、评价、传播方式的变化等等。因此,研究和探索当前泛在信息环境下学术社区知识交流的类型、特征、影响因素和内在机制,构建其知识交流模式,对促进学术社区科学知识的有效有序流动、提高科学研究效率以及加快国家创新体系的建设都具有重要的理论和现实意义。

本书首先对国内外目前有关学术社区知识交流的研究现状进行了述评;然后通过广泛的文献、网络调研和社会访谈,按照"理论探讨——模式构建——实证分析——应用研究"的思路和技术路线,尝试对学术社区知识交流模式进行探索性研究和构建。

首先,通过系统地梳理学术社区知识交流的相关基础理论,在比较和区分学术社区知识交流与信息交流、科学交流等异同的基础上,给出了学术社区知识交流的概念定义,界定了论述的对象和范围;并对学术社区知识交流的类型、特征、影响因素和内在机制进行了深入的分析,深化了对学术社区知识交流的认识,为模式的构建奠定了理论基础。

其次,在对科学知识宏观交流模式发展和演化轨迹梳理和把握的基础上,重点从微观知识交流角度,以个人和群体两个层面构建了学术社区人际知识交流模式;然后,将在国内外研究中相互分离的人与人、人与知识以及知识与知识的交流相统一于"酝酿——研究——发表——评议"这一知识生产生命周期流程,运用系统论的思想和方法,研究构建了学术社区基于知识生产创作过程的知识交流模式；并对虚拟学术社区知识交流模式进行了初步探讨。

再次，结合文献计量学、科学计量学等相关理论和方法，对学术社区中的作者合作、作者耦合、关键词共现等知识交流模式进行了实证分析。此外，由于以网络为载体的知识交流越来越成为一种重要的交流方式，本书还分别以图书情报学和档案学重要期刊为例，实证分析了各自的网络引文类型、域名分布与可追溯性的相互关系等特征。

最后，探讨了学术社区知识交流模式在用户知识信息服务、学术交流政策制定和科研管理等方面的应用。

本书适合图书情报文献学、知识管理学、科学社会学等专业的本科生、研究生以及相关感兴趣的研究者、学者阅读、使用。

目　　录

1 绪 论

1.1 选题背景与研究意义

1.1.1 选题背景

交流是科学的本质。英国著名科学家 Francis Crick 曾经说过"Communication is the essence of science(交流是科学的本质)"。科学发展的目标是无止境的、循序渐进地接近绝对真理,每一次接近都比以往的更加精确。而每一次对真理的逼近,都是通过科学家们艰辛的科学研究实现的,科学家通过实验,以及通过对相关研究成果或相关研究问题所积累的知识进行分析和综合,研究所观察到的现象及其基本特性,发现这些现象之间的新的联系,然后得出它们的规律性。然而,为确认所得出的这种规律或曰知识是否以及在多大程度上接近真理,他需要和同行进行交流,以便让其他科学家进行检验和提出学术争鸣,正是在这种检验与被检验、批评与反批评、挑战与应战的学术交流和争鸣中,推动学术共同体不断地从相对真理逼近绝对真理。本质上,科学研究这种不断地修正错误和接近真理的过程其实也就是知识交流的过程。另外,学术只有通过交流才能为同行所用、所参考,并对学术思想的发展和人类知识体系做出贡献;同时,交流中自己也能获得新的知识创新灵感。

科学自身发展的特点需要进行知识交流。近现代以来,学科的分工和现代学科体系的建立使科学发展呈现出这样的特点:科学知识体系不断加深着的微分化和增长着的积分化。科学知识的微分化,一方面,是因为人类认识能力的相对有限性,因而对自然的认识在初级阶段不得不采取分解分析的方法;另一方面,是因为学术分工与专业化的高效率。然而,这个过程在颇大程度上是由于工业组织方法渗入到科学中所引起的,并不是由科学发展的内在逻辑所决定的,因为科学认识的客体——自然,实际上是统一的和不可分割的。科学的分解分析仅仅把事物分解成为各个组成部分,并不能足够认识事物的本质和全貌。要认清事物的本质,还需要综合,即揭示将各个组成部分联系成统一整体的本质上共同的东西,这便需要科学的积分化。积分的过程进行得越快,我们在认识现实的道路上的步伐就越快。所以,需要积极进行知识交流、传递有效科学情报以便创造科学知识积分化的条件。

知识创新本身要求进行交流。一方面,由于学科的分工和个人的有限理性使得每一个知识创新主体所掌握的知识都是不完备和分散的,根据汪丁丁的研究①,知识本身又具有互补性,使得进行知识创新必须进行知识交流和整合;另一方面,知识创新是知识生产与应用相互作用的结果,而当前知识生产与创新的主体是政府投资建立的大学和公益性科研机构,知识应用和技术创新的主体是企业,加强二者之间的协作、促进知识更好的创新需要进行有效、有序的知识交流。

集全球化、交互性、即时性、经济性、开放性、共享性、个性化于一体的网络环境,不仅改变了传统的学术交流生态,产生了多种类型的非正式组织的学术群体或在线虚拟学术社区,而且改变了传统的科学知识交流方式,表现为诸如研究方式、知识信息获取和创造方式的变化,研究成果的发布、评价、传播方式的变化等等。因此,研究和构建当前泛在信息环境下的学术社区知识交流模式,对促进学术社区科学知识的有效有序交流以及加快国家创新体系的建设进程都具有重要的理论和现实意义。

1.1.2 研究意义

(1) 有利于促进知识的原始创新

科学的发展表明知识是连续的、循序渐进的,人的思维也是逻辑的、线性的,而知识创新是一种高度的创造性活动,强调知识的跳跃以及非逻辑或非线性的思维,如联想、灵感、顿悟等。一个人的认识水平总会受到自身经验、知识结构等方面的制约,通过与不同知识结构、学术背景的同行进行讨论、交流与合作,思维的广度和深度都会变化,从而能够打破线性思维产生创新的火花。另一方面,知识交流活动人员构成上的分散性,推动相关领域专家进行跨学科的联合,导致参与者之间知识的异质性、互补性突出,促进学科的交叉融合,为知识创新创造了条件。

---

① 见汪丁丁《知识沿时间和空间的互补性以及相关的经济学》,《经济研究》1997 年第 6 期,第 70 - 78 页。

（2）有利于促进知识的共享和扩散

现代科学技术的迅速发展，使得每个知识工作者不得不仅仅关注自己感兴趣的领域、缩小自己的专业范围，"每个人知道越来越多的关于越来越少的事情"①。不同专业方向的研究人员将因此在本领域的生产和应用中具有比较优势。而知识交流具有思想、信息的传递作用，能够减少这种信息的不对称、知识的不完备性，因此，知识交流是知识工作者获取最新信息和知识的重要方式即知识共享。知识又是技术创新的源泉，并且知识的应用具有非竞争性，一项科学发现往往对多个领域的技术产生深刻影响，然而创新的知识只有通过交流才能实现知识在社会中的扩散，从而引起在社会的广泛应用和持续渐进的创新。

（3）有利于促进国家创新体系建设

在国家创新体系中，知识交流和知识创新具有重要地位，发挥着关键作用。通过构建有序的知识交流模式，有利于营造良好的知识交流环境，促进知识创新活动。其中，有序有效的知识交流是关键，知识创新是目的。但知识创新与其他活动的本质不同的就是其不确定性和不可预测性。由于新知识形成的可能性是不确定的（新思想、新概念、新学说、新突破往往具有偶然性和随机性），因此，把这种可能性变成现实性的条件、途径和结果也将是不确定的。使这种可能性趋向于现实性的唯一途径就是在具有不同知识基础和研究专长的科研人员之间保证科学知识信息的及时流动，因此，研究知识交流的模式可以有效地促进知识创新。国外研究表明，知识创新的失败可以归结为缺乏有效的交流或沟通②，通过构建有序的知识交流模式，有利于营造良好的知识交流环境，从而有利于促进国家创新体系建设。

1.2 国内外研究现状分析

1.2.1 国外研究现状分析

为了解国外同行在知识交流领域的研究现状，笔者利用 Web of Knowledge（涵盖 Science Citation Index Expanded、Social Science Citation Index、Arts & Humanities Citation Index 三大引文数据库）、LISA、PQDD 等

---

① G. Becker & K. Murphy, The Division of Labor, Coordination Costs and Knowledge, Quarterly Journal of Economics, 1992(11), pp. 1137 - 1160.

② C. Freeman, The Economics of Technical Change, Cambridge Journal of Economics, 1994(18), pp. 463 - 514.

多个数据库平台和学术搜索引擎 Google Scholar 从多个角度进行文献检索，并特别将按照题名"knowledge exchange"、"knowledge communication"从 Web of Knowledge 数据库平台检索得到的 175 篇引文记录导入 CiteSpace Ⅱ 软件,得到如表 1－1 所示的高频关键词和图 1－1 所示的论文关键词共现时序网络图。

表 1－1　出现 3 次以上的关键词

序号	关键词	频次	序号	关键词	频次	序号	关键词	频次
1	knowledge exchange	14	13	systems	5	25	sustainable agriculture	3
2	communication	12	14	management	5	26	parental involvement	3
3	knowledge communication	12	15	knowledge transfer	4	27	research-and-development	3
4	innovation	10	16	organizations	4	28	creation	3
5	knowledge management	8	17	trust	4	29	multi-agent system	3
6	networks	8	18	social-structure	4	30	behavior	3
7	information	7	19	spillovers	4	31	dynamics	3
8	knowledge	7	20	science	4	32	impact	3
9	performance	7	21	absorptive-capacity	4	33	conference	3
10	model	6	22	education	4	34	social networks	3
11	firm	5	23	integration	4	35	knowledge market	3
12	computer-mediated communication	5	24	industry	3			

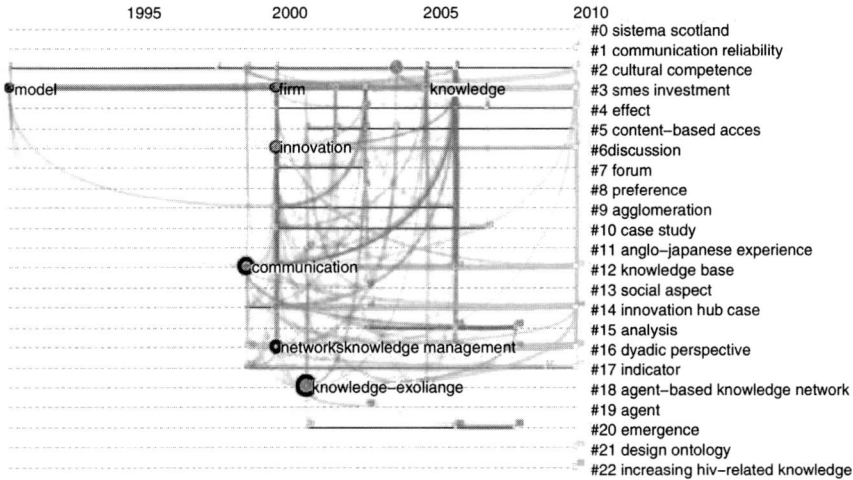

图 1-1　知识交流相关论文关键词共现网络图

　　通过对与本研究主题相关的代表性文献的研读和分析,笔者认为国外对知识交流的研究主要围绕以下几个方面展开:

　　(1)　**知识交流相关理论研究**

　　L. Champika 基于大量文献的调研研究,构建了知识交流和转移的过程模型①。笔者认为该模型综合集成了以往各种知识交流和转移理论,对各种领域的知识交流实践具有一定的指导意义。K. Rennolls 认为可视化的知识表达框架是知识交流有效实施的必要条件②。N. Obeid 提出多智能代理系统来支持跨学科群体的知识交流过程,为知识工作者提供完成他们的任务所需要的知识、经验和洞见;其中,每个智能代理体都是知识经纪人和组织者,除了能够及时的访问知识,它还能帮助理解隐藏在其他成员决策背后的动机和做出这种决策的知识基③。V. Prince 从微观角度研究了将对话交流与本体构建相结合进行知识分享和管理,并展示了智能知识基因通过信息交换而发生

---

① L. Champika, Knowledge communication and translation-a knowledge transfer model, Journal of Knowledge Management, 2009, 13(3), pp. 118-131.

② K. Rennolls & A. Al-Shawabkeh, Formal structures for data mining, knowledge discovery and communication in a knowledge management environment, Intelligent Data Analysis, 2008, 12(2), pp. 147-163.

③ N. Obeid & A. Moubaiddin, Dialogue and Argumentation in Knowledge Communication. N. Callaos, Wmsci 2008: 12th World Multi-Conference on Systemics, Cybernetics and Informatics, Vol Vii, Proceedings. Orlando: Int Inst Informatics & Systemics, 2008, pp. 318-323.

的动态修改过程,信息通过和智能知识基因相结合很大一部分变为了知识①。L. Wang 基于本体建立了一种包含动态虚拟社区的知识交流结构,为了提高交流质量,一个高级路由选择列表通过社区和领域本体被分类,并通过创建本体知识基和路由服务智能体使之能够发现、调控和定位服务资源②。P. P. Ray 通过对英国著名诗人泰戈尔农村改造知识交流模型的回顾,企图揭示泰戈尔对孟加拉农村改造计划和执行过程中信息是如何被收集、传播和利用的,并试图解释农村改造中心在信息传播中发挥的突出作用③。这一研究具有重要的借古鉴今的意义,为当代的知识交流带来了一定的启示。R. T. Herschel等人调查了知识交流协议作为促进隐性知识向显性知识转化工具的使用情况,发现具有合理结构的知识交流协议能够显著提高知识转化的过程。④ 笔者认为通过事先协商、签订知识交流协议,有利于避免科研合作中的矛盾和冲突,比如合著论文署名次序等,可以事先商量好。Y. J. Bian 认为对人际关系有着强烈感情依附的个体之间更容易交流和分享知识。⑤ B. Uzzi 的人类学研究揭示出强的人际联系所形成的特殊启发式关系能够促使更为有效的知识交流。⑥ D. Krackhardt提出信任能够消除各方对知识交流不恰当及分享后误用的顾虑。⑦

(2) 知识交流相关实践研究

① 实践社区知识交流。F. L. Lin 调查了学院技术协调社区在解决问题知识交流中所依赖的现实和虚拟关系集合,通过用声望作为跨学院边界的知识交流指标,建立了从社会网络视角解释个人知识交流的相关变量模型,发

① V. Prince, Modelling and managing knowledge through dialogue: A model of communication-based knowledge management. [2010 - 11 - 08]http://hal-lirmm. ccsd. cnrs. fr/docs/00/12/28/46/PDF/VPicsoft2. pdf.

② L. Wang, X. L. Yu, Research on knowledge communication of dynamic virtual communities based on ontology. X. He, Third International Conference on Information Technology and Applications, Vol 1, Proceedings, Los Alamitos: IEEE Computer Soc, 2005, pp. 567 - 572.

③ P. P. Ray, Knowledge communication in Tagore's Model for rural reconstruction: an Overview, Annals of Library and Information Studies, 2005, 52(3), pp. 94 - 102.

④ R. T. Herschel, Tacit to explicit knowledge conversion: knowledge exchange protocols, Journal of Knowledge Management, 2001, 5(1), pp. 107 - 116.

⑤ Y. J. Bian, Bringing strong ties back in: Indirect ties, network bridges, and job searches in China, American Sociological Review, 1997(62), pp. 366 - 385.

⑥ B. Uzzi, Social structure and competition in interfirm networks: the paradox ofmbeddedness, Administrative Science Quarterly, 1997, 42, p. 35267.

⑦ D. Krackhardt, Assessing the political landscape: structure, cognition and power in organizations, Administrative Science Quarterly, 1990, 35, pp. 342 - 369.

现声望在在线社区知识交流中具有重要的贡献,社区成员倾向于在一个他们得到相关建议的小群体中进行互惠式的交流而不愿花费较多的时间和精力帮助别的学院技术协调社区,并且在线知识贡献对通过有限的个人网络积累声望具有中介的积极作用。[①] 此文以实证研究的方式对松散连接的实践社区中个人知识交流进行关注,以及对关系进行评估,对于深入研究不同群体的知识交流具有重要的创新和启示意义。B. Margarete对群体知识交流的促进和阻碍因素进行了研究,认为群体的交流绩效依赖各种不同的输入和过程变量,如任务类型、知识同质程度、无法编码化的信息交流等,认为对群体交互过程的干预和调节能够有效支持知识交流。[②] 很多研究都是讨论群体中预知的、明晰化知识交流,而该研究却对群体交互作用过程中产生的信息进行探讨,视角较新,有利于支持隐性知识管理和交流的进一步研究。E. Zaretsky以一个网络论坛为例研究了用户的知识生成、交流合作乃至知识管理,发现参与实验者能够很快交流各自研究领域的知识,尤其是增加了他们向论坛传输文献资料的动力,并指出虚拟电脑网络为用户的评论、交流和文献交换提供了对等的环境。[③] M. D. Laat利用社会网络分析和内容分析技术研究了德国公安部门的实践社区中成员的交流、共享和构建知识的模式[④]。A. Moreno[⑤] 通过对银行社会网络或实践社群(Communities of Practice,简称 CoP,即享有共同兴趣和目标的专业人员的非正式群组)的存在结构、组织学习、知识交流的现状进行实证分析和研究,从而提出通过实践社群来鼓励组织加强知识交流。A. Heath 将社会网络分析和内容分析作为综合方法研究了一个基于网络的知识社区 Abuzz. com 成员之间的交互模式[⑥]。B. Y. Lu

---

[①] F. L. Lin, Prestige as an Indicator of Knowledge Exchange in the Community of School Technology Coordinators, Online Information Review, 2010, 34(1), pp. 5 - 20.

[②] B. Margarete, Knowledge communication in computer-supported groups: theoretical background and empirical results, Information: Wissenschaft & Praxis, 2008, 59(1), pp. 41 - 48.

[③] E. Zaretsky, Developing Knowledge Generation, Communication and Management In Teacher Education: A Successful Attempt of Teaching Novice Computer Users. Wmsci 2008, 12th World Multi-Conference on Systemics, Cybernetics and Informatics, Vol Vii, Proceedings, N. Callaos, W. Lesso, C. D. Zinn, et al. Orlando: Int Inst Informatics & Systemics, 2008, pp. 282 - 287.

[④] M. D. Laat, Network and content analysis in an online community discourse. [2010 - 11 - 01]http://www.uu.nl/uupublish/content/2002%20Networked%20Learning%201.pdf.

[⑤] A. Moreno, Enhancing knowledge exchange through Communities of Practice at the Inter-American Development Bank, Aslib Proceedings, 2001, 53(8), pp. 296 - 308.

[⑥] A. Heath, Using Social Network Analysis to Study the Interaction Patterns in an Online Knowledge Community. [2010 - 09 - 12]http://onlinelibrary.wiley.com/doi/10.1002/meet.14503901114/full.

研究了在线学习中知识交流的影响因素。[①]

②图书馆知识服务。K. MacDonald 介绍了加拿大一个支持人们将信息变为行动决策的特殊图书馆,它包含四个组成部分,基于 Web 的资源中心和数据交换中心、社区对话和合作平台、基于网络对知识经纪人针对性的访问、支持创新在实践中传播的活动,其核心是其内容和结构都是通过调查研究基于用户的现实需要而设计的。[②] S. Feki 和 E. Gabriel 介绍了集成历史检索知识进行自动化交流服务的概念图书馆。[③]

③智力密集型企业知识交流。L. Z. Ling 等分析了隐性知识在组织中的重要作用,阐述了组织通过创建良好的知识交流环境能够加速隐性知识的显性化。[④] J. W. Coffey以实证的方式研究了核动力企业高级职员知识交流的影响因素。[⑤] P. A. Saparito讨论了在小金融资本借贷市场交流频度、自身利益和关系信任这三个因素对银行获取企业信贷知识的影响,发现企业与银行的交流频度和信任关系与银行获得企业知识程度存在显著的正相关关系。[⑥] F. Martin-Niemi & R. Greatbanks 认为通过 Web 2.0 以说故事的方式讲述用户的个人体验以及使用 Wiki 等虚拟社会连接关系能够较好地满足中小企业在向大企业发展过程中的知识交流和合作需要。[⑦]

---

① B. Y. Lu, Knowledge communication: Factor analysis of the open e-learning resources in higher education. N. Callaos, Wmsci 2007, 11th World Multi-Conference on Systemics, Cybernetics and Informatics, Vol Iii, Proceedings, Orlando: Int Inst Informatics & Systemics, 2007, pp. 211 - 216.

② K. MacDonald, Alzheimer Knowledge Exchange: turning information into action, Feliciter, 2007, 53(1): 46 - 47.

③ S. Feki & E. Gabriel, Incorporating Historic Knowledge into a Communication Library for Self-Optimizing High Performance Computing Applications. S. Brueckner, Saso 2008, Second Ieee International Conference on Self-Adaptive and Self-Organizing Systems, Proceedings, Los Alamitos: Ieee Computer Soc, 2008, pp. 265 - 274.

④ L. Z. Ling, Study on improving efficiency of knowledge sharing in knowledge-intensive organization, Internet and network economics: First International Workshop, WINE, Hong Kong, China, 2005(12), pp. 15 - 17.

⑤ J. W. Coffey, Impediments to Knowledge Communication by Senior Professionals: A Case Study. N. Callaos, W. Lesso, C. D. Zinn, et al. Orlando: Int Inst Informatics & Systemics, 2008, pp. 123 - 125.

⑥ P. A. Saparito, S. Gopalakrishnan, The Influence of Communication Richness, Self-Interest, and Relational Trust on Banks' Knowledge About Firms Within the Small-Cap Debt Finance Markets, IEEE Transactions on Engineering Management, 2009, 56 (3), pp. 436 - 447.

⑦ F. Martin-Niemi & Greatbanks, SME Knowledge Transfer through Social Networking: Leveraging Storytelling for Improved Communication, M. Purvis, Computer-Mediated Social Networking, Berlin: Springer-Verlag Berlin, 2009, pp. 86 - 92.

（3）学术领域知识交流相关研究

Y.Wu 认为不同学科领域的交叉研究已成为全球科学研究领域发展的趋势,研究机构需要发现新的管理机制以组织不同层次的科研人员进行创新,目前,知识管理和交流管理已经从商业管理中的应用转向了学术管理领域,并提出了研究组织动态知识交流方式的综合模型①。Y.Wu 通过比较知识管理和创新的效果与成员交流自由程度的关系,探讨了特定交流方式的效果和应用,基于研究课题组中不同的知识交流方式构建了知识管理和创新模型。② L. Alkjaersig 通过对大学环境中知识交流和合作的考察,发现当跨学科群体的不同观点相互尊重时其知识交流进行得比较活跃,并能促进科学合作关系。③ A. S. Barb 认为信息技术为放射线学者在决策支持和训练时利用他们的专长提供了很大的帮助,这些领域的合作能够让物理学家获取其他健康领域专家的诊断案例,但他们很少对单独的语义再现和信息交流模型有一致的意见,于是研究提出了在多样合作环境中的语义集成和知识交流模型,从而提供了一种计算和可视化机制联系和识别同类病理所引起的反常医学映像,大大提高了对病例的检索和判断以及相关物理学家的研究效率。④ M. G. Tyshenko 以公众对内分泌紊乱化学药品的副作用的了解及选择为例,认为专门的网站可以作为科学家向公众进行知识转移和传输的工具,通过网站双向互动的交流方式架起了公众与科学专家人员联系的桥梁,获取准确和可靠的专家信息帮助选择出对自己最适用的化学药品。⑤ G. Smith 通过对南非一个从事检晶仪研究的科学家群体知识交流的调查研究,用社会网络分析技

① Y.Wu, The Fusion Model of Knowledge Management and Communication Management in Research Organization. IEEE. 2007, International Conference on Wireless Communications, Networking and Mobile Computing, Vols 1 - 15. New York: IEEE, 2007, pp. 5394 - 5398.
② Y.Wu, Constructing the Application Models of Knowledge Management and Innovation Based on Communication Means in Research Team. 2008 4th International Conference on Wireless Communications, Networking and Mobile Computing, Vols 1 - 31. New York: IEEE. 2008, pp. 11615 - 11618.
③ L. Alkjaersig, Knowledge exchange and cooperation in the university environment, DF Revy, 29(3), pp. 4 - 6, 2006.
④ A. S. Barb, Semantic integration and knowledge exchange for diagnostic medical image databases. IEEE computer source. BIBE 2004, Fourth IEEE Symposium on bioinformatics and bioengineering, proceedings. Los Alamitos: IEEE computer source, 2004, pp. 175 - 182.
⑤ M. G. Tyshenko, K. P. Phillips, M. Mehta, et al. Risk communication of endocrine-disrupting chemicals: Improving knowledge translation and transfer, Journal of Toxicology and Environmental Health-Part B-Critical Reviews, 2008, 11(3), pp. 345 - 350.

术绘制了其知识网络结构和交流实践图谱;研究结果为南非检晶仪研究科学家群体的强社会网络结构提供了明星的证据,由卓越的、较好连接和相关的检晶仪研究者构成了一个核心子网,由他们提供了保持整个网络活力的推动力。这群杰出的群体不仅比他的同事们频繁接触信息和建议,他们还经常发起个人之间和正式的交流活动;他们的多产、在专业团体中的高度可视性以及他们在网络中充当的关键角色已清楚地表明这个核心群体已经达到了优秀的标准,一般在结晶学以及整个科学领域维持着较高的专业形象,科研产出丰富,充当着明星角色;这样,高生产能力、专业领域、创新能力和网络连接交织在一起,检晶仪研究者的工作环境和伴随的工作结构明显地影响网络交互,工作的群体结构刺激网络交互、个人活动和知识生产,且这些群体的领导者通常充当看门人的角色,确保输入、解释新信息和知识。①

此外,自从 M. Smith 提出合著论文可用作科研合作研究的计量指标之后②,科学合作便一直成为人们关注和研究的对象。国外已有大量学者对作者合作的动机进行了研究,按照合作的交流理论,笔者认为通过认知、知识和技能式合作而产生的合著论文蕴含了合作主体之间的知识交流。对科学合作统计计量的研究多是基于文献计量指标集中在国家、地区或机构层面,限于技术和条件没能深入到作者合作模式和合作结构研究,直到最近,随着社会网络分析和复杂网络理论的不断发展和完善,物理学家 M. Newman 通过对生物医药、物理学和计算机科学领域大规模作者合著的实证分析,研究了作者合著的网络结构,发现作者合作符合 D. J. Watts 和 S. H. Strogatz 提出的小世界原理③④⑤。科学计量学家 H. Kretshmer 认为,以后的合作研究应该多关注微观的作者层面。⑥ 著名科学社会学家 W. Hagstrom 还从社会学的

① G. Smith, Knowledge transfer and information communication in science: Mapping social networks among crystallographers in South Africa. D. Remenyi, Proceedings of the 4th International Conference on Intellectual Capital, Knowledge Management and Organisational Learning. Nr Reading: Academic Conferences Ltd. 2007, pp. 393 – 401.

② M. Smith, The trend toward multiple authorship in psychology, American Psychologist, 1958(13), pp. 596 – 599.

③ D. J. Watts, S. H. Strogatz, Collective dynamics of "small-world" network, Nature, 1998(393), pp. 440 – 442.

④ M. E. J. Newman, The structure of scientific collaboration networks, Proceedings of the National Academy of Sciences, 2001, 98(2), pp. 404 – 409.

⑤ M. E. J. Newman, Coauthorship networks and patterns of scientific collaboration, Proceedings of the National Academy of Sciences, 2004, pp. 5200 – 5205.

⑥ H. Kretshmer, Author productivity and geodesic distance in bibliographic co-authorship networks, and visibility on the Web, Scientometrics, 2004, 60(3), p. 410.

角度考察了科研合作者之间的社会距离,认为真正的合作者当属这种科研兴趣相投、社会地位相当、学术地位相似的合作伙伴。①

(4) 基于文献信息的知识交流研究

① 基于文献引用的知识交流研究。E. J. Rinia 通过三个大规模的引文数据集研究了同一学科内部和跨学科之间的知识流动情况,通过不同学科之间文献的引用发现普遍存在引文延迟倾向,对同一学科领域文献的引用比对外部学科的文献引用时间较短;学科之间在集成外部学科知识普遍存在的速度差别被发现,并且似乎与时间和空间无关;研究结果能够解释在跨学科研究中引文率的差别。② 这种从跨学科知识转移视角对学科特性的研究有利于进一步进行调查研究。H. W. Park 和 L. Leydesdorff 使用期刊与期刊之间的引文关系建立知识链接结构,发现社会学和实验心理学期刊是交流领域经常被引用的知识源③。

② 著者引用及链接的知识交流研究。作者之间的引用是作者之间进行知识交流的重要表现形式。H. D. White 于 1981 年把同被引的分析对象由文献扩展到作者层次,即作者同被引④,作者同被引是指 n 个(n≥2)作者同时出现在一篇或者多篇论文的参考文献中,那么这 n 个作者之间就具有了作者同被引关系,引证文献的数量代表作者同被引强度或作者同被引频次,其同被引强度越强表明这两个或多个作者的研究内容或兴趣越相似。K. W. McCain 于 1990 年将 ACA 的程序归整为选择作者、检索同被引频次、构成同被引矩阵、转化为皮尔逊相关系数矩阵、多元分析和解释结构等几个步骤⑤。陈超美于 1999 年把寻径网络(Pathfinder network, PFNET)算法引入作者同被引分析⑥。D. Z. Zhao 于 2008 年通过实证研究的方式证明作者文献耦合也可以用来研究作者之间的研究兴趣并窥探当前学科的知识结构,是作者同被引的有

① W. Hagstrom, The scientific community, New York: Basic books, Inc. 1965.
② E. J. Rinia, Citation delay in interdisciplinary knowledge exchange, Scientometrics, 2001, 51(1), pp. 293 - 309.
③ H. W. Park, L. Leydesdorff, Knowledge linkage structures in communication studies using citation analysis among communication journals, Scientometrics, 2009, 81(1), pp. 157 - 175.
④ H. D. White, Author co-citation: A literature measure of intellectual structure, Journal of the American Society for Information Science, 1981, 32(3), pp. 163 - 169.
⑤ K. W. McCain, Mapping authors in intellectual space: a technical overview, Journal of the American Society for Information Science, 1990, 41(6), pp. 433 - 443.
⑥ C. Chen, Visualizing semantic spaces and author co-citation networks in digital libraries, Information Processing and Management, 1999, 35(2), pp. 401 - 420.

益补充①。引文链接的最新发展趋势是开放引文链接②,其基本思想是将
Crossref 系统的 DOI 链接功能扩展到网上能够免费获取的大量文献,通过统
计哪些后来者引用了指定文献,从而创建将用户指向未来的链接。L.
Terveen 于 1998 年指出科学家主页之间的链接关系是他们之间合作的潜在
反映③。

③ 多国知识交流倡议。W. Mossink 介绍了欧洲四个合作组织为实现各
种层次的学术和科学内容通过因特网开放利用的目标而发起的知识交流倡
议,并描绘了正着手进行的多国框架内获取数字内容的合作项目以及对优势
和劣势进行评估。④ B. Ohrstrom 提出了通过知识交流合作即知识交流倡议
进行国际知识共享。⑤ P. Meier-Ehlers 提出针对移民群体通过提供多种语言
和跨文化的信息资源服务进行国际知识交流。⑥ M. Brammer 对知识交流情
景中多国许可的机会和限制进行了评估。⑦ 通过国外对跨国知识交流的关注
和研究,可以看出西方同行比较注重多国许可框架下实现大学和研究部门对
知识内容的最佳利用,而我国在此方面还鲜有文献探讨,这是我国同行今后
应该关注和加强的领域,以便国内科学研究实现最大范围内的知识交流。

④ 基于网络传播的知识交流。P. W. John 对网络传播可能给科学研究
工作带来的影响和变化进行了理论研究与实证分析,通过对四个领域科学家
的访问,分析了在科研组织中网络传播的影响,认为网络传播能够催生新的
合作机制,更多的知识交流。⑧ T. Stephanie在《科学》上发表了《传播:远距离

① D. Z. Zhao, Evolution of Research Activities and Intellectual Influences in Information
Science 1996—2005: Introducing Author Bibliographic-Coupling Analysis, Journal of the
American society for information science and technology, 2008, 59(13), PP. 2070 - 2086.

② S. Hitchcock, D. Bergmark, Open citation linking: The way forward. D-LibMagazine,
2002. 10. [2010 - 07 - 22] http: // www. dlib. org/dlib/october02/hitchcock/
10hitchcock. html.

③ L. G. Terveen, W. C. Hill, Evaluating Emergent Collaboration on the Web. [2010 -
09 - 16]http: // portal. acm. org/citation. cfm? id=289510.

④ W. Mossink, Knowledge Exchange multinational licensing tender: an evaluation,
Serials, 2008, 21(1), pp. 19 - 24.

⑤ B. Ohrstrom, Knowledge Sharing through Knowledge Exchange Cooperation, DF
Revy, 2008, 31(6), pp. 4 - 6.

⑥ P. Meier-Ehlers, "Enrich Your Library"—International Knowledge Exchange between
Inimitability and Sustainability, BuB Forum Bibliothek und Information, 2009(2), pp.
112 - 113.

⑦ B. Maricus, Multinational licensing as part of Knowledge Exchange, Zeitschrift fur
Bibliothekswesen und Bibliographie, 2009, 56(6), pp. 339 - 346.

⑧ J. P. Walsh, Tbaymaodd Bayma, The Virtual College: Computer-Mediated Communication
and Scientific Work, The Information Society, 1996, 12(4), pp. 343 - 363.

的科学合作》,论述了科研工作者能够通过网络快速的传播知识和进行异步交流,增强科学研究间的协作。① J. M. Hurd 认为信息技术特别是网络极大地改变了科学家之间的交流方式,传统的基于印刷的载体形态逐渐演变成基于数字、电子的传播与存储媒介,网络提供了一种新的科学知识交流方式,将成为学术交流的新媒介。② Teixeira JC③ 以综述的方式探讨了网络环境下开放存取的出现,学术出版的演进发展和知识交流的变革。

1.2.2 国内研究现状分析

为了解我国有关知识交流的研究情况,笔者利用中国知网(CNKI)的《中国期刊全文数据库》《中国博士学位论文全文数据库》《中国优秀硕士学位论文全文数据库》并结合《万方学位论文数据库》对有关知识交流的文献进行检索,其如表 1-2 所示。

表 1-2　国内知识交流研究相关文献检索记录

文献检索类型 ＼ 数据库	中国期刊全文数据库(1980—2010 年)	中国优秀硕士学位论文全文数据库(1999—2010 年)	中国博士学位论文全文数据库(1999—2010 年)	总计
关键词含"知识交流"文献数	652	6	0	658
题名含"知识交流"文献数	86	5	0	91
以"模式"为检索词的文献数(在结果中二次检索)	2	0	0	2

通过对按照题名"知识交流"从中国期刊全文数据库中检索出的 86 篇论文的关键词进行统计,共包含 156 个关键词,出现 267 频次,其中频次超过 1 的关键词如表 1-3 所示。

---

① T. Stephanie, W. Steven, Comunication: Scientific Collaborations at a Distance, Science, 2001, 292(5525), pp. 2254 - 2255.

② J. M. Hurd, The Transformation of Scientific Communication: A model for 2020, Journal of the American Society for Information Science, 2000, 51(14), pp. 663 - 703.

③ AMR. Correia, JC. Teixeira, Reforming scholarly publishing and knowledge communication-From the advent of the scholarly journal to the challenges of open access, Online Information Review, 2005, 29(4), pp. 349 - 364.

表 1-3　论文中出现 2 次以上的关键词

序号	关键词	频次	序号	关键词	频次	序号	关键词	频次
1	知识交流	40	13	协作	3	25	情感	2
2	隐性知识	14	14	Web 2.0	2	26	社会软件	2
3	交流	8	15	博客	2	27	图书馆学	2
4	图书馆	5	16	对策	2	28	团队	2
5	知识	5	17	复杂网络	2	29	维基	2
6	知识管理	5	18	个人知识管理	2	30	现代化	2
7	高校图书馆	4	19	共享方式	2	31	信任	2
8	共享	4	20	技术创新	2	32	学术信息	2
9	网络	4	21	交流方式	2	33	研发团队	2
10	知识共享	4	22	开放存取	2	34	在线协作	2
11	社会网络分析	3	23	模式	2	35	知识创新	2
12	图书馆员	3	24	内容分析	2	36	知识服务	2

通过对发表期刊的统计,86 篇学术论文共分布在 56 种期刊上,其中发表相关论文 2 篇以上的期刊如表 1-4 所示。

表 1-4　发表 2 篇以上知识交流相关论文的期刊

序号	关键词	频次	序号	关键词	频次	序号	关键词	频次
1	图书馆学研究	6	6	情报杂志	3	11	科学学与科学技术管理	2
2	图书情报工作	6	7	现代情报	3	12	情报学报	2
3	情报理论与实践	5	8	科技管理研究	2	13	图书与情报	2
4	情报资料工作	4	9	科技情报开发与经济	2	14	现代图书情报技术	2
5	科研管理	3	10	科学管理研究	2			

另外,通过对国家自然科学基金委员会和全国哲学社会科学规划办公室网站进行搜索,得到我国有关知识交流的国家自然科学基金(简称"自科")项目和国家社会科学基金(简称"社科")项目的立项资助情况,如表 1-5 所示。

表 1-5 我国有关知识交流的立项资助情况

项 目 名 称	批准年份	项目类别
以计算机为媒介的知识交流评价方法研究	2006	社科
基于 Wiki 的信息管理领域专家知识共享与创新服务及系统实现	2007	社科
面向业务流程的知识交流与协作问题研究	2009	自科
基于作者学术关系知识交流模式与规律研究	2009	自科
Web 2.0 环境下科学研究中的知识交流与共享机制研究	2010	自科

以上统计可以看出我国知识交流研究主要集中在图书馆情报学以及科学学学科,通过对代表性文献的研读,笔者认为国内的知识交流研究围绕以下两个方面:

(1) 知识交流理论的研究

宓浩对知识、知识材料和知识交流的概念和功能进行了详细的论述。[①]周文俊认为由于文献内容包含着思想、知识和情报,所以文献交流是一种思想交流、知识交流和情报交流。[②] 姜霁探讨了知识交流的形式特征及其在认识活动中的重要作用。[③] 员巧云、程刚认为隐性知识交流符合透视变换规则,知识主体更倾向于和时空上接近、知识关联密切的客体交流隐性知识,而且交流带来的期望满足程度越高,效果越好。[④] 余菲菲、林凤采用层次分析法,建立隐性知识量化评估的层次模型,依据对比尺度给出了成对比较矩阵,进而计算出各因素对隐性知识交流与共享效果的影响程度,并进行了一致性检验。[⑤] 宓浩、黄纯元提出知识交流论来探索图书馆学的基础理论,认为社会知识交流是图书馆活动的本质,并把交流的知识、交流的媒介(知识载体)、交流的过程、知识交流和社会实体以及社会实体的交流机制看作知识交流论研究的主要内容。[⑥] 倪蕙文认为知识创新体系中非正式交流途径同样表现出非常

---

① 见宓浩《知识、知识材料和知识交流——图书馆情报学引论(纲要)之一》,《图书馆学研究》1998 年第 6 期,第 28-35 页。

② 见周文俊《文献交流引论》,书目文献出版社 1986 年版。

③ 见姜霁《知识交流及其在认识活动中的作用》,《学术交流》1993 年第 4 期,第 59-63 页。

④ 见员巧云、程刚《隐性知识交流中的透视变换》,《中国图书馆学报》2007 年第 5 期,第 95-98 页。

⑤ 见余菲菲、林凤《基于层次分析法的隐性知识交流与共享效果评估》,《科技进步与对策》2007 年第 10 期,第 185-187 页。

⑥ 见黄纯元《知识交流与交流的科学》,北京图书馆出版社 2007 年版。

明显的社会行为特征。① 赵静探讨了现代信息环境下高校基于学习与科研的
知识交流方式的变化及相应的特征。② 曾翠、高波论述了学习共用空间对知
识交流的作用以及基于学习共用空间的知识交流方式。③ 李锡元等分析了组
织知识交流与共享中存在的障碍。④ 戴俊、朱小梅分析了团队组织中的知识
交流的实现机制,⑤ 对学术社区的知识交流具有一定的借鉴作用。沈瑶对企
业非正式网络中隐性知识传递的影响机制进行了研究。⑥ 应洪斌、沈瑶通过
对非正式网络中隐性知识传递的影响机制研究发现,信任是知识交流极为重
要的前提和推动因素,它通过促成交换关系的形成来促进彼此基于互惠思想
的知识交流,此外,交流网络对提高知识传递的广度和效率具有一定的促进
作用。⑦ 林敏等证明了研发团队的知识交流网络具有小世界特性。⑧ 周和荣
等探讨了组织内非正式隐性知识转移的过程机理,⑨ 对研究知识交流的内在
机制具有启示意义。刘丽群、宋咏梅从社会学的角度分析了社会认同和成就
需求是虚拟社区中知识交流的主要动机和影响因素,发现社区成员参与社区
知识交流的动机因素包括延展个人对他人亲和的需求,以及发展个人的自尊
与权力需要,"知识欲求"的影响因素主要在于个体与其他社区成员的相似
性,"知识贡献"的影响因素包括个体与社区其他成员的相似性,以及该成员
必须对此虚拟社区有认同。⑩ 范晓屏认为虚拟社区的自组织形式使成员之间

---

① 见倪蕙文《知识创新体系中知识交流特征分析》,《情报杂志》2004 年第 10 期,第 73 -
　　74 页。
② 见赵静《高校知识交流的特点与控制》,《图书馆理论与实践》2006 年第 1 期,第 88 -
　　90 页。
③ 见曾翠、高波《基于学习共用空间的知识交流研究》,《图书情报工作》2010 年第 54 卷,第
　　2 期,第 21 - 25 页。
④ 见李锡元《知识交流与共享的障碍与对策研究》,《科技管理研究》2006 年第 9 期,第
　　113 - 115 页。
⑤ 见戴俊、朱小梅《基于团队知识交流的组织知识转化机制研究》,《科研管理》2005 年第
　　26 卷,第 3 期,第 121 - 128 页。
⑥ 见沈瑶《非正式网络中隐性知识传递效果的影响机制研究》,浙江大学 2007 年硕士学
　　位论文,第 1 - 92 页。
⑦ 见应洪斌、沈瑶《非正式网络中隐性知识传递的影响机制研究》,《科研管理》2009 年第
　　30 卷,第 4 期,第 130 - 137 页。
⑧ 见林敏、李南、季旭《研发团队知识交流网络的小世界特性分析与证明》,《情报学报》
　　2010 年第 29 卷,第 4 期,第 732 - 736 页。
⑨ 见周和荣、张鹏程、张金隆《组织内非正式隐性知识转移机理研究》,《科研管理》2008
　　年第 29 卷,第 5 期,第 70 - 76 页。
⑩ 见刘丽群、宋咏梅《虚拟社区中知识交流的行为动机及影响因素研究》,《新闻与传播
　　研究》2007 年第 14 卷,第 1 期,第 43 - 50 页。

具有较好的相似性和相互认同意识,并且互惠性、个人声誉和利他主义等因素使得知识交流能够持续、有效地进行。①

(2) 知识交流实践的研究

邓丹等提出用"小世界"的特征路径长度和集团化系数来表征新产品开发团队交流网络的交流频率和交流集中度。② 施杨、李南的研究表明研发团队知识扩散的深度和广度与组织成员中心性显著正相关。③ 杨玉兵认为强联系网络里知识重叠度比较大,指出组织应调整网络联系强度,通过构建合理的网络结构来实现组织知识的有效交流和共享。④ 陶志梅、王瑞文指出,网络条件下,高校知识交流的最大特点和变化是虚拟知识交流活动和构建虚拟科研团队。⑤ 王瑞文、刘东鹏分析了开放存取环境下,学术信息机构库在建设上面临的政策、法律、技术资金、文化环境等诸多问题,并提出构建高校学术信息机构库来改善知识交流环境的思路和想法。⑥ 张永祥在介绍档案馆隐性知识的概念、存在形式及特点的基础上,就档案馆隐性知识交流与传递的障碍进行了深入分析,然后就如何更好地促进档案馆隐性知识的交流与传递提出一些具体的建议和主张。⑦ 林忠认为,博客是一种基于网络的人际交流模式,博客所提供的访问、链接、评论等功能,有利于个人之间进行知识的管理与交流。⑧ 任锁宁针对虚拟学习社区中师生发帖和回复情况进行汇总研究,发现师生发帖行为与学习内容相联系,其中主帖数量与学习进度安排正相关,每个学习阶段都有零回复帖的现象。⑨ 张玥等运用社会网络分析方法对 Web

---

① 见范晓屏《基于知识交流的虚拟社区管理方式研究》,《经济论坛》2005 年第 19 期,第 53 - 56 页。

② 见邓丹《基于小世界网络的 NPD 团队交流网络分析》,《研究与发展管理》2005 年第 17 卷,第 4 期,第 83 - 86 页。

③ 见施杨、李南《研发团队知识交流网络中心性对知识扩散影响及其实证研究》,《情报理论与实践》2010 年第 33 卷,第 4 期,第 28 - 31 页。

④ 见杨玉兵、潘安成《强联系网络、重叠知识与知识转移关系研究》,《科学学研究》2009 年第 27 卷,第 1 期,第 25 - 29 页。

⑤ 见陶志梅、王瑞文《高校知识交流环境变化对高校科研管理改革的影响》,《科技管理研究》2008 年第 10 期,第 99 - 100 页。

⑥ 见王瑞文、刘东鹏《构建高校学术信息机构库的知识交流环境分析》,《情报理论与实践》2008 年第 4 期,第 554 - 556 页。

⑦ 见张永祥《促进档案馆隐性知识交流与传递的策略研究》,《云南档案》2008 年第 2 期,第 44 - 45 页。

⑧ 见林忠《学术博客与传统学术交流模式的差异探析》,《情报资料工作》2008 年第 1 期,第 41 - 44 页。

⑨ 见任锁宁《虚拟学习社区异步互动发帖研究》,《软件导刊》2009 年第 4 期,第 64 - 66 页。

2.0 环境下的博客交流网络的结构进行了中心度、小团体和小世界效应的检验。① 彭红彬、王军指出虚拟社区知识交流网络具备无标度和小世界效应的特点。② 王艳论述了以计算机为中介的交流过程的四个基本要素：交流主体、交流客体、交流内容、交流形式。③ 陈向东从交流内容、时间和参与者三个维度进行分析，发现 Wiki 环境下的知识交流具有集中性、同质性、不间断性和猝发性等特点。④⑤⑥ 王真星等人基于本体对共享概念明确的形式化描述，构建了基于本体的协作知识交流描述模型并实现了相应的系统原型。⑦ 林凤提出应建立一个包括知识库、共享性的企业文化和有效的激励机制组成的分阶段实施螺旋型循环发展的知识交流机制，以促进企业知识管理效果的充分发挥。⑧

1.2.3 国内外研究的不足

近年来，国内学者关于知识交流的研究逐渐增多，但存在如下不足：

① 国内学者对知识交流的研究主要偏向于应用实践，而对知识交流的相关理论，比如模式、模型等研究较少。

② 由于国内的知识交流实践环境不及国外，国内对知识交流的研究在观点和方法创新和应用方面主要是跟踪国外。

③ 国内的研究普遍基于问卷或文献调查，有深度的社会访谈研究较少。

国外学者对知识交流的研究和关注层面比较多，涉及理论、模型、技术、影响因素、实践应用等诸多方面，但也存在一些不足：

① 见张玥、朱庆华《Web 2.0 环境下学术交流的社会网络分析—以博客为例》，《情报理论与实践》2009 年第 8 期，第 28 - 32 页。

② 见彭红彬、王军《虚拟社区中知识交流的特点分析——基于 CSDN 技术论坛的实证研究》，《现代图书情报技术》2009 年第 4 期，第 44 - 49 页。

③ 见王艳《以计算机为中介的知识交流》，《图书馆学研究》2000 年第 1 期，第 7 - 10 页。

④ 见陈向东《Wiki 环境下知识交流的个案研究》，《情报理论与实践》2010 年第 33 卷，第 2 期，第 63 - 67 页。

⑤ 见陈向东、徐之路《在线知识交流回帖动因的个案研究》，《图书情报工作》2010 年第 10 期，第 30 - 34 页。

⑥ 见陈向东、马金金、谢三林等《在线知识交流协作状况的个案研究》，《情报理论与实践》2008 年第 2 期，第 263 - 266 页。

⑦ 见王真星《基于本体的协同知识交流模型》，《计算机工程》2007 年第 33 卷，第 2 期，第 1 - 3 页。

⑧ 见林凤《提升知识管理效果的知识交流机制建设》，《商场现代化》2007 年第 5 期，第 87 - 88 页。

① 对知识交流,尤其是科学社区知识交流的机制、模式等基础理论研究严重不足,虽然提出了影响知识交流的因素,但并没有建立知识交流模型以及评估模型等。

② 对于机构或群体结构层面的知识交流研究较多,而对微观的个体中心网的研究较少,特别是实证研究及绩效评估严重缺乏。

③ 对基于文献信息和网络虚拟角色的知识交流研究较多,而对基于现实社会关系及关系结构和角色的科学知识交流研究较少。

1.3 研究目标、路线、内容和方法

1.3.1 研究目标

本书的研究目标是通过对学术社区知识交流类型、影响因素、特征、机制等的探讨和分析,归纳和构建出典型的知识交流模式,从而为优化知识交流环境、促进科学研究效率提供理论依据和实践指导。具体研究目标有以下几点:

① 对学术社区知识交流的类型和特征进行分析(第2章实现)。

② 对学术社区知识交流的影响因素和内在机制进行探讨(第2章实现)。

③ 基于人际社会网络构建学术社区知识交流模式(第3章实现)。

④ 基于生产创作过程构建学术社区知识交流模式(第3章实现)。

⑤ 构建虚拟学术社区知识交流模式(第3章实现)。

⑥ 运用定量和定性相结合的研究方法,对学术社区中作者合作、作者引用、作者耦合以及网络引证等知识交流模式进行探索与实证分析(第4章实现)。

⑦ 探讨学术社区知识交流模式的应用(第5章实现)。

1.3.2 研究路线与研究内容

本书在充分分析和总结国内外现有研究成果的基础上,经过系统思考,整合国内外人与人、人与知识以及知识与知识交流的相关研究成果,并将其统一于科学研究实践过程中,按照"概念定义——特征识别——机制探究——模式构建——实证分析——理论应用"的研究思路和技术路线,深入探讨了学术社区知识交流的特征、影响因素、内在机制,并从人际网络和知识生产创作过程两个微观层面对学术社区知识交流模式进行了研究和构建。

全书共分六部分,具体研究内容如下:

第一章:绪论。包括四个部分,分别是选题的背景与意义、国内外研究现状分析、研究目标、路线与研究方法、创新之处。

第二章:学术社区知识交流基础理论。包括五个部分,分别是学术社区知识交流的相关概念辨析、学术社区知识交流的类型、学术社区知识交流的特征、学术社区知识交流的影响因素、学术社区知识交流的内在机制。

第三章:学术社区知识交流模式构建。基于图书馆学、情报学、知识管理学、社会学、科学学、组织行为学等学科基础理论,运用文献调研、社会访谈、综合归纳和演绎推理等科学研究方法,首先从个体知识交流和群体知识交流两个维度构建了学术社区人际知识交流模式;然后把在国内外研究中相互隔离的人与人、人与知识以及知识与知识的交流相统一于"酝酿——研究——发表——评议"这一知识生产生命周期流程,运用系统论的思想和方法,从科研选题、论证支持、探索检验、科研合作、作者引用、作者耦合、作者语词共现、关联链接等八个方面研究构建了学术社区基于生产创作的知识交流模式;最后对虚拟学术社区知识交流模式进行了初步探索。

第四章:学术社区知识交流模式实证研究。针对从理论上构建的学术社区知识交流模式,本书以武汉大学测绘遥感信息工程国家重点实验室这一典型代表性优秀创新知识社群和我国图书馆情报档案学科为例,对作者合作、作者耦合、关键词共现、网络引证等知识交流模式进行了实证分析。

第五章:学术社区知识交流模式的应用。有针对性地提出了学术社区知识交流模式在用户信息服务、学术交流政策、科研管理等中的应用。

第六章:总结与展望。对本书的研究进行了回顾与总结,并对本书存在的不足加以说明,对未来研究的方向进行了展望。

1.3.3　研究方法

采用规范与实证、归纳与演绎、理论与实践、文献调研、网上调研与实地调研相结合的研究方法,综合运用图书馆学、情报学、社会学、科学学、组织行为学等学科理论进行本书的研究工作,以期取得创新性的研究成果。具体说来,就是基于文献、现实场景的调研和分析,进行逻辑思维的推理和提升,展开深入的理论论证和具体的案例研究,力图从现有理论、社会实践中归纳出学术社区较为典型的知识交流模式,并进行实证研究。在此基础上,提出理论研究在学术社区用户信息服务、知识交流政策和科研管理等中的应用。

本书采用的研究工具包括 Ucinet 和 Pajek 等社会网络分析软件,

CiteSpace 知识可视化软件,并通过 Java 和 VBA 自编程序。采用的数据库包括 WoS (Web of Science)、《中国引文数据库》(Chinese Citation Database,简称 CCD)、《中国期刊全文数据库》(China Journal Fulltext Database,简称 CJFD)、《中国社会科学引文索引》(Chinese Social Sciences Citation Index,简称 CSSCI)。

1.4 创 新 之 处

本书的创新工作及研究特色主要体现在以下一些方面,并力求取得一些突破:

① 通过追逐学术前沿和现实问题,对数字科研环境下的学术社区知识交流活动进行了深入的理论探索与研究,构建了一个研究学术社区知识交流模式的理论框架与概念体系。

② 针对图书情报机构一贯重视文献信息情报服务,对人际知识情报服务不足的现实,综合运用图书馆学、情报学、社会学、科学学、组织行为学等学科理论,系统构建了当今“大科学”时代、数字科研环境中学术社区人际知识交流模式,提出图书情报工作应嵌入用户研究问题和相关网络学术空间,利用各种手段和技术为用户进行直接知识交流提供全方位的人际情报服务。

③ 将在国内外研究中相互分离的知识与知识、人与知识以及人与人的交流相统一于“酝酿——研究——发表——评议”这一知识生产生命周期流程,运用系统论的思想和方法,研究构建了学术社区基于知识生产与创造过程的交流模式,并将其应用在学术交流政策和科研管理研究之中。

④ 运用定量和定性相结合的研究方法,对学术社区中的作者合作、作者耦合、作者引用、关键词共现、网络引证等知识交流模式进行了实证分析。

2　学术社区知识交流基础理论

随着经济全球化的不断深化和科学技术的飞速发展,我们所处的世界正在进入一个全新的知识经济时代。知识取代了传统的资本、劳动力等要素成为重要的战略资源,知识创新是国家创新体系的重要组成部分,也是获取竞争优势的关键;而知识交流则是知识创新的前提和基础,是促进科学技术和知识经济发展的加速器。研究学术社区的知识交流活动将为进一步促进知识创新、提高科学研究效率奠定理论基础。而知识交流的基础理论是研究的基础,有必要明确学术社区知识交流的相关概念并建立相应的理论框架和概念体系,为构建学术社区知识交流模式奠定认识论基础。

2.1　社区与学术社区

传统上,人们对社区的理解是"聚居在一定地域范围内的人们所组成的社会生活共同体"①;但到了 19 世纪,"社区"的内涵已从最初的区域划分发展为以利益和认同来划分,虽然一群人不是固定的居住在某一特定区域,但是只要他们有着相同的认同或利益仍可以称为社区②;尤其是到了现代信息社会,地理区域已变得越来越不重要,社区网络能够维持在更广阔的地理范围内,社区的概念已从特定的地理空间进化为社会关系网络空间③。有鉴于此,本书将社区定义为具有一定的认同意识和价值观念并通过一定的社会关系

---

① 　[德]斐迪南·滕尼斯《共同体与社会》,林荣远译,商务印书馆 1999 年版。
② 　见刘晓玲《社区建设与社区发展的辩证关系》,《湖南经济》2002 年第 4 期,第 26 - 28 页。
③ 　B. Wellman & M. Gulia, Virtual communities as communities. [2010 - 11 - 01]http://books. google. com/books? hl = zh-CN&lr = &id = harO_jeoyUwC&oi = fnd&pg = PA167&dq=%E5%9C%A8%E6%A0%87%E9%A2%98:+Virtual+communities +as + communities&ots = JWWPcGeywU&sig = SpBiCWjcG6YxPaPfpxcJ6aLNp7M #v=onepage&q&f=false.

网络联系的利益相关群体。其基本要素包括明确的成员关系、持续的相互交往、共同的群体意识和规范、一致的目标和期望。相应地,将学术社区定义为:"遵守共同的学术规范、具有一致的价值观念和认同意识并相互作用、相互影响、共同进行知识创造的脑力劳动者所形成的研究群体"。其基本要素包括共同的科学研究规范、一致的价值观念、明确的学术关系、相互认同、相互作用和相互影响。具体可分为两类:一类是指正式的、有组织的学术机构内部或学术机构之间有共同研究兴趣的成员所组成的非正式的研究群体或科研团队,如课题组等;另一类是借助信息网络,由角色互动、兴趣聚合而联系在一起的虚拟网络学术社群,如在线学术社群等,其典型特征是隐瞒了成员的社会身份,以虚拟角色进行互动和交流。这里,我们借鉴 A. Zuccala 对无形学院的定义①,将虚拟学术社区定义为:"从正式组织中分离出来的、某个研究领域隶属于不同地域或机构的有着相互交流的学者集合,他们创作本领域的知识并通过一定的媒介和手段进行相互交流和共享"。学术社区属于社区的一个组成部分,因此,它首先应具有社区的一般性,即具有 A. M. Dickinson 所定义社区的九个核心要素②:① 共同的目标;② 身份与边界;③ 声誉和信任;④ 动机与忠诚;⑤ 标准和价值观;⑥ 领导与结构;⑦ 历史和发展动力;⑧ 互动平台和内容;⑨ 网络效应。除此之外,它也有科学知识交流的特殊性,其特殊性在于所交流内容并不是一般意义上的信息、数据或知识,而是具有一定的创新性、前沿性、专深的科学技术知识③,其参与主体是以大学、科研机构的知识创新人员为主。此外,学术社区还具有层次性,它可以是由研究某一个主题、某一个学科的学者或来自同一地域、同一时代的学者组成的机构性、地方性学术社区,也可以是跨地域、跨时代、跨学科的全球性学术社区。④

2.2 基于学术社区的知识概述

2.2.1 知识

对于什么是知识,国内外给出了众多不同的理解和定义,基于学术社区

---

① A. Zuccala, Modeling the invisible college, Journal of the American Society for Information Science and Techology, 2006, 57(2), pp. 152 - 168.

② A. M. Dickinson, Knowledge sharing in cyberspace: Virtual knowledge communities. D. Karagiannis, Pratical aspects of knowledge management, Berlinl: Springer-verlag Berlin, 2002, pp. 457 - 471.

③ 见王东虚《拟学术社区知识共享机制研究》,吉林大学 2010 年博士学位论文。

④ 同上。

的视角,笔者认为比较具有代表性的观点如下:

1998 年国家科技领导小组办公室出台了《关于知识经济与国家知识基础设施的研究报告》,将知识定义为"经过人的思维处理过的信息、数据、形象、意象、价值标准以及社会的其他符号化产物,不仅包括科学技术知识,还包括人文社会科学知识,商业活动、日常生活和工作中的经验和知识,人们获取、运用和创造知识的知识,以及面临问题做出判断和提出解决方法的知识。"

1989 年 Ackoff 在 *From Data to Wisdom*① 一文中提出了 DIKW 层级模型,如图 2-1 所示。

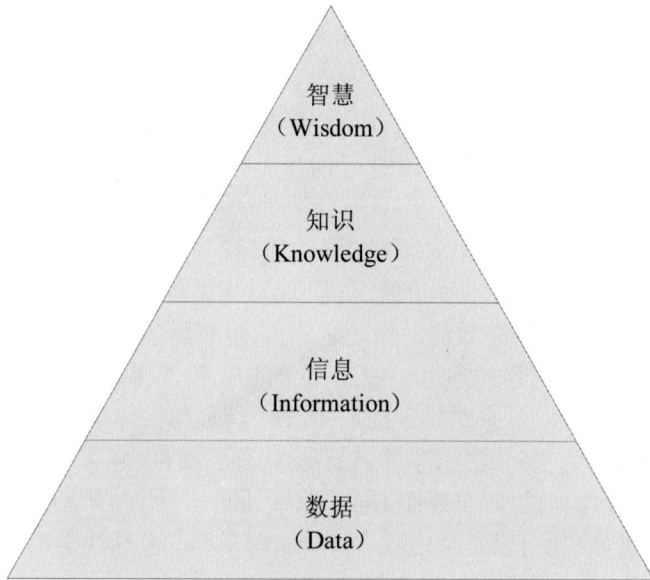

图 2-1 DIKW 模型图

从理解和联结两个维度区分了数据、信息、知识和智慧四者的差异。数据加上语境可以形成信息,信息被大脑接受并加工处理后形成知识,知识的综合应用就形成智慧,这是一条从低层向高层的转换路线。同样,也有相反的转换路线,智慧在外界刺激下可以形成新的知识,知识通过文字、图形、语言等象征性符号表达出来就变成了信息,信息则可被分解为片断化的数据。在这种概念体系中,群体要想达到对数据和信息的共同理解就必须拥有明确一致的知识基础,而通过分享数据和信息,群体就可以共享相同的知识。

---

① R. L. Ackoff, From Data to Wisdom, Journal of Applied Systems Analysis, 1989(16), pp. 3-9.

S. Bender 和 A. Fish 提出了如图 2-2 所示的知识层级模型①。数据加上语境可以形成信息,信息被大脑接受并加工处理后形成知识。但知识与专门知识有区别,专门知识的获取需要个人很长时间的教育、训练和体验以及构建,是从属于个人的,是专业的、深度的和特定领域理解的知识。在这种概念体系中,群体要想达到对数据和信息的共同理解就必须拥有明确一致的知识基础。

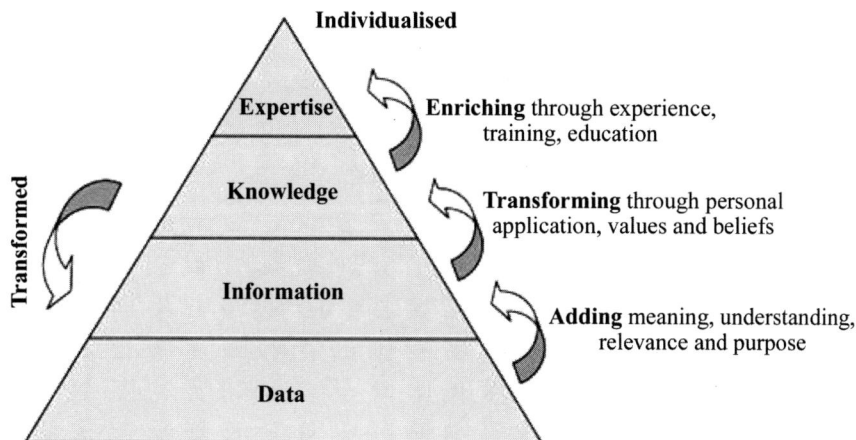

图 2-2 知识的层级模型

世界银行推出的《1998 年世界发展报告——知识促进发展》对数据、信息和知识又作了进一步阐述,指出数据是未经组织的数字、词语、声音、图像等;信息是以有意义的形式加以排列和处理的数据(有意义的数据);知识是用于生产的信息(有意义的信息),信息经过加工处理、应用于生产,才能转变成知识。

综合以上概念笔者将基于学术社区的知识定义为:"是从人类探究性活动中获得的真理、原则、思想及资讯,既包括科学技术知识,又包括人文社会科学知识,还包括人们获取、运用和创造知识的学术性知识,如对研究方向的选择,对专业领域的洞见,对专家专长的把握,其中尤以传播事实性知识和解释、探究原理性知识为主,可以是个人、群体拥有的知识资源,也可以被嵌入在社区科研实践、探究过程或个人与团队的竞争能力中。"

---

① S. Bender, A. Fish, Transfer of knowledge and the retention of expertise: the continuing need for global assignments, Knowledge Management, 2000, 4 (2), pp. 125 -137.

2.2.2　学术社区知识的特征

（1）静态性和动态性

Verna Allee 提出的知识的"波粒二相性"代表了知识的静态和动态两个层面[①]：① 作为实体的知识，可以将其看成某种"东西"。这种将知识"实体化"的看法，使得人们可以应用信息手段对知识进行存储、积累、编码、转移、传递，并产生了知识的识别、组织、收集和测度等一系列活动。② 作为过程的知识，知识被看做"认识的过程"，而认识是在个体和群体之间一种持续不断的流动过程，于是存在着知识的交流、共享、学习、创造、运用等动态过程。也即是说，知识具有社会背景性，是过程与实体的矛盾统一。

（2）互补性和分布性

知识的互补性体现在同一类型的知识的各个知识片段之间存在互补性（例如数学知识里的初等数学和高等数学之间的互补性），以及在不同类型的知识或知识传统之间（即从不同角度探究同一个问题所逐渐积累起来的知识）存在互补性（例如两种语言之间的互补性）[②]。知识的无限性和每个知识主体所掌握知识的有限性的矛盾使知识呈现出分散性。因为每个人对知识的创造、储存和整理只能专业化于某一特殊的领域，"每个人知道越来越多的关于越来越少的事情"[③]。所以，对于知识主体来说，知识具有时间和空间上的分布性。知识这种互补和分散的特性，使得具有不同知识背景的知识主体之间只要进行理想的沟通和合作，就可以把知识接口处理得相当圆滑，促进认识的深化和发展，进而有利于知识的创新。

（3）外部性和隐含性

知识在由生产者创造出来以后，必须通过一定的渠道进入社会才能实现自身的价值，即通过社会传播，进行推广应用。记载在书籍、期刊、报刊甚至网络中的知识是人类文明的结晶，它没有国界、成为社会所共有的知识，允许任何人在任何地点、任何时间进行获取和访问，因此，知识具有显著的外部性。但知识的认识论范畴决定了其与认识主体的不可分割性，具有个性化和隐含性的特点。尤其在科学研究活动中，存在大量的"私密知识"，这种知识

---

① ［美］维娜·艾莉《知识的进化》，刘民惠译，珠海出版社 1998 年版。
② 见汪丁丁《知识沿时间和空间的互补性以及相关的经济学》，《经济研究》1997 年第 6 期，第 70 - 78 页。
③ G. Becker, K. Murphy, The Division of Labor, Coordination Costs and Knowledge, Quarterly Journal of Economics, 1992(11), pp. 1137 - 1160.

的载体是科学共同体、课题研究组和科研人员。由于其深深植根在个体的行为本身以及它赖以形成的环境与情景之中,难以编码化,不能正式定义和公开传播,人们只有加入研究组,亲身参加科研实践,通过不断重复的接触和面对面的交流才能获得。

（4）**共享性和增值性**

英国著名文学家萧伯纳说过一句至理名言:"如果你有一个苹果,我也有一个苹果,我们彼此交换这些苹果,那么你和我仍然是各有一个苹果;但是倘若你有一种思想,我也有一种思想,而我们彼此交流这些思想,那么我们每个人将各有两种思想。"意思是指知识不同于物质和能量,物质与能量在共享中有潜在的竞争性与冲突性,而知识具有非竞争性和非排他性,即把你的知识与别人分享后,你还拥有这种知识,知识不会因为分享而有损耗,相反,如果知识得不到及时交流将会贬值。知识在交流和使用中,不仅不会被损耗,而且还会通过互动以及不同知识和思想的碰撞与融合,不断被丰富、被充实乃至形成新的知识,这就是知识的增值。

（5）**扩散性和转换性**

通过不同类型、不同形式知识的相互交流和融合,知识可以实现在不同主体之间的扩散。特别是在现代信息技术作用下,知识产品可以在时间和空间上进行无限地传播和扩散。正是通过知识的扩散性,知识才得以传播和被利用,提高了人们生产劳动的效率,尤其是知识生产的效率,因为避免了知识的重复生产和创造。日本学者 Nonaka 还提出了知识转换的 SECI 模型[①],认为不同形态、不同载体形式存在着社会化(socialization)、外化(externalization)、结合(combination)和内化(internalization)四种转换模式。

（6）**延续性和资源性**

著名科学家牛顿说过:"如果说我比别人能够看得更远些,那是因为我站在了巨人的肩膀上。"说明任何新知识都不是凭空产生的,而是在努力学习、吸收前人知识基础上的继承性创新。人类社会是在不断从低级到高级发展的,人们对物质及其自身存在的认识也是在不断丰富的,因此,知识是在逐渐积累的。人们在不同时期所形成的不同认识在整个历史时期都是一种延续关系,后人在学习、继承前人知识的基础上也对其进行超越乃至否定和替代,这是历史发展的必然,即知识这种随着时代和科技的发展而过时的老化性质体现了知识的延续性。

---

① I. Nonaka, H. Takeuchi, The Knowledge-Creating Company: How Japanese Companies Create the Dynamics of Innovation, New York: Oxford University Press, 1995.

知识的生产是知识主体长期刻苦学习、不断吸收、积累和创新的结果,因此,知识的生产是有成本的,包括时间和资金两方面。对学术社区知识生产主体来说,所花费的成本主要包括学习成本、研究开发成本、创新成本等。但学术社区中的科学研究人员通过艰辛的劳动所探究的知识一旦能够说明和解释自然(包括社会、人)现象"是什么""为什么"的问题,便成为可以重复利用、经久耐用、永不磨损的资源;如果其能够回答"做什么""怎么做"的问题,便具有明显的实用价值,人类便可用其改造和控制客观世界。所以,知识是有资源性,其本质就在于其实质内容和价值会通过经常的利用和交流得到提高并隐含在人们的物化劳动或知识产品之中。

此外,学术社区中所传递和交流的知识还具有学术(探索)性、创新性、领域性等专门特征。

(1) 学术(探索)性

学术性是学术社区所交流知识的主要特征。学术社区成员在探索真理、追求客观规律过程中,交流的还未形成最终系统科学成果并有待进一步证明的中间结论具有鲜明的学术探索性特征。

(2) 创新性

学术社区的主要任务就是不断探索、钻研和发现并增添科学知识。因此,流动在学术社区中的知识理所当然地代表着学科领域的研究前沿,具有极强的创新性。

(3) 领域性

学术社区成员一般是在某一学科领域接受科研训练的专门人员,其交流和共享的知识带有个人专攻方向的研究主题或领域性。

2.2.3 学术社区知识的分类

知识的分类是建立在对知识内涵理解的基础上,是对知识内涵认识的加深。基于学术社区视角的知识经典分类如下:

1. 经合组织(OECD)对知识的分类

世界经济与发展组织(OECD,Organization of Economic Cooperation and Development)提出可以将"知识"归纳为四种类型:事实知识即知道是什么的知识(know-what);原理知识即知道为什么的知识(know-why);技能知识即知道怎么做的知识(know-how);人力资源知识即知道是谁的知识(know-who)[1]。其中,know-what 和 know-why 是比较容易进行编码化处理而进行

———————

① OECD. The knowledge-based economy, Paris: OECD, 1996.

传播的。而 know-how 和 know-who 却由于其抽象、不可名状而难以传播。

2. 显性知识和隐性知识

继英国物理化学家和哲学家 Polanyi 提出了隐性知识(tacit knowledge)的概念之后,很多学者都认同将知识划分为显性知识和隐性知识。日本学者 Nonaka[①] 认为:显性知识是指那些可以用规范化和系统化语言进行表达和传播的知识;而隐性知识是一种主观的、基于长期经验积累的知识,包括直觉、思维过程、诀窍、信仰等。显性知识与隐性知识存在诸多不同:显性知识是规范系统的,而隐性知识往往是难以规范的、零散的;显性知识内容和表现形式稳定、明确,而隐性知识却难以捉摸、不甚明了;显性知识通常可以通过编码处理后以公式、定理、规律、制度等形式表述出来,而隐性知识由于尚未编码和格式化而以诀窍、习惯等形式呈现出来;显性知识由于内涵明确稳定而容易存储、传播和分享,而隐性知识却因其高度个人化而难以存储、传播和分享。虽然隐性知识与显性知识有区别,但它们并非毫无联系。相反,隐性知识与显性知识的联系非常紧密,正是由于两者之间的相互作用与转化,知识交流和创新活动才得以发生。

美国麻省理工学院的 C. O. Scharmer[②] 通过对知识创造的最终源泉和驱动力的研究认为,隐性知识可以细分为两种类型:物化的隐性知识和自我超越的知识。物化的隐性知识是建立在行动经验的基础之上的,表现为经验、诀窍、惯例等具有一定成型意义的隐性知识。而自我超越的隐性知识属于想象力层次的知识,表现为直觉、灵感、幻想等尚未物化成型的、始终保持自我跃进性能的萌芽性知识,尚未成为一种真实的客观事物。他认为,为了更好地捕捉隐性知识,使该种知识得以考虑和实现,组织只有创建平行的领导和学习结果,并增加聆听和述说的逻辑场,才能更有效地接近潜在的自我超越的知识。

根据学术社区科研活动工作的特点,将学术社区中存在、传递和交流的知识分类如下:

(1) 个人知识、群体知识、社区知识

个体知识是个体通过学习、积累、体验、探索、思考、顿悟等获得的存在于个人头脑中的知识,使个体运用知识能力的总和;群体知识存在于个人与群

① I. Nonaka, A dynamic theory of organizational knowledge creation, Organization Science, 1994, 5(1), pp. 15 - 16.
② C. O. Scharmer, Self-transcending knowledge: sensing and organizing around emerging opportunities, Journal of Knowledge Management, 2001, 5(2), pp. 137 - 151.

体的关联之中,是随着个人、群体之间的交互活动而逐渐形成的,其最主要的原始来源是个人知识,但通过群体的交互产生了知识增值和创新;社区知识包括各成员之间的人际关系网络、社区中以结构化方式存储的规范化的知识以及社区文化等,是存在于各成员头脑中的个人知识的一种沉淀和汇集。个体知识、群体知识与社区知识并非是完全独立的,它们可以相互转化:通过小组讨论、学术会议等活动,个体知识可以上升为群体和社区知识;通过学习、培训、交流等活动,群体知识、社区知识为个人所吸收从而转化为个体知识。其关系可用图 2 – 3 表示。

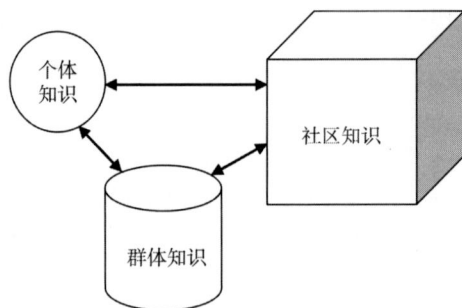

图 2 – 3   个体知识、群体知识和社区知识之间的关系

(2) 日常性知识、科学性知识、学术性知识、专长性知识

日常性知识是指一些普通大众即可领会或掌握的生活中的常识性知识,如"人在晚上要睡觉""鱼儿离不开水"等。

科学性知识是科学家对自然、社会和人进行系统研究所得到的成体系的知识,它通过科学交流系统的验证已经被科学社会所承认。科学知识不是零散的和纯粹经验性的常识,而是基于经验和理性之上的理论性知识,是对科学研究对象比较健全、比较深邃的认识成果,是经过科学的交流而被科学世界所承认的知识。英国学者齐曼认为:"科学生产知识,构成这种知识的实际观察、数据、概念、图示、理论等等,通常以书写文本、地图、计算机文件等有形形式展示出来。"① 例如"鱼的呼吸系统是如何工作的"等等。很显然,日常性知识很少会同科学性知识分离,而科学性知识也会慢慢随着大众知识水平的提高成为日常性知识。

关于学术,国内学者赵营波认为:"学术是探索真理发现客观规律的技能或途径。这种能力或本领即学术水平,需要综合素质的培养,更需要通过自

---

① [英]齐曼《真科学:它是什么,它指什么》,曾国屏译,上海科学教育出版社 2002 年版。

身的努力,还需要用实际干成的科技成就来证明。"① 刘松年则认为:"学术与科学的不同就在于科学是已具有一定的理论和知识体系,而学术不一定具有专门的系统,但它一定是还没有形成结论、需要探讨的问题。"② 成全认为,学术是一种探索真理、发现客观规律之术,是在认识、改造客观世界的过程中所使用的技术与方法,是在自然、社会和思维的知识体系中,正在探讨的、还没有定论的学问③。英国知名学者 Tony Becher 也提出,研究者在融入某一学术领域的过程中,会接触到两种主要的学术性知识:一种是从这一学术领域的长期经验中产生的几乎下意识的隐性知识,是该领域的精英完全掌握的能力,其最重要的成分是调控科学论文发表的能力,如什么内容算作是有意义的创新,什么内容算作解释问题,什么内容算作解释的论据等等;另一种是研究者自己在长期的科研探索中逐渐培养和获得的学术能力,如直觉、洞见、研究技巧、合作能力等等④。

知识管理专家 Verna Allee 认为,所谓专长性知识主要是指具有职业竞争能力的知识。对知识创新工作者来说,其所从事的专业和研究领域就是其专长性知识。

2.3 学术社区知识交流的相关概念

2.3.1 交流

1949 年,美国贝尔实验室的 Claude Shannon 和 Warren Weaver 提出了通讯领域信息传输和交流的编码和解码模型,并用数学方程进行了量化和描述。如图 2-4、2-5 所示。⑤ 1960 年,David Berlo 扩展了 Shannon 的线性交流模型,建立了"发送方——消息——通道——接受方"的交流模型⑥。如图 2-6 所示。2008 年,Barnlund 提出了相互作用的交流模型⑦。如图 2-7 所示。

---

① 见赵营波《科学、学术、知识、文化之间的区别和联系——兼论大协调文化观》,《未来与发展》2002 年第 3 期,第 4-8 页。
② 见刘松年《试论学术交流的本质及其意义》,《科协论坛》2006 年第 8 期,第 7-8 页。
③ 见成全《基于网络协同的专家知识共享研究》,武汉大学 2009 年博士学位论文。
④ [英]托尼·比彻《学术部落及其领地:知识探索与学科文化》,唐跃勤译,北京大学出版社 2008 年版,第 1-251 页。
⑤ C. E. Shannon, W. Weaver, The mathematical theory of communication, Urbana linois: University of linois Press, 1949.
⑥ D. K. Berlo, The process of communication, New York: Holt, Rinehart, & Winston, 1960.
⑦ D. C. Barnlund, A transactional model of communication, New Jersey: Transaction, 2008.

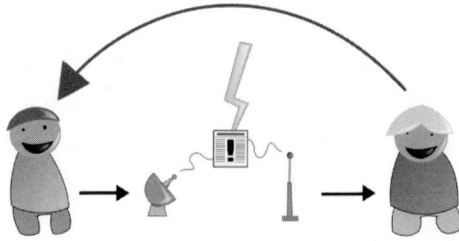

图 2 - 4　编码解码交流模型

(http：// www. k12. wa. us/CurriculumInstruct/Communications/default. aspx)

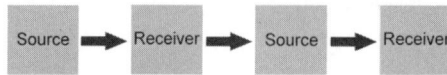

图 2 - 5　线性交流模型

(http：// www. k12. wa. us/CurriculumInstruct/Communications/default. aspx)

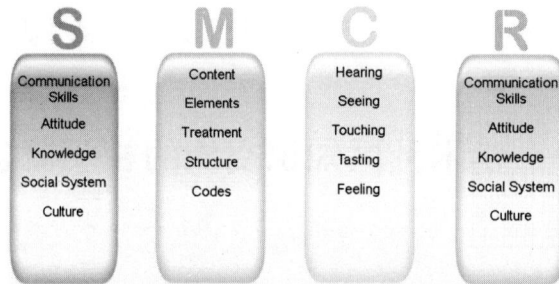

图 2 - 6　SMCR 交流模型

(http：// www. k12. wa. us/CurriculumInstruct/Communications/default. aspx)

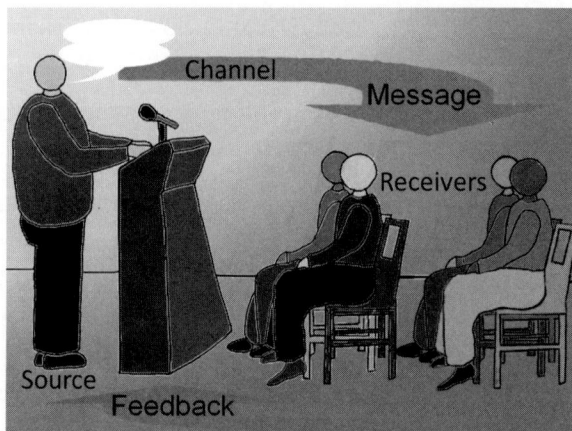

图 2 - 7　相互作用交流模型

(http：// www. k12. wa. us/CurriculumInstruct/Communications/default. aspx)

交流是含义试图以共同理解的方式被赋予和表达的过程。这个过程需要一系列技能：人际处理、听、说、观察、手势、眼神、姿态、表情、提问、分析和评估。① 通过交流使合作和协作发生。当面对面交流时，手势、眼神、姿态、表情等身体语言以及声音的腔调比实际所说的实际语言有更大的影响，存在着7%—38%—55%定律，即交流是55%的身体语言、38%的语气语调、7%的语言内容②。

K. J. Krone 等认为可从机制、心理、解释—象征、系统相互作用等四个不同视角对组织交流进行认识。机制视角将交流看做"消息从一方跨越时空传递到另一方的传输过程"；心理视角特别强调"人们的特征是如何影响他们的交流的"；解释—象征视角认为组织交流"包含创建、维持和融化在组织中协调行为模式，个人有能力借助交流创建和形成他的社会现实"，并认为这对从知识的社会建构视角研究组织的知识交流是非常有用的；系统作用视角将交流聚焦为"邻近的动作和相互配合反复的模式"③。

苏联著名情报学家米哈依诺夫认为交流是指各个体之间借助于他们共同的符号系统(对人类来说就是口语、手势、文字等)进行情报交流。各种沟通路径交流信息的丰富程度可用表 2-1 所示。

表 2-1　沟通路径及丰富程度

沟通通路	通路的丰富性	丰富性特征	适合传递信息类型
面对面	最丰富	大量的信息线索(语言、语调、手势、眼神、姿态、表情、情感)、及时反馈(语言、非语言)	非常规的、意会的信息
网络即时通讯	比较丰富	大量的信息线索(语言、语调、手势、眼神、姿态、表情)、及时反馈(语言、非语言)	意会或明确的信息
电话	低度丰富	较少的信息线索(语言、语调)、及时反馈(语言)	意会程度中等的信息
文档、书信、邮件等	贫乏	单维的信息线索、延迟反馈	常规的、明确的信息

---

① Communication. [2010 - 10 - 16] http：// www. k12. wa. us/CurriculumInstruct/ Communications/default. aspx.
② A. Mehrabian, Silent Messages Belmont, CA：Wadsworth, 1971.
③ K. J. Krone, Communication Theory and Organizational Communication：Multiple Perspectives, Newsbury Park：Sage, 1987.

笔者认为,交流就是发送方通过一定的媒介将封装的消息传递给接受方、由其对消息进行解码并反馈给发送方的过程,它包含发送方、消息、载体和接受方四个主要要素,包括语言交流和非语言交流。发送方和接受方既可指社会交互,也可指人类自身,如日记、论文的自我引用等。

2.3.2 信息交流

信息交流与传播是人类社会和自然界中最普遍的现象,只要宇宙间有事物的存在和运动,就有相应的信息产生,就会伴随着信息的交流与传播,本书主要研究的是社会信息交流。我国著名情报学家严怡民认为:"信息交流是指不同时间或不同空间上的认知主体(即人或由人组成的机构、组织等)之间交互共享信息的过程。"① 分为共时信息交流和历时信息交流,共时信息交流或横向信息交流的主要功能是克服交流的空间障碍,达到及时的信息共享;历时信息交流或纵向信息交流的主要功能在于消除交流的时间障碍,填补过去和现在的鸿沟,将古代与现代联系起来,为继承和发展提供条件。党跃武认为:"信息交流是社会活动中信息借助于某种符号系统,利用某种传递通道而实现的信息发送者和信息接受者之间的传输和交换行为。"② 综合以上所述,本书认为,信息交流是指人们借助于相应的符号系统进行知识、信息、数据和事实等的有效传递;或者说是社会活动中信息借助于某种符号系统,利用某种传递通道而实现的信息发送者和信息接收者之间的传输和交换行为。

2.3.3 科学交流

苏联著名情报学家米哈依诺夫对科学交流是这样定义的:"人类社会中提供、传递和获取科学情报的种种过程是科学赖以存在和发展的基本机制,这些过程的总和我们称之为科学交流","科学交流是个体或组织之间借助于他们共同的符号系统(文字、口语、手势等)传递,获取经验和知识的过程",③他认为科学交流存在以科技文献等信息中介为主的正式交流过程和以口头、书信等人际信息交流为主的非正式过程,并把正式交流渠道置于科学交流的

---

① 见严怡民《现代情报学理论》,武汉大学出版社 1996 年版。
② 见党跃武《信息交流及其基本模式初探》,《情报科学》2000 年第 18 卷,第 2 期,第 117 - 118 页。
③ [苏]米哈依诺夫、乔尔内、吉里列夫斯基《科学交流与情报学》,徐新民译,科学技术文献出版社 1980 年版。

中心地位。与科学交流类似的还有学术交流这一术语。陈丽美等认为学术交流研究始于 20 世纪 50 年代末期,起因是因为科学交流太强调自然科学等"硬"学科的交流,而忽略了人文社会科学。① 但武汉大学徐丽芳教授认为鉴于当今所谓的科学同时涵盖自然科学、社会科学和人文科学,而且这些学科领域的研究人员所使用的信息交流工具、手段和模式共性大于个性,已经没有必要去严格区分科学交流与学术交流这两个术语。② 美国图书馆学会将科学交流定义为:"通过这一系统,研究成果和作品被创造,其质量被评价,被扩散到学术社团,并且为未来的使用而长期保存。"③Borgman 认为可从生产者(producer)、作品(artifact)和内容(content)三个视角来研究科学交流,包括科学信息的增长、研究领域(包括专业和学科)之间的关系、用户群体的信息需求和利用、正式渠道和非正式渠道的关系。Lievrouw 把科学交流分为四部分:作品研究(artifact study)、用户研究(user study)、网络研究(network study)和实验室研究(laboratory study)。④

2.3.4 知识交流

近代科学诞生之初,科学家之间交流的主要方式是阅读他人的书刊文献。进入现代社会后,随着数据库、网络、电子出版等现代信息技术的应用,为学术社区中传统的文献交流、信息交流向更深层次的知识交流转变提供了环境和手段。目前,人们对知识交流的内涵和认识还没有形成一个公认的概念,基于不同的角度和立场学者们给出了众多的定义,下面列出其中比较有代表性的观点。

成全认为,知识交流是指通过语言、文字、符号等一定的方式,对自然、社会和思维的知识体系中还没有形成定论的知识进行探讨,探索新知识的过程。⑤ 翟杰全认为,人们借助于某种符号系统,围绕着知识所进行的一切知识

---

① 见陈丽美《学术传播》,http://shupiny.googlepages.com/schcomm.ppt(检索日期 2010 年 12 月 5 日)。
② 见徐丽芳《论科学交流及其研究的流变》,《情报科学》2008 年第 26 卷,第 10 期,第 1461-1463 页。
③ American Library Association, Scholarly communication. [2011-01-21]http://acrl.ala.org/scholcomm/node/21.
④ L. A. Lievrouw, Four programs of research in scientific communication, Knowledge in Society, 1988(1), pp.6-22.
⑤ 见成全《基于网络协同的专家知识共享研究》,武汉大学 2009 年博士学位论文。

加工与知识交往活动,都属于知识交流的范畴。[①] 张三保、李锡元认为,知识交流是联系知识生成、积累和知识应用的纽带,交流过程也往往成为知识应用的一个有机组成部分;知识交流是积累、共享、交流三原则中的最高层次。[②] 林敏认为,知识交流是指个人或群体拥有的知识,通过对话与沟通,使其他个人或群体共享并拥有相同或相似的知识;频繁的对话和沟通,有助于在员工中形成一个"共同认知基础",促进个人隐性知识的传播。[③] 赵静认为,知识交流是指知识的所有者和需求者围绕着知识所进行的一切交往活动,以达到彼此互通有无、共享知识的目的。[④] 陶志梅、王瑞文认为,知识交流是围绕人类思想和知识的互通、传播所进行的一切交往活动,以达到彼此互通有无、共享知识的目的。[⑤] 姜霁认为,知识交流是指不同思想、观念之间的互相影响、互相作用的过程;交流主体、交流工具和交流客体,是构成知识交流活动的三个基本要素[⑥]。宓浩认为,知识交流就是知识信息的发生、传递和吸收过程,通过知识信息的这种过程来减少或消除人们的知识差,使人从无知到有知,从知之较少到知之甚多。[⑦] P. Hendriks 认为,知识交流是一种沟通与互动过程,分享他人知识之时,必须有重建的行为,必须要具备知识去学习新知识、共享知识。衡量知识交流的指标有两个:知识欲求(测量在学术社区中成员知觉自身对于知识欲求的程度)和知识贡献(测量在学术社区中人们知觉自身对于社区的知识贡献程度)。[⑧] 英国经济学家 Stoneman 认为,知识交流过程应是一种学习的过程,即通过有目的、有计划、主动地学习而获得知识的应用或是将学习到的知识与现有知识相融合创造出新知识的过程。[⑨] S. Ryu 认

① 见翟杰全《国家科技传播体系内的知识交流研究》,《科研管理》2002 年第 23 卷,第 2 期,第 5 - 11 页。

② 见张三保、李锡元《走向正和博弈的知识交流与共享》,《科学管理研究》2005 年第 23 卷,第 6 期,第 89 - 92 页。

③ 见林敏、李南、季旭《研发团队知识交流网络的小世界特性分析与证明》,《情报学报》2010 年第 29 卷,第 4 期,第 732 - 736 页。

④ 见赵静《高校知识交流的特点与控制》,《图书馆理论与实践》2006 年第 1 期,第 88 - 90 页。

⑤ 见陶志梅、王瑞文《高校知识交流环境变化对高校科研管理改革的影响》,《科技管理研究》2008 年第 10 期,第 99 - 100 页。

⑥ 见姜霁《知识交流及其在认识活动中的作用》,《学术交流》1993 年第 4 期,第 59 - 63 页。

⑦ 见宓浩《知识、知识材料和知识交流——图书馆情报学引论(纲要)之一》,《图书馆学研究》1998 年第 6 期,第 28 - 35 页。

⑧ P. Hendriks, Why share knowledge? The influence of ICT on motivation of knowledge sharing, Knowledge and Process Management, 1999, 6(2), pp. 91 - 100.

⑨ 见赵琴琴《虚拟科技创新团队的知识流动机制研究》,哈尔滨工业大学 2009 年硕士学位论文,第 1 - 65 页。

为知识共享是个人之间相互交流知识的过程。[1] B. Hooff 认为,知识转移是积极地与别人交流自己所知的,或积极地向别人询问自己想要知道的知识,即知识转移也是交流的行为,其提出的知识交流和转移过程模型如图 2-8 所示[2]。L. Champika 认为,交流解释知识转移者的行为方面,例如合作行为等[3]。

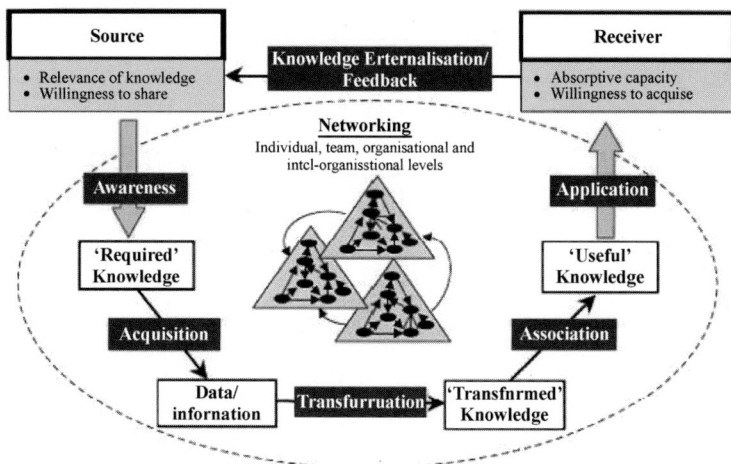

图 2-8　知识交流过程模型

2.3.5　学术社区知识交流

本书认为,学术社区知识交流是指为探索新知识、解决新问题而在科学研究相关人员(专业技术人员、管理人员、知识传播人员等)之间发生的专业知识信息的传递、吸收、迭代、重构等过程,它包含了知识共享和知识转移两个方面。通过这种过程使得不同的思想、观念等知识信息相互影响、相互作用,以此减少或消除人们的知识势差或增加人们的相互依赖,以达到彼此互通有无、共享知识的目的,为使用和创造更多的新知识服务。其可用图 2-9表示。

---

① S. Ryu, S. H. Ho, I. Han, Knowledge sharing behaviour of physicians in hospitals, Expert Systems with Applications, 2003(25), pp. 113 - 122.

② B. Hooff, Knowledge sharing in context-the influence of organisational commitment, communication climate and CMC use on knowledge sharing, Journal of Knowledge Management, 2004, 8(6), pp. 17 - 30.

③ L. Champika, Knowledge communication and translation-a knowledge transfer model, Journal of knowledge management, 2009, 13(3), pp. 118 - 131.

```
┌──────────┐   交流知识信息   ┌──────────────┐
│ 现有知识结构 │◄──────────►│ 重构出新的知识 │
└──────────┘              └──────────────┘
```

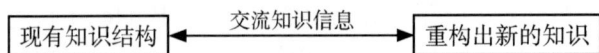

图 2 - 9　交流促进知识创新

在进行知识交流前,必须先获取或生产出知识信息,这包含着知识信息的吸收、发生,可从知识生产的视角进行考察;知识信息产生之后,还得进行有效的传播,才能更好地发挥知识的作用以及提高知识生产的效率,这可从知识传播的视角进行考察;知识的生产、知识的传播以及整个知识交流过程都是嵌入在一定的社会关系、社会情境中的,而这又可以从社会关系的视角进行考察。因此,对知识交流的认识可以从知识生产(知识主体行为、知识特性等),知识传播(人际网络、工具载体等),社会关系(个人、团队和社区)这三个方面予以揭示。

2.3.6　学术社区知识交流与三者的相互关系

从以上定义可知,信息交流覆盖的范围较科学交流、知识交流范围要大。

从构成要素上看,科学交流的构成要素较广泛,包括科学研究工作者(基础研究工作者、应用研究工作者、技术专家)、知识传播扩散者(编辑、图书馆员、科技记者、科学史家、出版发行商、文摘索引商、检索服务商、图书馆、情报中心、期刊社、学会、协会等)、科学规范等。从研究内容上看,Borgman 指出科学交流的研究内容包括如下四个部分[①]:科学信息的增长、研究领域之间的关系、用户群体的信息需求和利用、正式渠道和非正式渠道的关系。因此,科学交流虽然包括科学知识交流,但也包括用户服务、期刊、学会、协会等的运行。

知识交流与信息交流相比也是有所不同的,知识交流不仅仅是一方愿意将信息传达给另一方,还包含愿意帮助另一方了解信息的内涵以及从中学习这项信息,进而转化为另一个人的知识。从知识和信息的区别,信息被大脑接受并加工处理后形成知识,信息只有与个体的认知能力、知识结构相结合才能成为被主体吸收的知识。

但知识交流也有别于学术社区知识交流,知识的内容和类型非常广泛,例如日常性知识、经验性知识、技能性知识、业务性知识、专业性知识,因此,其范围远大于学术社区科学研究人员之间的知识交流。

---

① C. L. Borgman, Scholarly communication and bibliometrics, Newbury Park: SAGE Publications, 1990.

　　对于学术社区的知识交流,交流的内容和对象除了人类知识体系中已有的科学专业知识之外,还主要包括前沿性、探索性、还没有定论的新颖知识。比如,对于一个某个学科领域的初进者,可能对学科内的一些基本理论和结构体系并不十分了解,而网络环境下的科学交流的过程可以使其迅速吸收相当的知识营养,融入到学科研究中去。对于知识共享的初进者接受群体知识需要一个过程,首先的过程是信息的共享,这时个体由于知识所限并不能参与到学术交流过程中,他们更多的是进行信息的搜集,进行个体自我的学习过程,例如开放性课件资源平台、数字出版平台等都为他们提供了丰富的学术信息资源,当个体的知识能量达到一定程度,具备从事学术讨论的基本能力,便可以参与到与群体的学术交流中。因此,三者之间的关系可用图2-10表示如下:

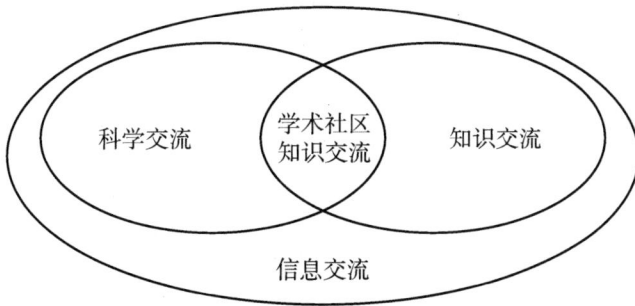

图 2 - 10　学术社区知识交流与信息交流、科学交流、知识交流的相互关系

2.4　学术社区知识交流的类型

　　学术社区知识交流从不同的视角和观察维度出发,可以区分为以下几种类型。

2.4.1　学术社区知识交流的时空类型

　　从时空角度,知识交流可以区分为在时间上的纵向知识交流和在空间上的横向知识交流。其中,纵向的知识交流从时间上区分,又可分为历时态和共时态。历时交流是指认识主体评价、吸收和继承前人认识成果的活动,为人们产生新的认识奠定基础;共时态交流是指同一时代认识主体之间认识成果的交流,有利于人们吸取最新研究成果,把握时代最迫切的需要,它是使人们的认识迈向新高度引擎。横向知识交流从地域上可以区分为同城交流、不同城交流和跨国界、跨语言交流,有利于人们把握同时代同行科学研究的最新进展,避免重复劳动。因此,人们要进行知识创造,既需要历时态交流,也需要共时态、跨地域、跨国界的同行知识交流。

2.4.2 学术社区知识交流的内容类型

根据所交流知识程度的不同,知识交流可分为专业性交流和非专业性交流、同类交流和异类交流。专业性交流是指专业性较强的特定领域的知识交流,侧重于解决专业性的理论或技术问题;非专业性交流是指专业性不太强和领域相对宽泛的交流,侧重于科学技术思想方法论及跨领域的思维碰撞,在现代大科学项目发展中扮演着十分重要的角色。虽然二者在交流领域界定和解决问题的目标方面有异同,但二者确在同时推动科学技术的发展和进步。

根据所交流知识种类的不同,知识交流可分为同类交流和异类交流。由于知识根据认识的对象和形态的不同,可以分为自然科学知识和人文社会科学知识,经验知识和理论知识。自然科学知识、人文社会科学知识、经验知识和理论知识,各自内部的交流属于知识的同类交流,自然科学知识和社会科学知识之间、经验知识和理论知识之间的交流叫做知识的异类交流。它们对于认识主体开阔知识面,建立合理的知识结构,适应当今自然科学和社会科学,科学、技术、生产呈一体化、综合化发展的趋势都是必需的。

根据从交流知识内容的不同,知识交流可分为集中型交流和分散型交流。集中型交流是指交流的内容高度相关,交流双方或各方就某一个或某一些议题交换各自的看法,进行激烈的质疑、讨论和争鸣,以深化和完善对事物的认识。分散型交流是指交流双方所交流的不是相同的内容,它常常表现为人们相互之间交换不同的书刊文献、不同主题的论文等等。这种交流对于知识传播者来说,通过论文、著作等将自己的思想进行主动地传播,在追求扩大个人社会影响的同时也将个人知识社会化。

2.4.3 学术社区知识交流的渠道类型

借鉴科学交流的研究成果,笔者基于交流渠道将知识交流分为正式、半正式和非正式三种类型。

(1) 正式知识交流

正式知识交流是指学术社区成员借助经过出版者、编辑、同行专家事先筛选、评审和把关、正式出版的学术文献为载体所进行的知识交流活动。这种学术文献既包括纸质的图书、期刊,也包括电子的图书、期刊,还包括经过同行评审的开放存取论文。社区成员既可以通过图书馆浏览传统的印刷型学术文献,也可以通过数字图书馆、文摘索引数据库、网络搜索引擎、学科信息门户、出版发行商和作者网站浏览已经正式出版的电子型学术文献。其特点是知识产权明晰、知识信息质量较高。

（2）半正式知识交流

半正式知识交流是指学术社区成员借助受到一定知识产权保护但尚没有正式出版和公开发行的"灰色文献"为载体进行的一种知识交流活动。"灰色文献"不为盈利出版者所控制,而由政府、高校、研究机构、非营利组织等所产出的各种形式的信息,如开放存取仓储、政府报告、内部出版物、会议记录、学位论文、科技报告、未正式出版的会议论文集、社会调查或实验数据以及图书馆、信息中心、情报所编译、编撰的学科发展动态、综述、述评等。在当今信息化的知识交流环境下,这些对知识生产和创造具有很高参考价值的学术信息能够很快地融入到知识生产活动中去,学术社区成员可以方便、及时地从各种学术团体和教育机构、国际组织和政府部门、行业协会等网站上采集、阅读和吸收相关的知识信息,加速知识交流的进程、提高知识交流的效率。其特点是受一定的知识产权保护、知识信息质量相对较高。

（3）非正式知识交流

依据传统意义上的非正式科学交流,非正式知识交流可以定义为,学术社区中的成员通过个人接触而进行的知识交流活动,包括社区成员之间就他们所从事的研究或研制项目进行直接对话,参观同行实验室和科学技术展览等,对同行作学术报告,参加学术会议、进行讨论,交换书信、出版物预印本或其他资料,研究或研制成果在发表前的准备工作,包括同行专家评审意见、杂志编辑意见、致杂志编辑的信、对修改意见的回答和解释、合理化建议、工作报告,发表地点和时间的选择等。网络环境下 E-mail、IM（instant messaging）、BBS(bulletin board system)、Blog、Wiki、SNS 等在学术社区中的大量应用使得非正式知识交流在知识交流中的地位大幅度提升。其特点是知识信息的流动性、随意性较强,没有正式的监督机构来评价其所传播的知识信息的客观性和真实性,知识信息内容质量、知识产权难以保证。现代网络环境下比较流行的非正式知识交流工具主要有:

① E-mail:Internet 中的 E-mail 通讯简便、迅速、廉价,已取代传统的信件往来成为目前科研人员非正式知识交流的主要方式之一。它不但可以传送文本,还可以传递多媒体信息,如图像、声音等。此外,它接收和发送信息十分便捷,可以实现成组投递,不受时间和空间的限制,使知识信息和文件可

以在数秒内发送给一个或多个全球范围内的接收者,并且还可以在邮件中链接相关知识资源,因此,它在及时沟通学术信息、与国内外同行进行交流中,优越性非常明显。

② 即时通讯(IM):即时通讯是一种基于网络的实时互动交流方式,如人们比较熟知的 QQ、MSN 等实时通讯软件。它允许两人或多人通过文字、文件、语音、视频等方式即时的进行交流。学术社区在利用 IM 进行文本、语音乃至视频进行学术知识信息交流的同时,交流双方还可以通过其文件传输服务获得更多的"灰色文献"。此外,IM 还具备文本交互性的特征,一旦交流中断,人们还可以通过保存的交流记录,恢复到中断前的上下文环境中来继续交流。因此,学术社区利用实时交互技术,可以轻轻松松地实现网上交谈或召开网上学术会议,能够使人们摆脱传统学术会议的舟车劳顿和时空的局限。

③ 电子公告牌(BBS):BBS 主要是为人们提供一个相互交流的平台。现在网上有许多不同专题的学术论坛,如学术科研第一线——小木虫论坛、北大中文学术论坛等,学术社区中的不同成员可选择相关研究内容的论坛,通过发帖和留言回复,参加讨论,相互交流知识信息,扩大知识交流的渠道,捕捉某一领域的最新前沿动态。其优点是"专"和"快",缺点是非正式。

④ 学术博客(Blog):Blog 一词源于 Web Log 的缩写,意思即是网络日志,相当于博主本人传统的随笔和日记,其内容按时间顺序排列,自由、随意、没有形式的要求,可以是博主本人思想、观点的记录,也可以是转载、链接他人的作品或对其发表评论。作者可以随时提交、即时发布自己的作品,并对全球用户开放存取,与读者交流、反馈及时。

学术博客是由某一专业领域的学术人员建立的、用于分享和交流自己的思想、观点、数据和科研成果的博客,其内容可包括个人思想动态和研究心得、研究进展和成果、学术热点问题、科学新闻和会议报道等。一般具有鲜明的学科主题和专业色彩,通常围绕某些主题展开讨论,内容较新颖,多为不成熟的个人观点,文章结构没有固定的限制且篇幅普遍较短,缺乏严密的逻辑论证,有利于产生和启发各种创新性的想法。学术博客的兴起和发展极大地影响着学者之间的交往、思维和工作方式,对推动知识交流与创新具有非常重要的意义。

通过学术博客,学者们不仅可以方便地获取"灰色信息",而且可直接与作者交流、互动,得到文献背后的知识及作者的进一步设想。热门和精华的学术博客能够吸引广大学术社区成员的关注,形成热烈的讨论和知识交流场域,从而提高知识创新的速度和质量。

⑤ Wiki:Wiki 是一种开放的超文本系统,支持面向社群的多人协作式写

作,参与成员可以在 Web 的基础上对 Wiki 文本进行浏览、创建和更改,所以 Wiki 为社群成员提供了简单的知识交流工具,通过 Wiki 系统社群成员能够交流和共享某一领域的知识。从理论上讲,Wiki 每个页面都是通过词条链接在一起的,用户可以通过不断的点击词条链接到维基网站的每一个内容页面。因此,基于 Wiki 的知识交流具有明显的知识链接特征,它以词条为中心,通过相互引用和描述的链接方式,集中了平凡与不平凡人的思想,在不断增删与提炼中,在集思广益的"共和"下,获取思想的精粹,达到认识的趋同。Wiki 知识链接在主题和内容上具有强相关的特征,一方面系统可以通过链接机制将分散的、内容相关的页面知识整合、汇聚成系统化、集成化、有序化的知识,另一方面使用者可以根据词条的解释以及它在其他链接文本中的意义来综合理解该词条的含义。典型的如维基百科(Wikipedia),维基百科充分利用网络技术,使用先进的网站知识组织模式来便于用户使用和管理,使得整个知识的交流过程(包括生产、传递、检索、使用、修改等),在具有海量信息、巨大用户情况下快捷、简便地进行。

⑥ Tag:用户通过创造 Tag 建立起自己的分类法,其他用户可以在同一网站搜索、共用标签达到信息资源更大范围的传播共享。Tag 和分类还是有一些不同之处的:首先,分类是在学术文章写好之前就定好的,而 Tag 可以在写完学术文章之后再添加的;其次,可以同时为一篇学术文章写上好几个 Tag,方便自己随时查找,而原先一篇学术文章只能有一个分类;Tag(网络标签)作为一种自由而有序的学术信息分类技术,对传统的学术信息分类和交流方法进行了革命式的颠覆,它以"人"为信息传递和交换的核心,实现了由"机器——人"到"人——人"的交流方式的改变,开创了网络学术信息交流的新阶段①。

随着 Web 2.0 概念和技术的成熟,BBS、Blog、Wiki、Social Tag 等新型交流媒介大大改变了学术社区知识交流的方式。在 Web 2.0 环境下,一方面,学术社区人员为扩大其学术影响,倾向于在其学术研究成果正式出版之前就在网上先行发布其部分成果信息,使得其他成员通过网络就从同行专家那里获得了有关学术信息正式出版以前的有关资料;另一方面,这种即时、自由、随意、争鸣的非正式交流方式,有利于产生和启发各种创新性的想法,支持新观点、新知识的诞生。所有这些都提高了学术社区知识交流的效率,使非正式交流在学术社区知识交流中的地位大幅度提升。

① 见刘佳《基于网络的学术信息交流方法与模式研究》,吉林大学 2007 年论文,第1- 67页。

2.5 学术社区知识交流的特征

根据学术社区研究成果受知识产权保护及优先权明晰程度,内容质量准确程度,发布、获取渠道和方式等因素将学术社区知识交流的特征从正式、半正式和非正式三个方面展开论述。学术社区正式知识交流以线性、历时交流为主,借助于正式科学文献,表现出特有的社会行为特征,有较好的社会认证机制,知识产权和优先权明晰,知识内容的准确性、明晰度、可信赖程度高,但交流有时滞性,且受到订购、地理范围、搜索成本等因素的影响;学术社区半正式知识交流具有较好的开放性、互动性、时效性和非线性,表现出一定的社会行为特征,对知识产权和优先权有一定程度的声明和保护,其数字媒体的表现能力较强,有利于知识信息的表达和显示,知识内容具有一定的准确度、传播范围广泛;学术社区非正式知识交流互动性和时效性最强,获取新知识的时间间隔最短,反馈最迅速,尤其是直接接触具有高度的选择性和针对性,能进行连续的相互交流,有利于不便公开的、私密的知识交流,其声情并茂的优点,有助于激发灵感,产生创新性想法并支持观点的提出和形成,但缺点是由于时效性较强,新知识的可靠性、严肃性和客观性以及知识产权和优先权的明晰程度均受到一定程度的影响,交流双方更多地表现为个人的行为特征,易受情感、信任等主观因素的影响。

2.5.1 学术社区正式知识交流的特征

学术社区正式知识交流以学术论文、著作等为载体,有严格的质量控制并受知识产权的保护;知识内容的准确性、可信赖性程度高;以出版商、发行商、图书馆等社会中介的运行机制为主,并受学术共同体既定规则的约束。

(1) 学术社区正式知识交流的线性历时特征

学术社区正式知识交流的载体,如期刊、图书等出版形式相当呆板,具有明显的线性特征。一般是先评审、后发表,并且其评议是封闭的,读者很难获取专家对论文或书稿的评论或修改意见等高质量的知识信息,只能被动地阅读和吸收。其出版物一旦发行,发表的版本就是最终版本,当作者的研究成果有新的突破或进展时,无法在原作上增补或修改,只能再重新撰写论文,再次通过评审、校对、出版、发行等环节,不仅增加交流成本,而且也造成信息冗余。对出现的排版或印刷错误也是很难收回和修改,大大制约了交流的效率和质量。此外,其线性发表模式也限制了期刊和图书的版面及容量,使得大量有价值的研究成果不能得到及时传播、共享和交流。

如果把在同一时间平面上实现的,即此时此地或者此时彼地的知识信息交流称为共时交流的话,那么,由于出版的时滞性,学术社区正式知识交流是随着时间的推移而进行的,是一种基于"出版—发行—订阅"的社会机制,具有明显的历时特征。在这种交流方式中,作者将成熟的研究成果撰写成文并投稿,经过编辑部门的初审、同行专家的评议到修改以及定稿,再到校对、出版,发行商的发行、订阅,图书馆的采购、加工,读者的查询、搜索等漫长过程后,最后才能被读者阅读和利用。而这时研究者、创作者的研究兴趣可能早已转移到其他问题了,等到辗转接到读者向其反馈的意见和建议时,作者已无法对有关内容进行说明、修改和更新,不仅交流滞后,而且不便根据需要修改内容。此外,它只重视成熟研究结果的发布和传播,把本来联系紧密的信息需求和创新活动的互动过程割裂开来,使学术社区无法因研究活动的需要及时调整知识信息交流活动。

(2) 学术社区正式知识交流的登记认证特征

学术社区正式知识交流由于有出版商、发行商、二次文献索引商、图书馆、情报所(中心)等社会中介机构的参与和执行,使得具有登记、认证、奖励等特征。出版者首先记录收到来稿和发表的日期,以用于登记和确定科学发现、发明和学术研究成果的优先权,然后委托同行专家验证已登记研究成果的质量、价值和有效性,完成对知识信息的筛选和把关;发行商和图书馆对研究成果进行保存和存档;索引服务商向社区成员告知最新的发现或发明,并记录下其他成员引用研究成果的情况;学术社区共同体根据学术成果的应用及被引用情况对作者的贡献予以承认和认可并给予荣誉或授予相应地学术奖励或地位①②,因此,具有较强的登记认证特征。

(3) 学术社区正式知识交流的引用耦合特征

在学术社区正式知识交流中,作为载体的科学论文或著作仕创作时,作者不可避免地要引证其他有关的文献,为论证自己的观点寻找依据,查考资料。在发表科学论著时,作者以尾注或脚注等形式列出其所引证过的参考文献,一方面是为了说明引证资料的出处,以强调其可靠性;同时也便于读者查

---

① F. Rowland, Print journals: fit for the future? [2010 - 08 - 27]http://www.ukoln.ac.uk/ariadne/issue7/fytton/.

② Roosendaal, H. E. Forces and functions in scientific communication: an analysis of their interplay. [2010 - 09 - 21]. http://www.physik.Uni-oldenburg.de/conferences/crisp97/roosendaal.html.

考、核对,或在此基础上进行更深入的研究;另一方面也说明作者讲究科学道德,尊重他人劳动。科学文献的引证与被引证,是科学发展规律的表现,体现了科学知识和情报内容的积累性、连续性和继承性,也体现了科学的统一性原则,多学科之间广泛的交叉和渗透。这样,作为科学知识的记录和科研成果直接反映的科学文献也不可能是孤立的,而是互相联系的,突出地表现在文献之间的相互引证方面。由此可以看出,一篇文献之所以被另一篇文献或一个作者之所以被另一个作者引用,是因为被引用文献提供了引证文献所需要的相关知识信息。在正式知识交流体系中,引证行为构成真实科学过程和知识过程的一部分,由此而产生的引证与被引证必然会从各个角度、层次反映知识交流的客观现状和规律,因而产生了专门为此提供服务的引文索引服务商,如大名鼎鼎的美国《科学引文索引》(*Science Citation Index*,简称 SCI)等。基于专门的引文数据库,在分析学术社区正式的知识交流关系时,不仅可以从文献同被引的角度来研究文献结构的动态规律,而且还可以从著者同被引的角度揭示学术社区人员的组织结构、联系程度,并进而跟踪和推测学科或专业的发展趋势和方向。

在学术社区正式知识交流体系中,人们经常可以看到不同论著的作者不约而同地引证某篇或某几篇完全相同的文献。针对这一现象,美国麻省理工学院的教授 M. M. Kessler 于 1963 年首次提出了"文献耦合"(bibliographic coupling)这一术语。Kessler 在对《物理评论》(*Physical Review*)期刊进行引文分析研究时发现,越是学科、专业内容相近的论文,它们参考文献中的相同文献的数量就越多。于是,他把两篇(或多篇论文)同时引证一篇论文的论文称为耦合论文(coupled papers),并把它们之间的这种关系称为文献耦合①。也即是说,如果两篇或多篇论文共同引证了一篇(或多篇)参考文献,这两篇或多篇论文即具有引文上的耦合关系,可以认为它们在学科或知识内容上具有某种联系或相关性,其共同引用的参考文献篇数称为耦合强度。事实上,"耦合"概念不仅仅局限于同时引证的两篇或多篇论文本身之间的关系,它揭示的是一类普遍存在的主客体之间的引证与被引证关系,因此可以将"文献耦合"的概念予以推广,相对于文献的学科主题、期刊、著者、语种、国别、机构、发表时间等特征对象来说都可以发生耦合关系。也就是说,"耦合"概念还能反映同时引证的两个(或多个)著者之间的耦合关系。D. Z. Zhao 2008 年把作者文献耦合分析定义为将文献耦合的方法扩展到作者层次,通过作者所

---

① 　见邱均平《信息计量学》,武汉大学出版社 2007 年版。

有作品中参考文献的耦合强度来建立作者之间的关系,并且发现作者文献耦合也可以用来研究作者之间的研究兴趣并窥探当前学科的知识结构,是作者同被引的有益补充。[①] 我国学者刘志辉等又进一步指出,可将文献耦合的方法扩展到作者层次,通过作者所有作品的关键词的耦合强度建立作者之间的关系,称为作者关键词耦合分析,并通过实证分析指出该方法适合揭示同一领域作者之间隐含的关系。[②]

2.5.2　学术社区半正式知识交流的特征

随着社会的发展,人类的进步,以正式出版物为主的正式交流系统已无法满足科研人员的需求。一方面,知识的生产速度加快,生产过程中的副产品增多,如调研报告、研究过程的记录、工作总结、研究报告、实验数据集、产品性能测试结果等等,而且这些副产品的学术价值对于科研的作用与日俱增;另一方面,科研人员的学术交流活动日益增多,学术交流方式日趋多样化(如越来越普遍的网络视频会议),这种多样化的、频繁的学术交流必将产生种类繁多、数量巨大的学术产品,而在这些产品中,有很大一部分是不能正式出版的。学术社区半正式知识交流主要是以"灰色文献"为载体,一般有选题、文献格式等要求,并有版本号和时间标识以及各种元数据,具有开放存取、网状传播、平台交互等特征。

（1）学术社区半正式知识交流的开放存取特征

如今,互联网已经成为传播科技知识信息的一种重要媒介,伴随着开放存取运动的开展,各种开放存取资源平台已相继建成并投入使用,如开放存取电子期刊、机构知识库和 e 印本文库等。机构知识库是由机构成员在线提交并可被机构内外终端用户免费获取利用的其研究成果的知识资源库。[③] 非正式交流系统的机构知识库内容应该涵盖机构成员所生产、创造的 切智力产品,还应该包括机构的成员或团队在科研过程中一切活动和过程的记录,

① D. Z. Zhao, Evolution of Research Activities and Intellectual Influences in Information Science 1996—2005: Introducing Author Bibliographic-Coupling Analysis, Journal of the American society for information science and technology, 2008, 59(13), pp. 2070 - 2086.

② 见刘志辉、张志强《作者关键词耦合分析方法及实证研究》,《情报学报》2010 年第 29 卷,第 2 期,第 268 - 274 页。

③ K. Richard, Institutional Repositories Partnering with Faculty to Enhance Scholarly Communication, D-Lib Magazine, 2002, 8(11).

即记录静态的科研成果(各种数据、论文、报告)和动态的科研过程。同时,它不仅仅是一个资源库,还是一个知识库,容纳从上述资源中挖掘出的各种知识。① 涵盖以下几个方面:① 论文(会议论文、学术和学位论文、包括论文预印本);② 学术单位的新闻通讯、演讲稿和快报;③ 工作报告(包括工作过程记录、工作进度报告、工作总结报告等);④ 实验数据及实验结果(包括科研过程中的多种信息,如科研数据、项目阶段成果、会议视频、讲座记录、新方法或理论,最新研究进展、研究趋势、科研感悟、经验、教训、心得等);⑤ 教学资源(如教学参考资料、教学大纲、教学计划、教案、教学经验介绍、笔记、手稿、课件等);⑥ 书评、论文评价、书目数据以及各种思想、经验、诀窍的总结;⑦ 软件产品及相关资料、图片文件、声像文件、数据集、各种观点、看法、思想、经验、诀窍的总结、科研活动中创造的其他智力产品和数字化对象等②③④。e印本库是通过作者自存档方式收集的尚未决定发表和发表之前的论文预印本、已经决定发表和已经发表过的论文定稿以及处于预印本和发表论文之间的任何有重要价值的文献和任何发表论文的修订版本等各种形式学术论文的数字版本的在线知识资源集合,它供全球用户开放存取和利用。如美国高能物理研究所创建的 arXiv. org。因此,半正式知识信息交流具有明显的开放存取特征,可由学术社区及其成员根据自己的交流需要,个性化创建和制定交流政策;能使其他研究者甚至公众免费获取和利用各类学术知识信息,而不受时间、空间、经济能力等的限制。

（2）学术社区半正式知识交流的网状传播特征

开放存取仓储和传统的手稿邮寄以及 E-mail 相比,更符合学术社区知识信息交流的网状特点,提供了一种更为正式的交流平台,被看做是一种学术社区的新型灰色文献交流模式⑤。研究成果或手稿提交后,作者可以对其进行修改、更新,每次改动系统都会为新版本赋予版本号和时间标识,并修改相

---

① 见吴海霞、朱志伯《知识的非正式交流与机构知识库》,《情报探索》2009 年第 12 期,第 18 - 21 页。

② 见侯壮《机构知识库与大学图书馆新拓展空间》,《现代情报》2006 年第 12 期,第 39 - 41 页。

③ G. Paul, Content in institutional repositories: a collection management issue, Library Management, 2004, 25(6), pp. 300 - 306.

④ 见常唯《机构知识库:数字科研时代一种新的学术交流与知识共享方式》,《图书馆杂志》2005 年第 3 期,第 16 - 19 页。

⑤ M. Gerry, New Products in Grey Literature-arXiv. org: the Los Alamos National Laboratory E-print Server, The International Journal on Grey Literature, 2000(3), pp. 127 - 138.

应的管理元数据等。因此,这种交流方式能够保证作者进行不间断地创作,实现学术研究继承与发展的统一,一改传统的期刊和图书无法在原作上增补或修改作者最新研究进展的弊端,满足了科学研究过程中对发布内容微调的需要。

学术社区半正式知识交流基于开放存取的"网络交流平台",简化研究成果的评审环节,摆脱了传统正式交流渠道出版时滞的影响,采取自存档方式,研究成果和学术观点可以随时提交、随时利用,缩短科技成果发布周期,以支持研究者对当前研究项目或研究信息及时交流的需要。谁一旦发布最新的思想,世界范围内的学术社区成员立刻就能知道,如著名的庞加来猜想等。此外,研究者还可以将研究过程中的阶段性、甚至是不成熟的研究成果及时发布,供同行专家参阅、评论和帮助完成。但学术社区半正式知识交流在缩短知识交流时滞的同时,并没有降低对质量的控制。这种质量控制方式在于研究成果和学术观点发布后便能很快得到读者的评阅、建议和反馈,并允许作者不断地吸取评议专家或读者的意见,予以补充或修改,使研究成果的学术质量得以动态提升。

因此,学术社区半正式知识交流充分利用互联网的开放存取交流平台,能满足全球范围同行专家、同类研究项目专家之间直接、快速交流与合作的需要,打破了知识交流的时空限制,缩短了知识交流的时滞,降低了知识交流的成本,提高了知识交流的效率,使学术社区的知识信息交流更加方便、快捷。

(3) 学术社区半正式知识交流的平台交互特征

开放存取仓储作为学术社区半正式知识交流的平台,其开放式的论文和学术观点创作流程增加了作者和读者进行相互交流的接触机会,从选题开始,知识便在作者和读者以及专家之间源源不断地流动,形成了以网络为媒介、论文或学术观点逐渐提升和完善为基础的知识交流过程。

比如,以 OA 仓储为中心的这种交互、网状知识交流模式将学术文献与知识创造、分析环境紧密相结合:

① 支持观点形成阶段的非正式知识交流。通过自存档方式以及结合电子邮件,使学术社区成员可以根据自己的意愿和交流需要,公开或私下地交流与研究相关的观点、不成熟的阶段性成果、有关评论、最新研究进展以及成熟的学术论文等,彼此启发、支持和帮助,以便产生各种创新性想法。如作者对论文的选题、定题,材料搜集和选择等。

② 论文创作过程中的动态及时知识交流。首先是作者和平台管理者。作者将初步创作完成的论文提交后,为防止不成文或内容不符合要求的论文

出现在交流平台上,保证论文最基本的质量,平台管理者需要对论文的形式和内容进行初步的审查,通过后予以发布,否则返回作者进行修改。其次是作者和读者。论文在初步发布和正式发表前,作者与读者及其他研究人员依托平台可以进行直接的交互式交流,以使读者更逼近地理解和体会作者的思路和论文的创作过程,了解并获取论文所承载的一些知识细节以及文字背后的作者隐性知识,进而为作者提供有价值的反馈信息,有助于作者自身知识水平的提高和论文学术质量的提升。最后是作者和评审专家。论文在正式发表或出版前,为保证内容的准确和可靠,还需要经过同行专家的评审和把关,专家可以从一定的高度和前沿性来对论文进行评价或提出修改建议,这是一种高价值的知识信息,是知识从高到低的流动,对提升作者论文水平和学术能力有显著帮助。同时,由于 OA 仓储一般都有规范的元数据管理和版本及时间标识机制,e 印本在提交之后,作者还可以根据需要进行收回、替换和修改。如 arXiv. org 还能为用户提供相关主题最新订阅服务以及与覆盖学科相关的其他开放存取学术资源、研究机构主页、相关专业网络期刊、期刊数据库链接的导航服务。

③ 论文发表后的在线共享。经过一系列交流和修改过程,论文达到一定的学术水平并可公开发表时,便以此为媒介和载体将手稿甚至专家评审信息进行及时的在线交流,实现知识从作者向读者的流动。一方面,缩短了正式交流的时滞,满足了及时交流当前研究信息的需要;另一方面,取消了正式交流中订阅的渠道障碍,并通过开放存取协议使受知识产权限制的文献可以被下载、复制、传播、合理使用,使隐藏文献暴露、集中的效果,提高了学术信息的可获取性,因而能促进跨学科、跨部门、跨机构、跨国的知识交流以及科研成果的利用和转化并推动新的研究内容和研究类型。此外,还为科学家、公众、媒体、政府、企业之间多边、直接沟通提供了交流平台,一方面满足了学术社区及时向社会公布、宣传科学知识的需要;另一方面也使公众、政府和媒介了解学术社区的工作,便于共同参与研究课题的投资决策。

电子载体数字信息的优越存储性能和多样化的媒体表现能力,促使研究者可以突破文字表达的局限,在思维方式上逐渐脱离思维与语言、文字不分离的状况,并习惯于用图、表、音频、视频等多媒体方式辅助论证、解释和说明,使思想成果得到更好的表达,使以纯文本为主体的电子资源,嵌入了更多以其他媒体形态表达的知识信息内容。电子资源还能充分利用 HTML 文件的超链接特点,使得电子文本、多媒体资源、知识片段以及元数据等分开存储和浏览,以保证用户有效地使用各项知识信息。

2.5.3　学术社区非正式知识交流的特征

1. 学术社区非正式知识交流的自由开放特征

(1) 自由个人性

学术博客是学术社区成员的私人空间,它追求个人信息的自由发布并进行开放存取。博客的话题都集中于博客者本人,博客者本人的兴趣、爱好、学术研究等内容是话题的中心。其自由个人性体现在以下三方面:

① 形式上。与期刊论文及灰色文献相比,博客版面设置、功能使用比较自由,博客作者自主管理自己的博文,拥有编辑和删除自己文章的权力。博客文章没有固定结构的限制,篇幅可长可短,并且其编辑功能强大,支持大量的图片、音频、视频等多媒体格式以及用少量的提示文字加配丰富链接的文本,可以集原创内容、链接、评价、跟帖于一体。

② 内容上。博文内容呈现出高度的自由、灵活和随意,没有内容主题的特点要求,且语言上也没有学术文献那样规范、严谨。既可以是博主本人的才艺展示,如思想观点、感悟体会、治学经验、研究经历等;也可以是博主所关注研究领域的研究新闻、研究动态和最新研究进展等;还可以是转载、链接他人的作品或对其发表的评论等。

③ 逻辑上。博文是博主本人的网上日记,大部分是随着事件的发生、感想的产生等而发布的。因此,从文章逻辑上看,大部分文章没有期刊要求的严谨的研究思路、方法和讨论依据,缺乏严密的逻辑论证,有时候是作者本人突然想到的对某个问题或事物未成形的观点和看法。而这种未经掩饰的、坦诚的沟通和交流,往往能引发更深刻的问题,认清事物的本质所在。

但和正式的知识交流通过编辑、同行评审专家等严格的把关人在一定程度上保证内容的严谨性、真实性相比,学术博客一方面因为把关人的缺失使得交流的知识内容真实性和准确性难以保证;另一方面,学术博客信息发布灵活,评论方便,随意性较大,致使思考深度不够、知识内容质量不高,过于频繁的交流互动一定程度上也易造成内容的冗杂和信息的泛滥。

(2) 开放共享性

对知识、思想的共享是博客所倡导的理念之一;而学术博客更是体现了开放、共享的知识交流理念。博客的自由、灵活和便捷,使得学术博客成为学者们日常生活的重要组成部分,个人可随时随地浏览、更新自己的博客,为学者们日常化学习、写作提供了平台,提高了学者们知识交流的积极性,也为个人或群体间连续性、系统化的知识交流提供了可能。学术博客的创建者一般都对某一领域有着比较深入的了解和研究,其博文大多是关于该领域的学术内容,通过访问、链接、评论、回复等完善的交流和互动机制使得学术博客比较容易地按专业聚合成为领域博客圈,从而这种学术群体的集中讨论和争论使得知识能够更加高效的流通和共享,知识交流的深度大为加强甚至可以进行更加微观的知识聚类。当然,人们也可以通过某专业领域博客圈,迅速了解该领域最核心的问题,最新的趋势和进展,最重要的人物和成果等。① 另外,学术博客的 RSS、Trackback、Tag 等技术和机制,更是增进和扩大了博客人和学术群体以及社会大众之间知识交流的范围和内容。博客者可以通过 Trackback 技术,保留所有的发言记录,并可以方便地查找和任意地处置。通过 Trackback,甲在自己的博客中发表文章的同时,也可以把自己这篇文章的 URL 地址发送到乙博客者的文章上去,即"引用通告",以使得所有阅读乙博客文章的人也能通过 Trackback 来甲的博客看甲的文章。通过 RSS,博客者发布的内容可以被同步递送到用户手中(RSS 阅读器中),从而把自己信息推送到更大的范围中,让更多的人及时地阅读。② Tag 技术提供了一种更为灵活、面向用户的标记分类方式,它以"人"为信息传递和交换的核心,实现了由"人—机"到"人—人"的传播方式改变,通过互联网用户的大量交互以及相关内容的匹配,进而实现有效的搜索和信息的社会化传播。学术博客通过 Tag 技术的互相链接,使互联网从以关键字为核心的组织方式和阅读方式,过渡到了以个人的思想脉络为线索的阅读方式。因此,学者们可以充分利用 RSS、Trackback 、Tag 等技术来推荐和展示自己,以此实现更大范围内的知识交流和共享。

博客的开放性和自由性,使得发布、转载甚至篡改他人的学术成果非常容易,对侵权的制裁也比较难以操作,容易引起优先权争执和知识产权纠纷,制约了知识交流效率的发挥。所以,学者们的博文大都是科普性、大众型的内容,比如科学研究方法、论文写作经验等等,有较大创新、能够反映作者研究方向的专业性博文较少,与严肃、正规的知识交流相比,非正式色彩严重,如果社会或政府机构能够对之进行正确的监管和应用,将会成为学者们交流和共享隐性知识的强有力的工具,从而能够改善和提高学术社区知识交流的效率和效果。

---

① 见江小云、谭芳兰《学术博客:一种基于 OA 的新型学术交流模式》,《南华大学学报(社会科学版)》2008 年第 9 卷,第 5 期,第 111 - 113 页。
② 博客和 BBS 的区别,http://zhidao.baidu.com/question/20946894.html? si=5(检索日期 2010 年 10 月 6 日)。

2. 学术社区非正式知识交流的交互协作特征

学术博客的灵活、自由开放等特征使得博客作者与读者之间界线模糊，博客作者同时也是其他博客的浏览者、评论者、链接者及转载者，赋予了学术博客及博客人之间知识交流直接交互的特性。博客用户间可以相互访问、订阅、链接、回访、留言、评论和回复，即使没有注册的浏览者也可以就某一感兴趣的文章发表自己的观点、与作者进行交流及参与话题讨论等。它使得作者某一主题文章的讨论广泛而深刻，这不仅可以使作者了解到和该主题相关的各种言论，而且参与交互讨论的用户(或读者)也了解到该主题其他人的观点和态度，使得后来者和博客作者便于形成对该主题的综合把握。作者和用户(或读者)的交互使得作者能够得到一种广泛的响应和及时反馈，进而不断地修改和更新博文，加深和提高对这一主题或事物的认识；同时通过交互功能用户(或读者)可以向博客作者请教比较具有针对性和深入的问题，进行连续性知识交流①。学术博客这种作者与读者之间直接的争论和评论、独特的交互机制，体现和增进了博客和博客人之间思想、知识的交流和碰撞，有时候比原创的博文更具创造性和价值，是对博文内容有效和重要的补充。就像老槐所说："有时，我有一个想法放到博客上，博友们会有种种评论，这些评论时常能激发我的研究热情，再深化一下就写出论文来了。"②

特别是基于 Wiki 的知识交流，其最大的特征就在于群体协作和共同创作。Wiki 社群成员可以任意创建页面，修改、删除他人的记录，并且整个文本的组织结构都可经多人修改，通过其完善的版本控制系统，页面的修订历史不但都被记录，而且页面的每个版本都可被获取，每个页面变动的内容也能被访问者观察到。Wiki 知识交流是建立在人人参与、协作共享的基础上。由于 Wiki 站点是由许多人(甚至任何访问者)在维护，每个人都能围绕某一主题发表自己的见解和观点，也能对他人的观点进行评论、修改和补充，有利于澄清、阐述、修改、补充和完善自己或他人的观点和立场，在与他人的讨论和争论、思想交流和碰撞中，使许多零散、个人的观点凝聚、融合成为系统、群体共识的知识，提高对事物的认识、达成观点的收敛和问题的解决，并表现从个性化思维过渡到共性化文本的生成，生产出新的知识。因此，基于 Wiki 的知识交流具有明显的群体协作、融合创造的特点，促进了知识在群体内部的流动和共享，提高了知识交流的效率和效果。

---

① 见王欣妮《基于博客的图书馆学学术交流系统思考和启示》，《图书情报工作》2009 年第 53 卷，第 1 期，第 93 - 96 页。

② 老槐也博客，http://oldhuai.bokee.com(检索日期 2010 年 9 月 8 日)。

3. 学术社区非正式知识交流的链接聚合特征

（1）知识链接和协同创作

Wiki 以节点(node)和链接(link)作为概念的主轴,即所有的内容都属于节点,节点与节点之间(包括自身)通过链接来进行组织,而且页面的链接目标可以尚未存在,通过点击链接可以创建新页面。从理论上讲,Wiki 每个页面都是通过词条链接在一起的,用户可以通过不断的点击词条链接到维基网站的每一个内容页面。因此,基于 Wiki 的知识交流具有明显的知识链接特征,它以词条为中心,通过相互引用和描述的链接方式,集中了平凡与不平凡人的思想,在不断增删与提炼中,在集思广益的融合下,获取思想的精粹,达到认识的趋同。Wiki 知识链接在主题和内容上具有强相关的特征,一方面系统可以通过链接机制将分散的、内容相关的页面知识整合、汇聚成系统化、集成化、有序化的知识,另一方面使用者可以根据词条的解释以及它在其他链接文本中的意义来综合理解该词条的含义。

基于 Wiki 的知识交流和传播形成了以词条为中心的自然的、网状的结构。这完全是一个没有任何强制力的、自组织、非线性的知识交流与共享机制。各成员在 Wiki 所提供的多学科、多领域、多层次的"参照系"中,随着知识的螺旋式上升与波浪式前进,组成更加稳固和忠诚、更加客观和冷静的社会关系,并在知识互联的基础上实现"人"的社会互联网络①。

（2）主题关联与内容聚合

一方面,学术博客可以通过访问、链接、评论、回复等完善的交流和互动机制使得学术博客比较容易地按专业聚合成为领域博客圈,从而这种学术群体的集中讨论和争论使得知识能够更加高效的流通和共享,知识交流的深度大为加强甚至可以进行更加微观的知识聚类;另一方面,学术 Wiki 知识链接的关联性使得内容的分类更加清晰,更具结构化和具有良好的组织性。谭支军认为 Wiki 是以内容、知识为中心的内容管理系统②。此外,Wiki 由于是一个协作共创系统,要求任何写作者和参与者都应具有合作精神,并遵守其确定的主旨。一般都有明确的内容维护主题,要求提交的内容具有高度相关性,比较严谨规范。Wiki 的开放性,使得任何人都可以编辑,每个人都有机会进行充分的合作与交流,都可以对他人的观点和陈述进行去伪存真、去粗取精式的修改与编辑,以消除知识信息及表达的不确定性,使每个人的思想和

---

① 见娄银银《基于 Wiki 的网络学术交流模式探析》,《情报资料工作》2007 年第 3 期,第 53 - 57 页。

② 见谭支军《Wiki 在教育教学中的应用初探》,《中国远程教育》2005 年第 5 期,第 66 - 68 页。

观点都得到体现和逐步完善①,最终得到大众化认同的、系统化和合理化的词条内容。Wiki 这种多种形式、多种层次成员参与的平等、开放、共享、协作机制以及其便利的直接编辑修改功能,不但为个体间提供了一种知识交流和传递的平台,而且还可通过批判性地浏览、修改信息,使内容趋向全面、客观、公正,保障了词条内容、知识信息的真实性、准确性和完整性。

此外,在 Web 2.0 网络环境下,知识信息及个人思想、观点、研究成果的发布不是孤立的,而是在非线性的网状结构中互动的彼此相连的、相互聚合的。具体表现在以下三个方面:首先是聚合形成用户学术兴趣小组,根据人与人之间共同关注的学科主题和研究方向,通过浏览、编辑、评论、链接、推荐、介绍等相互沟通、了解和认同,组成相互信任的知识分享和体验群体;其次,在个人与生成的内容之间,借助超文本、RSS、TAG、Trackback 等工具对个人知识信息进行组织和管理,形成个人媒介平台;最后,在用户生成的内容与内容之间,根据资源内容的相关性,通过链接、推荐、转贴、TAG、RSS、Trackback 等工具形成具有相同主题特征的信息集合和用户聚合②。

2.5.4 不同类型学术社区知识交流特征的比较

正式知识交流:受到严格的知识产权保护;知识内容明晰且可信赖程度高;知识传播成本较大、限制了知识的受众面;以历时交流为主,受地理位置、学术认同以及学科馆员参考咨询服务的影响,表现为学术社区内部知识交流比较充分、知识同质性较强,学术社区之间由于受组织利益的影响知识交流和流动略显不足,学术社区外部的知识交流广度受知识内容的可获得性以及学科馆员推送服务等方面的影响。

半正式知识交流:受到一定程度的知识产权保护;知识内容明晰具有一定的可信赖性;知识传播成本较低;以历时交流为主,受人际网络的影响但与地理位置无关;受知识可获得性的影响,图书馆可帮助采集并可主动提供知识信息服务。

非正式知识交流:不受知识产权保护;知识内容有的明晰但分散零星,有的内隐,其可信赖性不高;知识传播成本很低甚至没有成本;知识发送方是即兴发送,知识接收方是无意浏览,有助于交流互动双方产生新思路、新想法;

---

① D. E. Descy, The Wiki true Web democracy, TechTrends, 2006(50), pp. 4 - 5.
② 见成全《网络环境下科学知识交流与共享模式研究》,《科学学研究》2010 年第 28 卷,第 11 期, 1691 - 1699 页。

以共时交流为主、兼有历时交流,受情感、信任、激励等主观因素的影响较大并不受地理因素的影响;学科馆员通过在信息、采集、聚合、分析、评价、过滤、组织和管理以及与学术用户互动与协作等服务能够大大提高知识交流的效果。BBS 与 Wiki 是以知识内容为中心面向所有对其知识感兴趣的公众,Blog 是以自我为中心,面向对 Blog 所有者或所有者的研究感兴趣的群体。Wiki 是动态的个人或群体协同写作工具,可以帮助你自由地创建、创作和修改自己的作品,或者与其他伙伴共同创作。用 Wiki 写作,没有复杂操作障碍,适合于有大量的文字和链接的电子作品。Wiki 参与者之间是协作关系,每个参与者必须保持中立的观点,不可偏激,这点与论坛截然相反,注重的是思想、知识的交流。其具体区别与联系如表 2 - 2 所示。

表 2 - 2 不同类型学术社区知识交流特征的比较

	知识产权	知识内容	知识传播	交流方式	影响因素	学科馆员
正式知识交流	严格	明晰;质量可靠;具有深度的专业知识	受成本限制较大	历时	地理位置、学术认同的影响较大	提供参考咨询
半正式知识交流	一定	明晰;一定程度的可靠;一般的专业性知识	不大	历时,速度较快	人际网络影响	信息采集和组织并提供主动服务
非正式知识交流	无	不明晰;质量不可靠;不太专业,较大众化	较小	共时为主	情感、信任、激励等方面的影响	嵌入学术社区,进行互动和协作

2.6 学术社区知识交流的影响因素

探索和识别学术社区知识交流的影响因素,有利于加深对学术社区知识交流的理解,为研究学术社区知识交流的特征和机制打下基础。根据已有研究,本书将知识交流的影响因素归纳为知识因素、主体因素、情景因素以及产权和成本因素等,其中知识因素包括知识的可表达性、知识的黏性等;主体因素包括知识交流主体的动机和沟通能力、知识交流主体间的信任和互惠关系等,情境因素包括知识交流媒介、知识交流频度、知识交流语境等。

2.6.1　知识因素

(1) 知识的可表达性(明晰程度)

继 Polanyi 提出隐性知识(tacit knowledge)的概念之后,很多学者都认同将知识划分为显性知识和隐性知识。日本学者 Nonaka[1] 认为:显性知识是指那些可以用规范化和系统化语言进行表达和传播的知识;而隐性知识是一种主观的、基于长期经验积累的知识,包括直觉、思维过程、诀窍、信仰等。显性知识与隐性知识存在诸多不同:显性知识是规范系统的,而隐性知识往往是难以规范的、零散的;显性知识内容和表现形式稳定、明确,而隐性知识却难以捉摸、不甚明了;显性知识通常可以通过编码处理后以公式、定理、规律、制度等形式表述出来,而隐性知识由于尚未编码和格式化而以诀窍、习惯等形式呈现出来;显性知识由于内涵明确稳定而容易存储、传播和分享,而隐性知识却因其高度个人化而难以存储、传播和分享。知识的可表达性是指知识可以文字、数字、声音、图像、符号等形式表示的知识。一般来说,能用规范化和系统化语言清晰表达的、能进行编码处理的、与知识主体或依赖情景相分离的可表达的知识较易通过书刊、数据库、网络等媒介进行交流和传播。其交流的知识内容稳定、一般不随时间地点的变化而变化,但同时由于是不同时不同地的交流,存在"时滞",有发生知识落后、失效的可能性。

而隐性知识由于是高度专业和个性化的、深深植根于它所依赖的环境与情景之中、难以编码和格式化的、没成文的知识,如个人的学术经验、学术能力,嵌入在产品工具、组织结构中的知识等等,往往很难被表述,但是,Takeuchi 和 Nonaka 认为,知识的能否表达以及将知识区分为隐性知识和显性知识不是绝对的[2],隐性知识不是不能表达,而是需要知识发送者通过较为特殊的方式(如表情、肢体语言等)进行全部或部分表达,因此,它的交流往往需要面对面的直接接触等即时、互动的方式进行,以便交流各方相互启发、确认、学习、模仿。其优点是知识转移的效率较高,交流的内容新颖,不存在或存在"时滞"的概率小,发生知识失效的可能性小,但其缺点是相当一部分知识内容是交流主体在不同的环境和情境下即兴的、不成熟的观点和看法,往

---

① I. A. Nonaka, dynamic theory of organizational knowledge creation, Organization Science, 1994, 5(1), pp. 15 - 16.

② [日]竹内弘高、野中郁次郎《知识创造的螺旋:知识管理理论与案例研究》,李萌译,知识产权出版社 2005 年版。

往缺乏严密的逻辑和科学论证,不确定性大,对这部分知识需要接受方进行自我鉴别。

(2) 知识的黏性

关于知识的黏性国内外已有不少研究,Hippel 认为信息的获取、转移及在新的环境中的应用需要成本时被称为信息具有黏性,且成本高时,信息黏性越高[①];Szulanski 认为知识的黏性是指组织内知识流动的难度[②];朱红涛认为,知识的黏性是由于知识对其所属个体或情境存在的依赖产生的难以移动的属性[③]。知识交流中所发生的知识的流动将使知识适应新的主体或环境,而由于知识的路径依赖或情景嵌入产生的黏性则可能影响或阻碍知识的有效流动。知识的情景嵌入性越深、知识路径依赖性越强或知识的专业化程度越高,则知识的黏性越高,知识交流主体间的适应性或理解性就越差。

2.6.2　主体因素

(1) 知识交流主体的意愿和沟通能力

P. Hendriks 认为知识交流包含两个主体[④]:知识提供者和知识接收者。知识交流与信息交流的不同之处在于交流一方不仅仅愿意将信息传递给另一方,而且愿意帮助另一方理解信息的内涵以便转化为另一方的知识。因此,知识交流是一种互动的沟通过程,在这种互动过程中,有时并不能明确区分知识提供者和知识接收者,两者的地位是相对的、暂时的,身份时常是兼为一体的。首先,知识提供者必须愿意以演示、著作、阐述等方式主动地提供知识;其次,知识接收者必须愿意以模仿、倾听、阅读等方式来认知、理解这些知识,并自觉地通过内化等行为将接受的知识进行吸收和重构,以便转化为自己的或生产出更多的知识。

知识交流主体的沟通和表达能力将直接影响到双方之间的知识交流质

---

① V. Hipple, "Sticky information" and the locus of problem solving: implications for innovation, Management Science, 1994, 40(4), pp. 429 - 439.

② G. Szulanski, Exploring internal stickiness: impediments to the transfer of best practice within the firm, Strategic Management Journal, Winter Special Issue, 1999 (17), pp. 27 - 44.

③ 见朱红涛《知识特性对知识交流效率的影响研究》,《情报理论与实践》2012 年第 35 卷,第 7 期,第 34 - 37 页。

④ P. Hendriks, Why share knowledge? The influence of ICT on motivation of knowledge sharing, Knowledge and Process Management, 1999, 6(2), pp. 91 - 100.

量。知识提供者的文字、语言表达能力、肢体语言、表情、语调语气、思维敏捷度和清晰度等沟通能力和技巧会直接影响到知识的表达与传递,进而影响到知识接收者对知识的理解和吸收。而在知识交流过程中,知识需求方需要对知识提供方传递的知识进行解码、解构,仔细阅读知识提供者撰写的文字材料,认真倾听知识提供者的言语,反复观察知识提供方的表情、行为……不时地进行揣摩和理解,并向知识提供者反馈和提问,通过不断地沟通和协调才能将知识提供方传递的知识与自身知识进行比较和结合,最终通过消化和吸收转化为自己需求或增加的新知识。

（2）知识交流主体的信任和互惠程度

信任是知识交流得以顺利进行的重要前提和主要推动因素。知识接受者只有对知识提供者所提供知识的可靠性(reliability)认同和信任才愿意吸收和消化,否则便进行抵制。特别是在非正式知识交流中,隐性知识的性质决定了其交流与共享的前提是自愿协作、互惠互利和互相信任,彼此之间信任程度越高,则隐性知识交流越充分;反之,则越差。基于利益和关系的信任能够促进彼此基于互惠思想的知识交流。交流双方知识存量和相似程度越高,越容易产生互惠,知识交流和共享就进行得越充分。

2.6.3　情景因素

（1）知识交流媒介

A. Mehrabian 认为交流中存在 7％—38％—55％定律,即交流是 55％的身体语言、38％的语气语调、7％的语言内容。[①] B. Barry等认为丰富的交流方式能够较好地转移特定内容的知识。[②] R. L. Daft等认为不同的交流方式有不同的语言种类、及时反馈的速度以及传递社会暗示的能力。[③] M. R. Lind 认为,当交流内容主要通过文本等平面媒体进行时,由于缺乏直觉、感知和背景知识容易引起交流障碍。[④] 文本、音频、视频、多媒体以及面对面的直接接触,

---

[①]　A. Mehrabian, Silent Messages, Belmont, CA：Wadsworth, 1971.

[②]　B. Barry, I. S. Fulmer, The medium and the message：The adaptive use of communication media in dyadic influence, The Academy of Management Review, 2004, 29(2), pp. 272 – 292.

[③]　R. L. Daft, R. H. Lengel, Organizational information requirements, media richness and structural design, Management Science, 1986, 32(2), pp. 554 – 571.

[④]　M. R. Lind, R. W. Zmud, Improving interorganizational effectiveness through voice mail facilitation of peer-to-peer relationships, Organization Science, 1995, 6(4), pp. 445 – 461.

其包含的信息是越来越丰富。

（2）**知识交流频度**

人际信任理论认为,频繁的接触和交互能够产生一定程度的人际信任。距离越近、直接接触次数越多的交流主体之间越容易建立亲近或信任关系,比较愿意进行交换和分享知识,知识交流进行得越充分。如师傅带徒弟、知识实践社区等。P. A. Saparito 讨论了在小金融资本借贷市场交流频度、自身利益和关系信任这三个因素对银行获取企业信贷知识的影响,发现企业与银行的交流频度和信任关系与银行获得企业知识程度存在显著的正相关关系[①]。

（3）**知识交流语境**

英国著名情报学家 Brookes 基于物理学中的透视原理提出了信息交流中的对数法则,即信息接收者所感觉到的信息是客观信息到表现信息的转换,称为对数变换。可分为两类:一是同样的客观信息因时间、空间、学科或知识相关程度的不同,在不同接收者那里会形成不同的表现映像;二是不同的客观信息因时间、空间、学科或知识相关程度的区别,在同一接收者那里形成相同的表现形象。基于此,员巧云和程刚提出隐性知识交流也符合透视原理,即隐性知识在一定条件下可以交流转换为一定量的显性知识,其显性化后的知识量与从知识提供者到知识接收者之间的距离成反比,这个距离指时空、期望与满足的差异、知识相关程度等[②]。空间透视变换表现为空间距离越小或途径栈点越少,隐性知识交流就越多;反之,空间距离越大或途径栈点越多,隐性知识传递就越少。隐性知识交流中的时间透视变换表现为隐性知识显性化的数量和时间成反比。隐性知识交流中的期望透视变换表现为知识提供者从交流中得到的回报与它期望目标的差异越小,知识的显性化量就越多。知识关联透视变换表现为知识交流双方的知识存量和知识相关程度越高,其隐性知识的交流越充分、显性化效果越好。知识交流双方所拥有的知识的重叠部分有利于知识交流,如果双方的知识差距太大,学习和知识交流发生的可能性就变得微乎其微[③]。J. Cranefield 认为,随着知识变得越来越专

① P. A. Saparito, S. Gopalakrishnan, The Influence of Communication Richness, Self-Interest, and Relational Trust on Banks' Knowledge About Firms Within the Small-Cap Debt Finance Markets, IEEE Transactions on Engineering Management, 2009, 56 (3), pp. 436 - 447.

② 见员巧云、程刚《隐性知识交流中的透视变换》,《中国图书馆学报》2007 年第 5 期,第 95 - 98 页。

③ G. Hamel, Competition for competence and inter-partner learning within international strategic alliances, Strategic Management Journal, 1991(12), pp. 97 - 98.

业和深奥,它发展了自己的专门术语,这些术语典型地被学科专家所使用和定义,限制了初学者及别的学科群体对这些术语的访问和使用。此外,一个意思还存在不同语言环境、文化传统的表达以及同一种语言不同的表达方式等①。因此,知识交流效果受一定的知识交流语境、传统、文化等因素的影响。

2.6.4 成本因素

知识交流的成本可从知识提供者、知识交流过程、知识接收者三个方面进行分析,具体包括时间和资金。对知识提供者来说,所花费的成本主要包括学习成本、研究开发成本、创新成本以及自身知识存量积累和创新能力提高过程所花费的资金、时间等;知识交流过程中,主要是知识的传递成本、载体成本和互动反馈成本;对知识接受者来说,主要包括所需知识信息的搜集、筛选成本,知识积累以及知识学习、吸收能力提高所花费的资金、时间等。总之,知识交流的成本与知识本身的内容和性质、提供者、接收者的经验、能力和知识的积累密切相关,甚至与社会环境、社会制度也有很大关联。隐性知识的取得是需要花费大量的劳动和经济成本的,此外,它还与个人的知识基础和结构、学习能力、领悟能力以及心智水平等密切相关,能够增加相同投入下的个人产出、工作效率和成就感,赢得个人声望、社会认同和尊敬,提示自己的职业竞争力,因此,隐性知识不会随便被显性化的,其交流和共享需要有效的运作机制。知识虽然具有公共物品的特性,但知识主体对知识的获取和生产需要投入大量的劳动和经济成本。那些没有受到公共财政资助的作者本人之所以愿意将自己辛辛苦苦创作的知识成果进行无偿发布,其目的就在于获取知识发表的优先权,以求得学术社区的学术认同、赢取学术地位和职业声望,并进而附带换回经济回报。科学发展的历史也表明,获得科学发现的优先权是"学术交流的本源动机"之一②。在学术优先权的认定体系中,第一个发表某种观点或者发现的人,倾向于获得此发现的大部分荣誉,而非第一个发现者③。因此,学术社区成员对知识优先权的争夺是非常激烈的,只有知识优先权得到明确保护的交流方式才能保证思想和观点的不被盗用和滥

---

① J. Cranefield, P. Yoong, Organisational factors affecting inter-organisational knowledge transfer in the New Zealand state sector-a case study, The Electronic Journal for Virtual Organizations and Networks, 2005, 7(12).

② 见杨文志《科技社团的学术交流应回归本位》,《光明日报》2010 年 10 月 27 日。

③ [美]科学、工程与公共政策委员会《怎样当一名科学家:科学研究中的负责行为》,刘华杰译,北京理工大学出版社 2004 年版。

用,才能有利于知识有序、有效地交流和共享。

2.7　学术社区知识交流的内在机制

机制,原指机器的构造和动作原理,常借用泛指一个工作系统的组织或部分之间相互作用的过程和方式。阐明一种事物的机制,意味着对它的认识从现象的描述进而到本质的揭示。系统论认为,机制是系统内各个要素之间相互作用、相互依存的有机联系,并遵照一定的原理和规律运行。学术社区知识交流的运行机制即为一个保障知识交流正常运行、健康发展的复杂的社会系统,既指一个过程,也指调控的手段、规则和方法,包括知识交流运行的本质、内在程序和规律、激励措施等,其目的是纵向留存和继承人类自古迄今的文化科学知识,横向连接知识创造与知识利用的纽带。

（1）分工协作机制

人们由于自身认知能力的限制,使得对自然和社会及人类自身的认识在初级阶段不得不采取分解分析的方法,更多的人知道越来越多的关于越来越小的事情,于是便产生了众多的学科和专业等。分工产生的专业化,使得单位产品成本随着劳动专业化程度的提高而下降,即学术分工和专业化有助于提高科学研究和知识生产的效率。不同专业方向的学术研究人员因此将在本专业方向的科研活动中具有比较优势,但一个人所掌握的知识类别、数量是有限的,而这有限的知识又决定了他所能从事的科研活动的种类以及解决相关科研问题的质量、效率等。为提高科研效率、解决科学难题,人们经常需要通过建立协作关系进行知识片断的交流和共享,达到 $1+1>2$ 的优势互补效应。

现代科学技术的迅猛发展,加速了大量新兴学科、边缘学科和交叉学科的不断出现,各分支学科不断深入和分化,研究内容越来越深入,研究规模也越来越大,但面对自然世界和现实社会的系统性、复杂性,使得以前传统意义上的科学工作者个人奋斗的情形已经不再适合目前的科研工作的要求,科学的发展、许多科技问题的解决,需要不同研究领域的科学家交流与合作,进行多学科知识的综合运用。

事实上,学科和专业的分化在很大程度上是由于人为地将工业组织方法渗入到科学中所引起的,并不是由科学发展的内在逻辑决定的。人类认识的客体——客观世界,实际上是统一的和不可分割的,要认识事物的本质,还需要综合,即揭示将各个组成部分联系成为统一的整体的本质上共同的东西。而学科交叉和知识交流是对客观世界进行整体性认识的重要途径,推动着现代科学技术的发展越来越成为一个多层次、综合性的有机统一体①。

另外，科学研究的过程是复杂、艰辛和曲折的，经常出现这样或那样难以预料的困难和问题，或受到这样或那样的科研条件的限制而难以深入，因此，需要充分协作和交流来弥补科研人员自身智力和科研资源（如仪器设备、标本、试剂等）的不足。尤其是现代以问题为驱动的科学研究，需要不同学科专家之间的广泛、有效的协作，整合利用不同学科领域知识。而不同领域研究人员的交流和协作极富创造性，尤其是当研究面临困境时，不同学科知识的交流、协作很可能带来新的转折点，寻找到新的思路和方法。当今的数字科研环境、虚拟组织的日益普遍，将越来越多地需求协同式的科学研究和相关知识交流。

（2）转化增值机制

无数的历史和事实证明，新知识和新变革往往存在于人类的相互交流与关系之中。R. Stacey 曾指出，知识是一种对话沟通的行为，是一个关系性的过程，它不可能只是存在于一个个体的大脑中②。建构主义者也认为学习是知识的社会协商，是在人们讲话的方式和相互关系模式发生改变时发生的，强调知识的社会性特征，即知识分布或存在于科研团队、学科或专业共同体之中。J. Nahapiet 认为，个人的知识和能力不是孤立的而是在一个社会网络中与他人的交互过程中获得的③。日本学者 Nonaka 在提出知识转换的 SECI 模型时，也认为不同形态、不同载体形式的知识存在着社会化转换模式④，即个体和群体通过不断的交流促进知识的社会化和进行知识创新。

知识交流是知识在知识交流主体间不断流动、吸收、转化和反馈的过程。它首先是就交流的话题由知识存量高的一方向另一方发送和流动，知识接收的一方让流动过来的知识与自己原先的知识结构相结合，进行转化和重组，产生出相关新的知识，反馈给发送方，并与发送方原来流出的知识进行比较，通过交流、互动这个过程，能够使知识交流主体实现在思想和心灵上的沟通，

① 见袁兆亿《学术交流对科技发展的促进功能及影响》，节选自中国科学技术协会《中国科协第三届学术交流理论研讨会论文集》2008 年，第 202 - 207 页。

② R. Stacey, Complex Responsive Processes in Organizations, London: Routledge, 2001.

③ J. Nahapiet, S. Ghoshal, Social Capital, Intellectual Capital and the Organizational Advantage, Academy of Management Review, 1998, 23(2), pp. 242 - 266.

④ I. Nonaka, H. Takeuchi, The Knowledge-Creating Company: How Japanese Companies Create the Dynamics of Innovation, New York: Oxford University Press, 1995, pp. 56 - 61.

是与原来联系不多或没有联系的知识交流主体之间产生联系。知识在交流的过程中通过不断地流入、重组、转化、流出(反馈),处于不断螺旋式上升的知识创新和增值过程中。

知识交流不同于物品交换的独特之处在于其具有放大效应。知识的交流和利用不仅不会使知识的使用价值和质量降低,反而会使其得到有效的提升。反之,如果知识得不到及时交流将会贬值。知识交流的放大效应表现在数量上的增加和质量上的提升两个方面。一方面,通过知识的交流,某些知识内容会激发认知主体的个别原始经验,促使其隐性知识向显性知识转化,表现为显性知识已有存量的增加;另一方面交流的知识进入认知主体的大脑以后,会和以往、已经贮存的知识结构或者经验、思想相融合,形成新的经验、思想或假说,即进行知识的重组和创新,使知识增值。因此,针对显性知识和隐性知识的交流,就存在两种不同的交流策略,一种是"获取显性知识"为核心,另一种是以"连接隐性知识"为核心。前一种策略强调的是学术交流主体与文档之间的联系,即显性知识的加工、整理、组织和获取;后一种策略强调的是人与人之间的联系,即面对面的对话、讨论和交流①。总之,具有不同教育背景、知识结构、思维方式、认知能力的成员具有各自的特点和优势,他们之间的交流和碰撞,可以取长补短,实现知识的重组和创新②。

(3) 激励互惠机制

美国哈佛大学教授 David McClelland 通过对人的需求和动机的研究于20 世纪 50 年代提出了成就需求及激励理论。成就需求就是基于个人理由去设定并完成目标的欲望,即追求卓越的欲望。J. Bar-Iian认为科研人员公开发表研究成果的目的是从其成果的传播中获得学术影响力、学术地位和精神满足,而不是直接获得版税等经济利益③。H. Stevan 也认为,学者们和科学家出版研究成果的目的不是为了获得版税或付费,而是为了扩大学术影响力。他们从研究基金、奖励委员会和学术共同体处因作品而获得回报的评价基础,并不完全基于作品本身的内容,而是该作品能进一步启发的研究问题……因此,将他们的作品在最大范围内传播,广泛提供给所有潜在的读者,对

① 见杨文志《现代学术交流运行原理研究》,节选自中国科学技术协会《中国科协第三届学术交流理论研讨会论文集》2008 年,第 1 - 11 页。
② 见冯博、刘佳《大学科研团队知识共享的社会网络分析》,《科学学研究》2007 年第 25 卷,第 6 期,第 1156 - 1162 页。
③ J. Bar-Iian, B. C. Peritz, Y. Wolman, A survey on the use of electronic databases and electronic Journals accessed through the web by the academic staff of Israeli universities, 2003, 29(6), pp. 346 - 361.

于科研人员来说是高于其他一切的必要条件①。

科学发展的历史也表明,获得科学发现的优先权是"学术交流的本源动机"之一②。科学发现优先权是指科学研究过程中对首次发现或理论提出荣誉声明(claim)和确认(recognition),即使不同的研究者分别独立地做出了同样的研究成果,学术共同体也会将声誉和名望送给最先发表的个人或组织,以此激励学术社区成员公开进行知识和共享,维持学术交流系统的运行③。此外,还存在着目标激励。受公共财政资助的基金课题需要发表一定数量的论文或论著,以满足社会对新知识的需求。

科研工作者努力地从事知识生产和创作,不仅仅是为了可以发表更多数量的论文,还期望得到学术社区的承认和尊重,期望通过发表更多高水平论文来证实自己的学术实力和水平,达到自我实现。

时间、精力和知识对于个人来说是十分宝贵的有限资源,人们之所以愿意花费时间与精力和他人交流、分享知识,除了声誉激励和利他主义之外,还存在知识交流的互惠机制。知识交流是互惠互利的,而不是知识的单向流动。通过交流,促使认知主体相互影响、相互阐释,实现学术思想的碰撞,并根据自己的文化背景、知识结构、思维方式、个人经历、情绪和动机产生不同的思路和想法。所以,知识交流能够增加人们已有的知识存量并激发出新的学术视野。

(4) 情感信任机制

情感是人对客观事物和所处环境是否符合个人需要产生的态度和经验,具有辐射、传递、感染、交流功能,可以促进人与人之间的思想沟通,协调人们的言论行动,加固人与人之间的各种联系纽带,通过满足人们的情感需要来增强个人对集体的向心力和集体对个人的凝聚力,能够从内心调动人的积极性,产生管理学中的"内激力"。情感需要是人的一种特别敏感和重要的精神需要。左美云认为④,知识工作者一般具有如下三个特点:一是工作上的自主性高;二是对组织的忠诚度较低;三是为保持自身的能力和价值,需要不断地学习和交流。因此,知识工作者对情感的需求更迫切,要求更高,良好的情感环境或氛围能够有效地促进学术社区成员之间的知识交流。Bozeman⑤ 认为

① 　H. Stevan, Research Access, Impact and Assessment. [2010 - 11 - 03]http: // www. ecs. soton. ac. uk/~harnad/Tp/thes1. html.

② 　见杨文志《科技社团的学术交流应回归本位》,《光明日报》2006 年 10 月 27 日。

③ 　见陈传夫、吴钢、唐琼《信息化环境下学术优先权的挑战与对策》,节选自中国科协学会学术部《信息时代的学术交流》,清华大学出版社 2009 年版,第 1 - 5 页。

④ 　见左美云《国内外企业知识管理研究综述》,《科学决策》2000 年第 3 期,第 31 - 37 页。

⑤ 　B. Barry, E. Corley, Scientists' collaboration strategies: Implications for scientific and technical human capital, Research Policy, 2004, 33(4), pp. 599 - 616.

科技人力资本不仅仅单指个人通过教育培训所获得的相关知识和技能,还包括个人所拥有的与其他学术研究人员联系的社会关系网络。通过交流和情感沟通,研究人员能够不断地稳固和发展已有的或新的社会关系,以实现科技人力资本的累积和放大。

除情感机制外,在知识交流进行过程中,认知主体之间还存在一种重要的信任选择机制。信任是一种社会和心理现象,是一种心理上的契约,"是建立在对他人在未来会如何表现进行个人预测的基础上"。① 合作伙伴之间信任的本质和质量是随着对过去交互行为的评价发展和变化的,会改变关系的关键元素、属性和动力因素。初始的合作和信任的建立是基于双方利益平行并且行为可预见的理性考虑,可称为利益信任②③。随着合作和交流频度的增加、彼此之间深深地理解和认同及相互需要,利益信任逐渐发展和深化为关系信任。关系信任是基于这样的认识基础:基于友好和善意在照顾对方利益的情况下而实现自己的最大利益。④ 利益信任是关心或追求自己利益的同时也会偶然地给对方带来正面的利益。关系信任是在深深地理解和认同并相互需要的基础上积累起来的,因此,这种深度的关系连接为弄清楚知识的意思提供了充分的社会语境和解释⑤。基于友善的关系信任是语境知识在跨组织边界转移的一种重要社会机制⑥⑦。追求自我利益的动机提供了不熟悉的双方进行相互交流和作用的基础,并最终发展成了丰富的社会关系。在初始阶段,自我利益的追求能够促使具有互惠合作利益的双方迅速建立和使用

---

① D. Good, Individuals, Interpersonal Relations, and Trust, Oxford: University of Oxford, 1988.

② R. J. Lewicki, B. B. Bunker, Developing and maintaining trust in work relationships, in Trust in Organizations: Frontiers of Theory and Research, Thousand Oaks: Sage, 1996.

③ L. G. Zucker, The production of trust: Institutional sources of economic structure in Research in Organizational Behavior, Greenwich, CT: JAI Press, 1986.

④ P. Saparito, The role of relational trust in bank-small firm relationships, The Academy of Management, 2004, 47(3), pp. 400 – 410.

⑤ A. Patrick, The Influence of Communication Richness, Self-Interest, and Relational Trust on Banks' Knowledge About Firms Within the Small-Cap Debt Finance Markets, IEEE Transactions on engineering management, 2009, 56(3), pp. 436 – 445.

⑥ T. K. Das, B. Teng, Between trust and control: Developing confidence in partner cooperation in alliances, Academy of management Review, 1998, 23(3), pp. 491 – 512.

⑦ H. Yli-Renko, E, Autio, Social capital, knowledge acquisition, and knowledge exploitation in young technology-based firms, Strategic Management Journal, 2001, 22(6), pp. 587 – 613.

多种方式进行知识的交流和转移,随着关系的成熟,交流方式的投资不必持续的增加①。信任在非正式知识交流中是如此重要,建设具有较高信任基础的实践社区是非正式组织实现知识交流和共享的理想情景。

(5) 场域中介机制

一方面,无数的历史和事实证明,新知识和新变革往往存在于人类的相互交流与关系之中。Stacey 曾指出,知识是一种对话沟通的行为,是一个关系性的过程,它不可能只是存在于一个个体的大脑中②。建构主义者也认为学习是知识的社会协商,是在人们讲话的方式和相互关系模式发生改变时发生的,强调知识的社会性特征,即知识分布或存在于科研团队、学科或专业共同体之中。Nahapiet 和 Ghoshal 认为,个人的知识和能力不是孤立的,而是在一个社会网络中与他人的交互过程中获得的③。日本学者 Nonaka 在提出知识转换的 SECI 模型时,也认为不同形态、不同载体形式的知识存在着社会化转换模式④,即个体和群体通过不断的交流促进知识的社会化和进行知识创新。另一方面,随着现代科研规模的发展,科学知识的生产不再是传统的作为个体的认知主体与认识对象的二元关系,而是包括不同主体在历史变迁中、在社会交往中以及在特定情境中的具体的、多样的相互关系,通过主体之间"语言""文化""交流"吸收、采纳社会积累的系统化的、载于一定媒介的中介知识。图书文献作为一种超越精神世界的特殊存在,具有相对的独立性。学术社区成员利用自己的聪明才智,将研究成果形成文字并经过科学交流系统的确认变成图书文献公开发表之后,这个科学知识就不再受作者的"自我"所支配了,就像生产劳动者一旦把自己的产品投入市场就难以支配它的价值一样。因此,图书文献所记载的知识具有"公共物品"的性质,即社会中介。此外,科学的公有主义也引导科学家通过主动交换或公开科研成果进行自愿交流,创造的知识被"发表"之后,才能产生影响,它的存在才变得有意义。

---

① A. Patrick, The Influence of Communication Richness, Self-Interest, and Relational Trust on Banks' Knowledge About Firms Within the Small-Cap Debt Finance Markets, IEEE Transactions on engineering management, 2009, 56(3), pp. 436 - 445.

② R. Stacey, Complex Responsive Processes in Organizations, London: Routledge, 2001.

③ J. Nahapiet, S. Ghoshal, Social Capital, Intellectual Capital and the Organizational Advantage. Academy of Management Review, 1998, 23(2), pp. 242 - 266.

④ I. Nonaka, H. Takeuchi, The Knowledge-Creating Company: How Japanese Companies Create the Dynamics of Innovation, New York: Oxford University Press, 1995, pp. 56 - 61.

（6）吸引认同机制

西方人际关系研究文献中的观点指出,相似性是产生人际吸引的重要因素。研究发现当团体人口背景越相似,互动的频率越高。除此之外,人们彼此之间会因为价值观、兴趣以及共同的背景彼此互相吸引。依据相似——吸引典范,个体会被具备与其相似特性的人们所吸引,并对这些与其有相似特性的人产生更正面的态度,并且将会与对方产生更多的互动①。社会心理学也指出人们在团体间的行为主要是受到社会认同的影响;社会认同不但涉及个人对其所认同的团体身份认识,而且还涉及他人或社会对此团体的价值判断,以及个人随之而来的情绪影响。过去的研究发现个人对于内团体的成员有着更正向的态度,这些对于内团体有利的行为称之"内团体偏私"。相似性是认同的重要基础②,"社会认同"相关理论也指出团体以人与人之间的相似性为内团体的基础,属性相似者是内团体,属性不同者是外团体。而内团体中的成员,不但对团体有更高的认同感,同时也更同仇敌忾,也更会一起抵御外部的威胁;除此之外,内团体成员也更愿意彼此互相交流及互动。现实社区中的社会心理要素,主要是社区成员对社区的归属感和认同感,以及对社区活动的认同和参与意识,它主要是通过推进各种社区成员共同关注的事务,来淡化社区成员之间的隔阂和冷漠,加强相互间的沟通,营造相互信任、相互帮助的和谐氛围,从而增强社区成员的社区归属感。而学术社区的成员由于彼此有相似的兴趣、相似的背景知识或教育程度而产生对相同事物的关心或讨论。社区成员因彼此的某些共同因素,使社区成员以彼此之间的相似性为基础,发展出内团体的感受,并对此团体产生认同。比如,在一般从事基础性研究的政府公共科研机构和在大学中进行科学知识生产的学者,往往都是通过公开自己的研究成果,获得相应的职业承认和尊重等。

---

① D. Byrne, The ubiquitous relationship: Attitude similarity and attraction: A cross-cultural study. Human Relations, 1971, 24, pp. 201 - 207.

② C. W. Turner, B. W. Hesse, S. Peterson-Lewis, Naturalistic studies of the long-term effects of television violence, Journal of Social Issues, 1986, 42(3), pp. 51 - 74.

3 学术社区知识交流模式构建

模式是现实世界抽象化、可重复、可模仿化的范式。人们在良好模式的指导下，能够提高工作效率、达到事半功倍的效果。模式的研究可以把握事物发展的主要影响因素，揭示事物发展的脉络及其运动规律，为进一步控制和改善事物做好基础。本书基于图书馆学、情报学、管理学、社会学、科学学、组织行为学等学科基础理论，运用文献调研、访谈、归纳等科学研究方法，在对科学知识交流模式的发展历史和演化规律梳理的基础上，从人际社会关系、知识生产创作以及虚拟学术社区等方面构建学术社区微观层面的知识交流模式，一方面有助于加深对学术社区知识交流的认识，探索改善知识交流效率的途径和方法；另一方面也有助于弥补长期以来图书馆学、情报学对微观层面知识交流研究的不足，了解和把握科学研究人员在不同交流阶段和模式中的信息需求，从而改进和提高知识信息服务的质量和水平。

3.1　科学知识交流模式的演化与发展

科学成果知识的交流与共享是促进科学研究协调、深入发展的推动力，自人类的科学研究活动出现以来，科学知识的交流就伴随左右。最初的科学交流是以科研工作者之间私人交往的形式为主要特征，直至第一种现代意义上的专业性科学期刊问世，科研工作者之间的学术成果交流才逐渐由一种无序的自发行为进入到以科技信息交流系统为主导的有序、有组织的科学体系范畴。在以纸质出版物为主的传统科学交流时代，通过 Menzel、Mikhailov 和 Griffith 等学者的深入研究，已构建了科学交流系统比较完善的理论体系，为促进科学成果知识的交流和共享起到了积极的作用，也为后人从事该领域的深入研究打下了坚实的基础①。但 20 世纪 60 年代以后，随着计算机和网络

---

① 见成全《网络环境下科学知识交流与共享模式研究》，《科学学研究》2010 年第 28 卷，第 11 期，第 1691－1699 页。

技术在科学知识交流环节中的应用,如1963年美国中央情报局开始着手建立大型无纸情报处理系统,给图书情报学科和科学知识的交流带来巨大而深远的影响,著名图书馆学家 Lancaster 大胆提出了"无纸社会"的理论,使得传统的以纸质出版物为主要载体的科学知识交流模式受到数字、网络环境的极大挑战。为在传统科学知识交流模式当中引入信息技术、网络通信技术的优势,提高科研过程各环节知识交流与共享的效率,Aitchison、Søndergaard、Hurd 等专家学者对科学知识交流模进行了深入的研究,为本书奠定了深厚的理论基础。

（1）米哈依诺夫模式

Mikhailov 提出的科学知识交流理论对情报学构成了重要影响,是传统环境下较为经典的交流模式。受到美国社会学家 Menzel 从载体角度提出了著名的"正式过程"和"非正式过程"交流论启发,Mikhailov 得出了体系严密的广义的科学交流模式,他将科学知识交流分为正式和非正式两部分(如图3-1所示)。正式过程是指借助于科学技术文献进行科学情报交流的过程,该过程包括编辑出版和印刷过程、科学出版物的发行、图书馆书目工作和档案事务、科学情报活动①。非正式交流是指基本上由科学家自己来完成的那些过程,即必须有科学家的亲自参与,该过程包括科学家之间的直接对话;科学家之间参观同行实验室等;科学家对某些听众作口头演讲;交换书信、出版物预印本和单行本等;研究成果在发表前的准备工作等。前者也可以称为间接

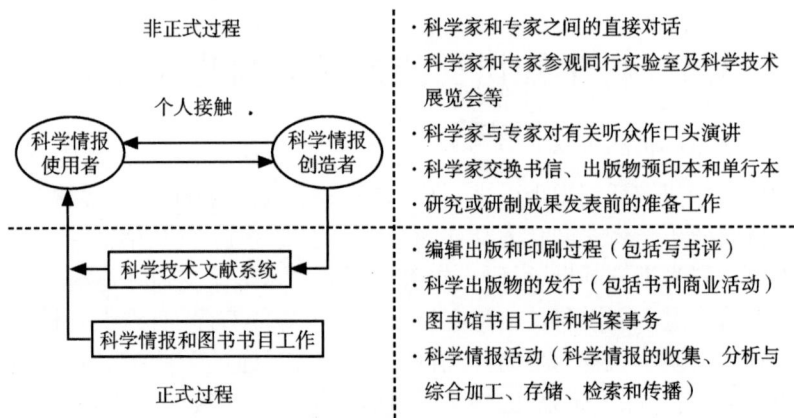

图 3-1 米哈依诺夫科学知识交流模式

---

① ［苏］米哈依诺夫、乔尔内、吉里列夫斯基《科学交流与情报学》,徐新民译,科学技术文献出版社1980年版,第48-72页。

交流,它是以文献这种存储型的媒介作为传递中介,它传输内容真实可靠,可以广泛散布和长期流传,其缺点在于传输速度慢、效率低、反馈不及时;后者也称为直接知识交流,具有传递速度快、容易理解、反馈迅速等优点。事实上,在当今数字信息科学知识交流环境中,传统上正式和非正式知识交流严格的区分界限已呈现出弱化趋向,比如以开放存取为例,很难说存在读者或同行专家评议的开放存取仓储属于哪种知识交流模式。

(2) Lancaster 模式①

自 1978 年美国图书馆学家 F. W. Lancaster 开创性地提出了"无纸社会"这一概念以后②,科学知识交流的无纸化和网络化便受到了图书情报学者们的关注和重视。针对传统的基于纸质的科学知识交流模式在数字网络科研环境中的不适应性,很多专家和学者针对该网络化的环境,各自从不同的角度提出了与网络环境相适应的科学知识交流模式,或者在原有模式的基础上进行改进。Lancaster 也提出了信息链模型,其对科学知识交流的整个环节以及对作者、出版者、图书馆、信息机构和读者之间的信息交流关系重新进行了建构并做出了简明清晰的描述,如图 3 - 2 所示。Lancaster 信息链模式对科学知识交流的参与者进行了明确的角色定位,其中科学知识的创造者主要从事科学研究以及完成科学知识的创造工作,出版商则主要从事科学知识创造完成后的出版发行工作,信息中心主要完成对科学信息的收集、组织加工、存档、

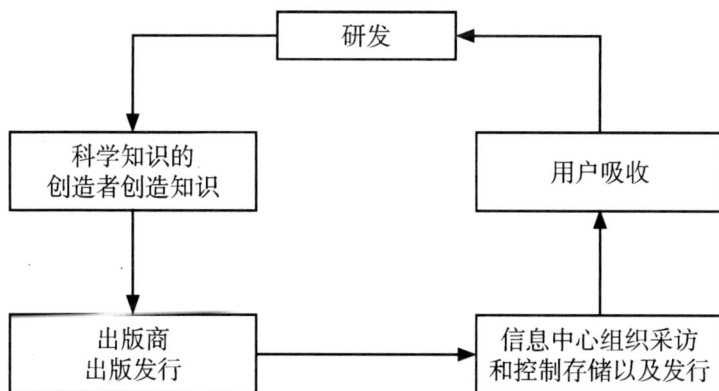

图 3 - 2　Lancaster 信息链模式

①　见成全《网络环境下科学知识交流与共享模式研究》,《科学学研究》2010 年第 28 卷,第 11 期,第 1691 - 1699 页。

②　F. W. Lancaster, Toward Paperless Information Systems, London: Academic Press, 1978.

处理、分类、索引等工作,其主要目的是方便于最终科学信息需求者的使用。Lancaster 信息链模式的主要不足是没有有效地揭示出网络信息化环境下的无纸化科学知识信息交流的主要特征。

(3) Aitchison 模式

随着信息技术的深入发展,1998 年 Aitchison 在 Lancaster 信息链模式的基础上提出了一种新的科学交流模式(即 Aitchison 信息链模式),如图 3 - 3 所示。在 Aitchison 信息链模式中,数据库制造商和在线主机部分地承担了原来图书馆担任的工作;系统中还出现了代表用户与在线服务机构、图书馆协商谈判的终结代理机构;此外,作者和用户也可以通过 DTP(desk top publishing)、电子邮件和公告牌等手段直接进行交流。

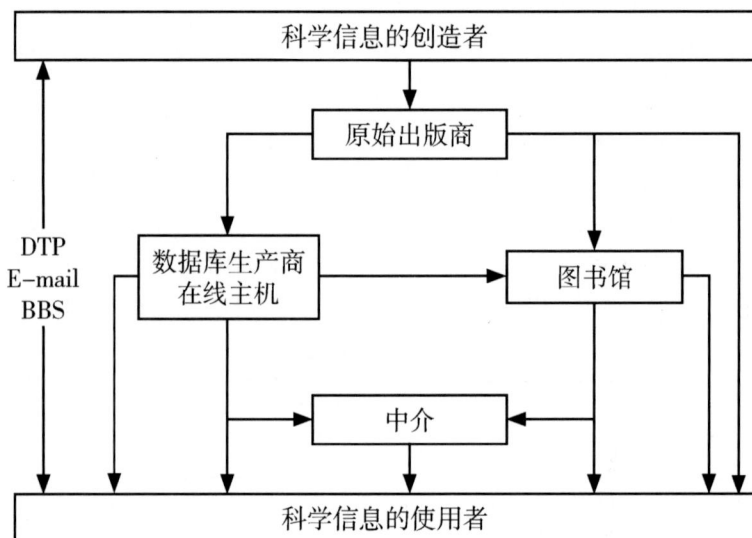

图 3 - 3　Aitchison 信息链模式

(4) Søndergaard 模式

根据对世界科学技术情报系统(UNISIST)科学交流模式结构的深入分析,Søndergaard 等学者构造了一个基于互联网的学术知识交流模式,如图 3 - 4所示。Søndergaard 基于互联网的学术交流模式是在 UNISIST 科学交流模式的基础上适应网络环境的进一步深化,增加了网络环境科学信息交流的新特征:网络环境下科学信息的交流方式虽被划分为非正式交流和正式交流这两种基本方式,但非正式交流的渠道由电子邮件、列表服务器、新闻组服务器和网络会议等网络交流手段所代替,其信息交流的范围和效率都得到了极大的改进。而正式科学信息交流渠道则包括预印本服务器、书目数据库和全文数据库、科研组织的服务器、出版商网站、虚拟图书馆、搜索引擎等工具。这些网络环境下的新生正式科学知识交流渠道将使得现代科学知识交流的方式更加灵活、实现途径更加方便有效、科学交流的效率也会得到极大的提高。

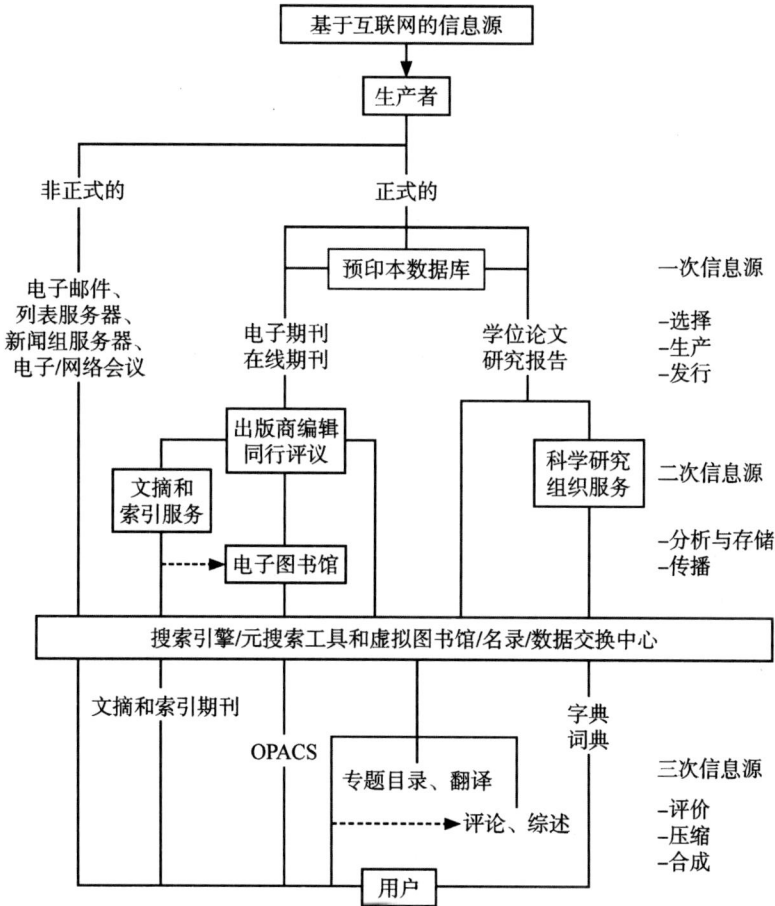

图 3 - 4 Søndergaard 基于互联网的科学知识交流模式

（5）Garvey-Griffith 模式

该模式由美国著名情报学家和心理学家 W. D. Garvey 和 B. C. Griffith 提出，该模式是科学交流的经典模式，其在西方国家学术界的影响力要远远大于 Mikhailov 所提出的模式。该模式通过对论文发表进入科学交流系统的整个流程（正式交流与非正式交流）进行了详细描述，比 Mikhailov 的模式更加详细，如图 3 - 5 所示。

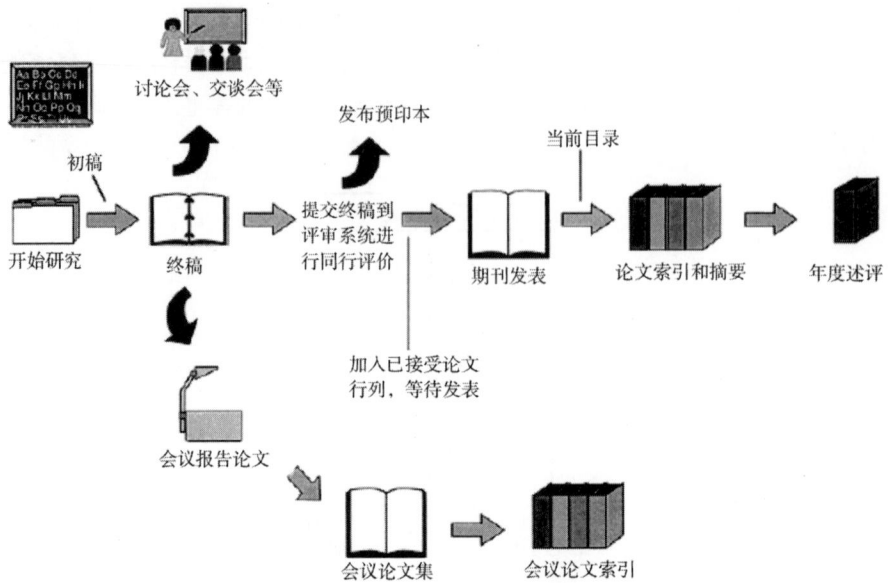

图 3 - 5　**Garvey-Griffith 模式**

（6）Hurd 模式

20 世纪 90 年代,Hurd 在 Garvey-Griffith 模式的基础上提出了一种完全基于电子环境的改良模式,如图 3 - 6 所示。该模式清晰地揭示了互联网的各种应用,如电子邮件、列表服务器和电子出版物等在交流过程中的作用。同时,Hurd 也指出基于电子环境的模式并不是在现实环境中独立存在的,而是基于印刷出版物的交流系统并存。作为对 Garvey-Griffith 模式的回应,Hurd 提到那些崭新的信息交流方式和手段使得科学交流过程所需要的时间得到了有效地缩短。

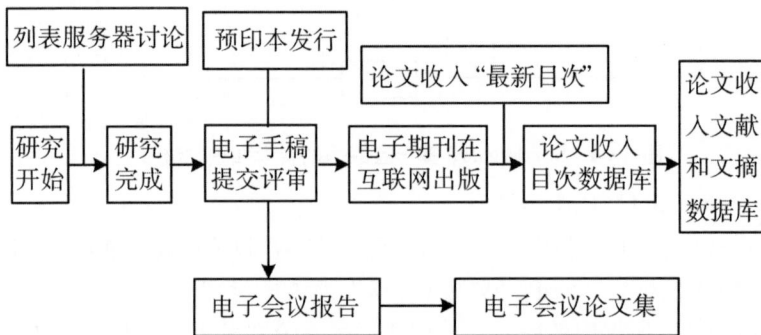

图 3 - 6　**Hurd 改进式科学知识交流模式**

随后,Hurd 又根据信息技术和网络通讯技术的发展,提出了描述 2020

年科学知识交流图景的假设模式,如图3-7所示.该图将网上自主出版和机构知识库纳入考察对象,并基于以下三点考虑:首先,科学研究是基于合作的,而不是科研工作者的个人行为;其次,研究结果及其赖以开展研究的信息组成了研究报告的主要内容;最后,所有与研究相关的成果都以数字形式出现。

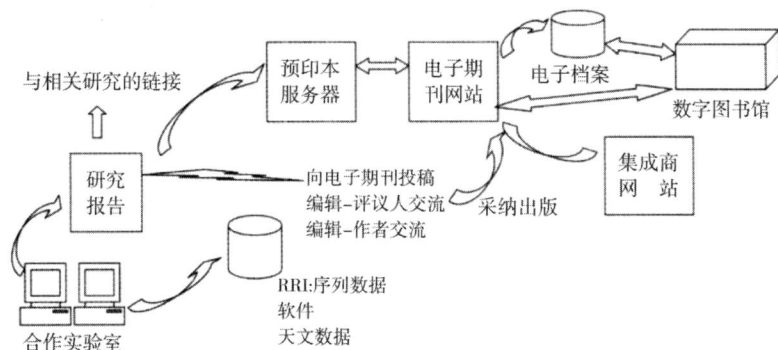

图3-7　Hurd预测2020年科学知识交流模式

3.2　基于人际网络的学术社区知识交流模式构建

D. Krackhardt认为,人际网络发挥着个人之间互相影响,分享观点,交流思想,磋商、让步以至达成共识的作用[1]。A. Meadows指出,科学研究与人际交互紧密相连在一起,其确定选题、执行研究、提炼观点等各个阶段都需要科研人员之间的相互交流。[2] J. Nahapiet认为,个人的知识和能力不是孤立的,而是在一个人际社会网络中与他人的交互过程中获得的。[3] J. Brown认为,知识是情境性的,它受到知识所使用的活动、情境以及文化的基本影响,并与它们密不可分。知识是随着主体的经验、具体的情境、社会的互动而出现的新的解释、新的假设和新的意义。[4] M. Kang认为知识通过个人和社会两个维度来实现建构,不断出现的研究困难和问题所需的知识与个人拥有的知识总存在一定的"知识势差",这首先需要个人通过不断的学习和探索完成个人

① D. Krackhardt, J. R. Hanson, Informal networks: the company behind the chart, Harvard Business Review, 1993, 71(4), pp. 104-111.
② A. J. Meadows, Communicating research, San Diego: Academic Press, 1998.
③ J. Nahapiet, S. Ghoshal, Social Capital, Intellectual Capital and the Organizational Advantage, Academy of Management Review, 1998, 23(2), pp. 242-266.
④ J. Brown, P. Duguid, Organizing knowledge, California Management Review, 1998, 40(3), pp. 90-111.

的知识构建,但个人的时间和精力是有限的,这就需要通过群体的协作和知识的共享最终实现对问题的解决。① R. Stacey 指出,新知识与新变革通常存在于人们的相互交流与社会关系之中;知识是一种对话沟通的行为,是一个关系性的过程。② C. Liyanage 等人于 2009 年提出了基于个人、小组、组织以及组织之间社会网络的知识交流与转移的理论模型。③ 我国学者张钢认为,知识本质上是一个动态的、根植于行动者及其与行动者环境互动的认知实践之中的过程。④ 近代以来,人们就采用社会学、人类学的研究方法对科学知识生产过程中的社会关系因素进行研究,形成了著名的以默顿等人为代表的科学社会学和以巴恩斯等人为代表的科学知识社会学学派。综合国内外学者的观点,笔者认为人是知识的主体,人们之间因长期的互动和交流而形成的人际社会网络是传播、分享、创造及孕育新知识的重要途径,尤其是针对复杂、具有高度情景依赖的个人隐性知识。比如,美国著名科学社会学家 D. Crane 即通过对学者之间社会关系的分析探索研究科学共同体内部知识扩散的结构和特点⑤。

　　社会网络理论起源于 20 世纪二三十年代英国人类学的研究,由著名的英国人类学家 Brown 提出,即一群行动者所组成的社会关系⑥。美国学者 Granovetter 进一步提出了社会网络的嵌入性理论即人类的行为总是嵌入在具体的、不断发展的社会关系之中,并将嵌入性区分为关系性嵌入和结构性嵌入:关系性嵌入是指社会行动者嵌入于个人关系之中;结构性嵌入是指许多行动者嵌入于更为广阔的群体性社会关系之中⑦⑧。学术社群内的网络成员可按互动、互惠、互信的不同程度等建立位于不同位置和角色的社会网络

①　M. Kang, H. Suh, S. Kwon, Web-Based Knowledge Construction System, Journal of Educational Technology, 2000, 16(4), pp. 56 – 68.

②　R. Stacey, Complex Responsive Processes in Organizations, London: Routledge, 2001.

③　C. Liyanage, Knowledge communication and translation-a knowledge transfer model, Journal of knowledge management, 2009, 13(3), pp. 118 – 131.

④　见张钢、倪旭东《从知识分类到知识地图:一个面向组织现实的分析》,《自然辩证法通讯》2005 年第 1 期,第 60 – 69 页。

⑤　[美]克兰《无形学院——知识在科学共同体的扩散》,刘珺珺、顾昕译,华夏出版社1998 年版。

⑥　M. Emirbayer, J. Goodwin, Network analysis, culture, and the problem of agency, American Journal of Sociology, 1994, 99(2), pp. 1411 – 1454.

⑦　M. Granovetter, Economic Action and Social Structure: The Problem of Embeddedness, American Journal of Sociology, 1985, 91(3), pp. 481 – 510.

⑧　见王学东、易明、占旺国《虚拟团队中知识共享的社会网络嵌入性视角》,《情报科学》2009 年第 29 卷,第 12 期,第 1761 – 1764 页。

结构,因此,本研究就是充分借鉴社会网络及其嵌入性理论,从个体中心网和群体社会网两个维度构建学术群体基于人际关系的知识交流模式。

3.2.1 基于个人中心网的知识交流模式

1. 个人友谊关系网

一个人从小到大,无论学习、工作还是生活总会与自己身边的同学、同事、熟人甚至网络用户发生各种各样的社会交互关系,其中一些成员由于彼此的相互帮助、支持、认同和情感交流而发展成友谊关系,形成个人的友谊关系网络。朋友网络有时也具有信息交流、知识交流的功能[1],并且会对自己思想、行为、态度的形成和改变产生巨大的影响[2]。S. Suzuki 的研究表明以说服为主要功能的朋友关系网络会比以信息交流为主要功能的工作流网络在文化传播中的作用更显著[3]。人际知识交流和一般人际信息交流的重要区别就在于:社会行动者获取的不仅仅是自己所需要的知识,而且能在交流过程中激发自己现存的"知识状态"、诱发出新的思想火花。而根据创造心理学理论,人类思想的交流和碰撞只有达到一定的智能"阈值"才会产生创新性的思维火花,创造出新的"知识单元"。但由于学术社区中存在的"马太"效应和科研职业的晋升机制以及知识获取的高昂成本,使得同专业、同层次尤其是同机构的在学术上存在一定竞争关系的成员之间不愿公开或坦诚地进行知识交流和分享。因此,为避免知识交流中投机行为,人们一般倾向于与自己信得过的朋友之间进行知识的探讨和交流,并且彼此之间信任程度越高,其知识交流就越深入、越充分,越容易达到激发创新性思维的智能"阈值"。这样就形成了以个人为中心的朋友知识交流网络,根据自己的知识需求和对朋友的了解,与不同的朋友进行深度的相关专业知识交流,探讨和解决相关的学术问题,并与朋友互惠互利、共同提高和进步。常见的朋友知识交流方式有:观察、模仿、串门访问、聚餐、品茶、一起旅游、休闲、娱乐等。如我国著名数学家彭实戈院士在回忆他对数学界的重大贡献——"倒向随机微分方程"时写

---

[1] E. W. Morrison, Newcomers' relationships: The role of social network ties during socialization, Academy of Management Journal, 2002, 45(6), pp. 1149-1160.

[2] D. E. Gibbons, Friendship and advice networks in the context of changing professional values, Administrative Science Quarterly, 2004(49), pp. 238-262.

[3] S. Suzuki, Cultural transmission in international organizations: Impact of interpersonal communication patterns in intergroup contexts, Human Communication Research, 1997, 24(1), pp. 147-181.

道:"1988 年,我在复旦做博士后时,有个博士几乎天天都来我所住的博士后寓所,经常是进门后没说几句话就坐下来,拿出纸和笔来讨论问题,累了就到校园里去散一会儿步,饿了就出去找个饭店或到食堂吃一顿,我们合作写了好几篇论文,这些研究成果为倒向随机微分方程的提出奠定了坚实的基础。"①

2. 个人科研协作网

个人科研协作网络是指科研人员由于岗位、研究任务、工作环境等的需要而与同事、课题组成员、科研辅助支撑人员之间发生的人际互动和知识交流关系。具体可分为以下四种情况:

(1) 基于组织架构的知识交流

在正式层级的科研组织中,每一位科研工作者都被赋予一定的岗位角色,处于组织的工作流程中,承担相应的岗位职责以及义务,使得每个人都要经常地与上级领导、下属成员、平级同事之间发生工作流中的信息交流。但由于科学研究的创新性和复杂性,科学研究生产关系中发生的信息交流很大程度上也意味着是知识交流。

此外,科学研究人员在长期的探索研究中形成的敏锐的直觉和洞察力,也使得不同组织和科研机构之间存在频繁的人才流动,每个人都在努力寻求适合自己的发展机会、平台和空间。而人是知识和技术的载体,人才的流动必能带动知识和技术的流动,是一种全方位的重要的知识交流方式。比如,我国高校和科研机构在人才引进时强调的"学缘"结构或国外学习经历,其实质是在追求引进人才对本组织所带来知识交流和贡献的最大效应。

(2) 基于研究流程的知识交流

① 与图书情报工作者。现代科学研究的快速发展和科学资料的急剧增长,使得图书情报工作从科学研究中单独分化出来,形成了千千万万专门从事图书、情报工作的专门家和工作者。马克思说过:"科学劳动部分地以今人的协作为条件,又部分地以对前人劳动的利用为条件。""前人的劳动",指的即是图书、档案中所提供的科学知识;"今人的协作",其中一种特殊方式既是情报工作,也是为特定研究课题查找科学技术资料的行为。任何一个学术社区人员要进行科学研究,都离不开图书情报工作,需要图书情报工作人员的支持和帮助。比如科技查新、参考咨询等。以我们都比较熟知的科技查新为例,其发生的直接知识交流过程可描述为:首先,查新委托人要向查新人员详

---

① 见彭实戈《倒向随机微分方程理论的一段往事》,http://blog.sina.com.cn/s/blog_ 56c1bca10100gbxf.html(检索日期 2010 年 11 月 6 日)。

细介绍查新项目的技术细节;其次,查新人员需要根据查新项目的查新点,与委托人共同讨论确定检索概念、检索词和检索式;然后,在查新过程中,查新人员还需要查新委托人对查新项目中的不明事宜当面给予积极的解答和沟通;最后,需要查新委托人与查新人员一起对查新项目的相关文献进行遴选、对比,以确保查新结论的客观、准确。

② 与实验仪器技术人员。近代"实验"科学的发展以及"实验型"科学知识生产方式的确立,使得科学仪器的重要性空前提高,几乎每一个实验室和科学知识生产的场所都会大量地使用不同的科学仪器。随着实验规模的扩大,科研人员逐渐与具体科研仪器的使用相分离,出现了专门的实验仪器技术人员或实验科学家。科研人员在长期的研究训练中善于理论思维和建构,而实验技术人员在长期的仪器操作和工作中,积累了丰富的实践经验、技能、技巧和诀窍等,拥有精湛的实验技能。"实验型"科学知识生产理论和经验的结合,无论是从认知的维度,还是技术的维度,都涉及不同理论研究人员和实验技术人员之间直接的交流和互动,因此,他们之间是一种分工和协同的关系。比如,在设计实验方案时,在改进实验步骤时等等。以高能物理的气泡实验为例,如果有人工进行底片分析,每人每年至多完成 1 000 对,而由技术人员改进实验装备、采用计算机"在线"控制后,每人每年能完成 120 000 对,科研效率提高了 120 倍[①]。

③ 与科研协作人员。目前,我国的科研组织是采用课题制模式。为便于分工协作,一个课题经常分解为几个子课题,然后根据每个课题组成员的研究基础和兴趣分别安排在每一子课题之中。由于子课题之间的交叉和联系,每个课题组成员在承担各自角色、完成各自任务的同时,会向别的课题组成员产生知识的需求;同理,也会应别的课题组成员的要求提供自己所拥有的知识,并且相互之间在完成任务和交流的过程中可能会创造新的知识。

3. 个人查询咨询网

(1) 合作信息检索

近年来,随着互联网和信息技术的快速发展,我们所处的信息环境发生了剧烈的变化,在信息情报检索领域,信息检索系统的设计从"系统中心"向"用户中心"转移,以用户为中心的信息检索模式重视用户在检索活动中的认知状况、用户与信息系统之间的交互以及用户检索活动中的社会情景作用。随着现代"大科学装置""大科学项目"的开展,如人类基因组计划、应对全球

① 见赵红州《科学能力学引论》,科学出版社 1984 年版。

气候变暖等,科研问题的广度和深度都在日益增加,研究任务日益复杂,研究内容已显现出跨领域、跨学科态势,研究主体体现跨组织、跨国界合作,研究方法日趋多样综合。研究课题涉及面广,突破了地域、空间、时间的限制。在这种背景下,科研人员单靠个人来完成学术信息的全面获取日益困难,往往需要通过合作进行学术信息的查寻,实现多元观点、学科交叉融合、综合研究方法应用,从而推动研究工作的顺利开展。①

合作信息检索通过某种算法将检索任务合理地分配给不同用户,然后由各个用户进行并行检索,最后再由系统整合检索结果。这种"化整为零"的检索方式,能够提升信息的检索速度。同时,合作信息检索系统采用重用机制,当后来的用户对相同或者相似主题进行检索时,系统能够直接将保存的检索知识提供给当前用户,省略了当前用户构造和修改检索策略的过程,从而也加快了信息的检索速度。合作信息检索系统将检索任务分解成小的检索主题分配给不同的用户,不同的用户以不同的角度对相关的主题进行检索,可以丰富与主题相关的检索结果,提高检索结果的查全率。不同的用户有不同的学术背景和思维模式,当这些学术背景、思维模式不同的用户对相同或者相似的主题进行检索时,会产生不一样的检索结果。合作信息检索系统能够将以不同角度进行检索的结果统一提供给检索用户,或者这些用户通过合作信息检索平台进行学术交流,这样就会增加用户的知识面,并在交叉领域产生新的学术火花。在合作信息检索过程中,用户间通过不断互动分配检索任务和确认检索词,由各个用户进行并行检索,对检索结果进行相关性判断,然后将各自判断的最相关的检索结果反馈给合作信息检索系统,由该系统生成与主题高度相关的检索成果,并将最后的检索成果统一提供给参与信息检索的用户②。如 BABBLE 是一个提供合作信息检索的交流系统,它能够在用户间提供合作感知,并通过感知和协调功能和其他相似的系统进行交互。③

(2) 人际知识查询

科学研究的创新性和复杂性,使得每个人在完成科研任务的过程中都会不可避免地产生对未知知识的需求和补充。当科研人员产生知识需求后,他当然可以通过计算机检索系统查询相关文献信息,但当行动者对所需知识的

---

① 见沈丽宁《学术信息合作查寻行为及其动机剖析》,《情报理论与实践》2010 年第 33 卷,第 11 期,第 86 - 89 页。

② 见刘晶《合作信息检索研究现状分析与启示》,《图书馆学研究》2011 年第 8 期,第 85 - 88 页。

③ 见徐树维、范炜《用户协作检索研究述评》,《情报科学》2010 年第 7 期,第 1108 - 1112 页。

认知尚不明晰或不能明确界定时,此时最佳的知识查询方式就是利用人际关系网络寻找知识源并在与查询对象交互的过程中逐渐产生对问题的明确意识,获取解决问题的知识内容。M. S. Ackerman 研究认为,信息查寻者在信息或知识查寻过程中可从其社会关系中获取查询收益。[1] 武汉大学王晓光博士认为[2],与信息查询相比,基于人际的知识查询能给行动者带来以下知识受益效果:① 问题解决方案,行动者可以从咨询对象处直接获得问题求解所需的知识内容,即 Know-what 型知识,进而形成自己的问题解决方案;② 元知识,被咨询者即使不能直接给出问题答案,他也可以向咨询人提供知识查询路径或 Know-who 型知识;③ 问题反思,行动者在与他人交互的过程中,由于吸收了新的知识信息能够诱发对需求的知识进行反思,加深和明确对问题的认识。比如在顾立平所做的社会访谈研究中,一位从事中医药物萃取的研究生说他需要借助导师在专业学会的人际关系来获取其他老师对信息筛选和选题的判断性知识[3]。再比如,在 2008 年 5 月汶川地震期间,国务院抗震救灾专家组副组长、中国水利水电科学研究院陈祖煜院士就曾向我国著名的测绘遥感专家李德仁院士急切地咨询如何利用遥感技术帮助四川灾区更好地处置堰塞湖问题,并亲抵武汉与其一道讨论如何通过机载激光雷达 Lidar 和堰塞湖水位自动监测技术尽快测量出灾区的地形、水位等最新数据,用科学数据为中央制定救灾方案提供及时有效的决策参考[4]。

(3) 个人学术咨询

学术生产领域行业的特殊性,决定了每个人对科学知识增长贡献的程度存在很大差异,对所得"承认"或"信用"的积累也不同,存在普遍的社会分层现象。这可从著名的洛特卡定律中得出初步的反映。1926 年,美国学者洛特卡经过大量的统计和研究提出了著名的洛特卡定律(Lotka's law):

$$f(x)=c/x^2$$

其中,$f(x)$ 代表发表了 x 篇论文的作者占作者总数的比例,c 为某一主题领域的参数。用文字表述即是:在某一时间内,发表 x 篇论文的作者数占作

① M. S. Ackerman, Providing Social Interaction in the Digital Library. [2010 - 08 - 23] http://citeseerx.ist.psu.edu/viewdoc/download? doi = 10.1.1.48.?437& rep = rep1&type=pdf.
② 见王晓光《基于社会网络的知识转移研究》,武汉大学 2007 年博士学位论文。
③ 见顾立平《创建与使用在 Web 2.0 搜索信息的型人——从问卷调查、深度访谈与追踪观察的心理与社会分析推导创新服务》,《图书情报知识》2010 年第 2 期,第 10 - 23 页。
④ 见李德仁院士《让科技为抗震救灾导航》,http://news.whu.edu.cn/oldsite/display.php? id=4446(检索日期 2010 年 9 月 1 日)。

者总数的比例 $f(x)$ 与其所发表论文数 x 的平方成反比,即洛特卡平方反比定律。随后在 1969 年,著名的科学史专家普赖斯又进一步指出:撰写全部论文一半的高产作者的数量,等于作者总数的平方根,即普赖斯定律。用公式表示如下:

$$\sum_{m+1}^{I} n(x) = \sqrt{N}$$

其中,$n(x)$ 表示撰写 x 篇论文的作者数,$I = n_{\max}$ 为该领域最高产作者的论文数;N 为该领域全部作者的总数;$m = 0.749(n_{\max})^{\frac{1}{2}}$。无论洛特卡定律还是普赖斯定律都表明学术社区成员的论文生产能力是不一样的,就一定时期发表的论文总量而言,一部分人生产了其中的大部分,而大部分人则只生产了小部分论文。那些发表了学科领域大部分高质量科研成果的高产作者一般比较容易得到或积累较多的学术"承认"或"信誉",处于学术社会中较高的层级。而他们本身也在长期艰辛的科研探索中积累了丰富的经验和体会,对问题的出现及问题的探求有着很强的感知与直觉,较好地调控和判断能力,如什么东西算作有意义的贡献,什么东西算作回答疑问,什么东西算作回答的论据等,这些智慧的结晶都难以结构化和编码化,只有通过与他们本人的接触和交流,才能较好地使这些富有价值的隐性知识进行流动、传递与分享。

众多处于学术社会阶层较低层级的成员,在其努力向其职业体系奋斗和升迁的过程中,有时迫切需要向学科专家请教和咨询工作和研究过程中出现的一些困难或疑惑以及寻求支持和认同等。例如,请求专家对项目申请书进行推荐以及修改、指导,对研究成果进行点评和质疑甚至进行最终鉴定等,以便咨询者本人进行反思和纠正等。有时,咨询者本人征询专家的目的是有意向专家推荐自己的研究成果或试探专家对研究成果的认可程度,以便在专家的帮助下尽快将研究成果在学术社区中进行传播等。而功成名就的专家一般也都乐于帮助和推荐年轻的科研工作者,所以其输出和交流的知识信息质量一般都较高。这种交流方式的缺点是由于交流中双方学术地位的不平等,专家的思想一旦老化或出现认知性偏差,普通科研工作者很难与之进行面对面的质疑和争论。这种交流的方式有:与专家具有组织上的层级关系或工作上的相依性,邀请专家学者进行学术交流、介绍学科及专业领域最新研究前沿和研究动态,参与专家举办的报告会、座谈会,在学术会议中与专家积极进行切磋和讨论,主动向专家推荐科研成果,直接登门拜访、求教等。比如,以中国科学院研究生群体为例,某一研究水固体入侵的同学说她常常通过请教个别专家以帮助判断获取的信息能否指导实际工作;某一研究恐龙蛋化石的研究生说他经常向国内外专家发函求证研究样本和内容以比较自己的发现和实验结果;某从事化学材料改性的同学说,他常常咨询某些职称为副研究员的科研工作人员以完成对前人工作的了解和积累。① 再比如,哈尔滨工业大学的王骐教授,在谈到其成功获得"毛细管放电 X 光激光"时曾深情地回忆我国著名的激光专家、中国科学院院士马祖光,感谢他为其确立的正确的研究方向,并说作为一名学科带头人,首先是确立研究方向,方向正确就是成功的一半。②

4. 个人专业联络网

个人专业联络网络是指个人通过学会、协会、参加学术会议、倾听学术报告、非正式联系等方式而与相关科研人员保持接触和联系的交流网络。可分为以下三种类型:

① 与同领域研究人员的知识交流。如前所述,现在的科学研究分工越来越细,科研人员在长期的科研实践中,基于学科认知规范逐渐了解了与自己具有相同或相近研究方向的科研人员的构成和分布,并通过书信、E-mail 等非正式方式与之保持着思想、观点、预印本的交流和反馈,形成 Price 所谓的"无形学院"(invisible colledge)③,以此促进知识的创造和共享。如我国著名的数学家彭实戈院士在回忆他对数学界的重大贡献——"倒向随机微分方程"时写道,为解决这个困扰他多日、十几年来一直没人解决的世界性难题,他当时邀请了该研究领域的法国著名数学家 Pardoux 来华访问,在上海的一个茶楼里,巴赫杜教授谈到要解决的问题中缺乏"强制性结构"一番话启发了他的思路,并找到问题的关键所在、最终证明出了"倒向随机微分方程"。他还写道,他当时之所以仅解的唯一性成立后就信心十足,是得益于多年前与一位博士的一次交流,那次谈话使他对数学方程解的唯一性证明的分量产生了非常深刻的印象并自此以后养成了"先解决解的唯一性,再证明其存在性"思维习惯④。

② 与同专业人员的知识交流。与同专业人员面对面、激烈的论战或论争,可以把参与者积累的全部智慧和热情都调动起来,从而产生出常态智力

---

① 见顾立平《创建与使用在 Web 2.0 搜索信息的型人——从问卷调查、深度访谈与追踪观察的心理与社会分析推导创新服务》,《图书情报知识》2010 年第 2 期,第 10 - 23 页。

② 见郭萍《一束最美丽的"激光"——再记优秀共产党员、中科院院士、哈工大教授马祖光》,http://www.jyb.cn/gb/2004/08/03/zy/jryw/1.htm(检索日期 2010 年 7 月 24 日)。

③ D. J. Price, Little Science, Big Science, New York: Columbia University Press, 1988.

④ 见彭实戈《倒向随机微分方程理论的一段往事》,http://blog.sina.com.cn/s/blog_56c1bca10100gbxf.html(检索日期 2010 年 11 月 6 日)。

根本无法实现的创新和创见,大幅度地提高知识创新能力,其效果远远大于个人之间智力的简单叠加;还使得那些尚不成熟的、带有瑕疵的甚至半通不通的思想逐渐过滤、沉淀、反思、纠正和完善;最后,论争能够有效避免个人的过分自信和妄自尊大,克服专业知识的片面观点,逐渐逼近事物的规律和原理。比如,1930年爱因斯坦和玻尔的著名论战就曾极大地推动了科学的发展。当时,爱因斯坦对玻尔关于测不准关系的理论解释抱有极大的怀疑,并试图借用"光子箱"实验推翻它;面对爱因斯坦的挑战,玻尔通宵达旦的思考回击的办法,他想到了广义相对论的红移现象,决定以爱因斯坦之矛攻其之盾,终于在第二天的学术会议上迫使爱因斯坦放弃"从内部不一致的基础上"否定量子理论的希望。

③ 与跨专业人员的知识交流。随着现代交通运输、计算机、通讯、网络等技术的快速发展,人们的科学交流环境和条件不断得到提高和改善,使得目前不同地域、不同专业的科研人员之间的交流变得方便和快捷,尤其是"面向问题"的大科学研究项目一般都聚集了不同学科领域、不同知识技能的专业人员,如人类基因组计划等,更加提供了不同学科、专业人员之间知识交流和共享的平台。不同学科、专业学术思想的激荡和碰撞、交流和融合,能够突破学科壁垒、相互启发、扩大研究视野、转变思维方式、激发新思路、孕育新思想、寻找交叉研究选题等。如我国著名的数学家彭实戈院士原来只研究纯粹的数学理论问题,当一位法国金融学家告诉他——他的"倒向随机微分方程"可以在金融上有很高的使用价值时,他抱着看个究竟的想法,竟吃惊地发现自己的理论研究成果可以用来求解复杂情况下的风险金融资产价格,遂投身于金融数学的研究,其研究成果对国家宏观经济决策起了巨大的指导作用,避免了我国数百亿美元的资金流失①。又如,我国著名的情报学家秦铁辉教授在其所著《成才之路——学习、研究和修身的艺术》一书写道,他主持的国家自然科学基金课题"竞争情报、知识管理互动关系及其提升企业竞争能力作用机制研究"的立项论证思路竟得益于普赖斯科特1998年在北京大学光华管理学院所作的题为"企业竞争情报系统和竞争情报活动"报告的启发②。

5. 个人兴趣聚合网

Web 2.0开放、参与、用户内容生成与分享的信息服务环境已被学术界广泛应用。基于标签、链接等共享技术,用户可以很容易地发现志趣相投者,以

---

① 数学家彭实戈:中国金融数学的开创者,http://www.hinews.cn/news/system/2008/04/29/010229487_01.shtml(检索日期2010年11月6日)。
② 见秦铁辉《成才之路——学习、研究和修身的艺术》,北京图书馆出版社2003年版。

自己的心理取向和志趣进行特定的网络活动,比如选择加入别人创建的小组,或自主发展社会关系、通过频繁的互动和交流形成自己的兴趣小组,或公开分享社会关系、形成特定的交流圈子等等。林忠认为,博客所提供的操作、链接、评论、访问、订阅等功能都是在人的操作下进行的,是基于网络的一种人际知识交流模式,比较利于进行个人知识的交流和管理。① 顾立平博士调查研究表明②,科研工作者有时会从不同的专业学术"博客圈子"中获得研究的灵感和资源,有时会通过电子公告栏获取与研究相关的知识信息;张玥、朱庆华实证研究了图书馆学、情报学领域博客圈子的学术交流情况③;彭红彬、王军对国内著名技术网络论坛 CSDN 知识交流情况从微观角度进行了实证分析④。

  C. Karen 认为用户的网络行为是"第三层元数据"⑤。孙坦认为,通过运用数据挖掘等技术手段对用户的网络行为进行分析,可以得到表示一个用户类别的行为模式⑥。胡吉明等指出,可将拥有相同行为模式的用户依据一定的算法聚类为用户群,以此向不同用户推荐其最可能感兴趣的信息和志趣相投的用户。胡昌平、胡吉明、邓胜利等人还进一步提出了基于社会化群体作用的信息推荐聚合服务模型,指出通过挖掘用户的网络行为和交互关系聚合形成的用户群体,能够有效帮助用户接触所感兴趣领域更多更好的信息以及结识更多具有相同志趣的朋友,更好、更快地促进知识信息在个人和群体间的分享和流动⑦。

---

① 见林忠《学术博客与传统学术交流模式的差异探析》,《情报资料工作》2008 年第 1 期,第 41 - 44 页。
② 见顾立平《创建与使用在 Web 2.0 搜索信息的型人——从问卷调查、深度访谈与追踪观察的心理与社会分析推导创新服务》,《图书情报知识》2010 年第 2 期,第 10-23 页。
③ 见张玥、朱庆华《Web 2.0 环境下学术交流的社会网络分析——以博客为例》,《情报理论与实践》2009 年第 8 期,第 28 - 32 页。
④ 见彭红彬、王军《虚拟社区中知识交流的特点分析——基于 CSDN 技术论坛的实证研究》,《现代图书情报技术》2009 年第 4 期,第 44 - 49 页。
⑤ C. Karen, Free the Data: Discussion Panel at IFLA 2008, Libraries and Web 2.0 Discussion Group Sharing bibliographic data reuse and free licenses for the product of libraries, IFLA Congress 74, Quebeccity, 2008. http: // community. oclc. org/ meatlogue/archives/2008/08/free the data discussion pane. html.
⑥ 见孙坦《关于新世纪图书馆变革的若干思考》,《图书情报工作》2000 年第 8 期,第 64 - 67 页。
⑦ 见胡昌平、胡吉明、邓胜利《基于社会化群体作用的信息聚合服务》,《中国图书馆学报》2010 年第 3 期,第 51 - 56 页。

3.2.2 基于群体社会网的知识交流模式

1. 实验室群体的知识交流

实验室是指有明确的组织机构、管理章程、仪器设备和研究人员所组成的科研实体,以基础研究或应用基础研究为主。典型的如国家重点实验室、教育部重点实验室等。实验室主任负责对实验室进行领导和管理,并成立学术指导委员会(其成员由实验室内外相关领域著名专家组成)负责对实验室目标、任务、研究方向和重大学术活动进行咨询和审议。规模较大的实验室一般还下设若干具体研究室,每个研究室主攻一个与实验室总体研究领域密切相关的研究方向,并设有专人负责。各室之间相互关联并共享实验室重要的大型科研仪器设备,可以随时根据科研项目的需要进行协作和联合攻关①。实验室的群体知识交流主要发生在试验情景中,比如对实验结果的现场交谈、实验环节中的协作、对实验问题的解决等。

2. 工程研究中心群体的知识交流

工程研究中心是集科学研究、技术创新、成果转化为一体的科研实体。为进行集成创新,研究、解决工程实践中的共性、关键技术问题乃至直接开发具有市场竞争力的技术产品,它一方面横向联系工业界和学术界,把具有不同科学背景和知识结构的科研人员组织在一起,整合运用不同学科的知识、方法、技术和工具,另一方面纵向上使科研、设计、中试、检测、生产、应用一体化,进行多层次、多形式、多方位、多渠道的广泛、紧密的合作,成为集产学研任务为一体的跨学科创新研究团队最常见的组织形式。与实验室探索式的基础研究相比,工程研究中心的最终目标是关键技术在工程实践中的具体应用或直接研发相关的技术产品,其任务比较刚性,对规范化要求较高,层级设置较多,相应协调机构和协调人员的数量也增多。一般设有管理委员会和工程技术委员会,管理委员会负责决策、审议研究中心的重大事项,中心主任代表管理委员会负责管理中心的全部事务;工程技术委员会进行技术咨询并对中心主任负责。工程研究中心由于其技术集成创新的特点,其知识交流若从认知和技术的维度,涉及不同科研人员之间以及科研人员和技术人员之间的互动;若从制度和组织的维度,牵涉到科研人员与项目投资者、政策制定者、技术应用之间的互动,关涉到科学共同体与政府、企业之间的关系②。

---

① 见王磊《大学创新学术团队研究》,华东师范大学 2008 年博士学位论文。
② 见李正风《科学知识生产方式及其演变》,清华大学 2005 年博士学位论文。

3. 跨学科研究中心(院、所)群体的知识交流

跨学科研究中心(院、所)是根据跨学科研究任务来确定的,一般横跨若干个不同的学科门类,有时甚至是自然科学、工程技术科学与人文社会科学的相互交叉和渗透。比如,中国科学院成立的学科交叉研究中心,联合中国社会科学院、中国工程科学院、大学等各单位,组成一个网络式的、虚拟的科研合作和群体知识交流体系,使得众多自然科学、社会科学研究者能够进行跨学科地交流和合作,以多学科的理论与方法,研究科学技术发展与社会、文化、政治、经济变革之间的相互关系,为国家的重大决策及公共政策提供咨询,比如国家发展战略、国情与公共政策、创新政策等研究。再比如武汉大学的中国边界研究院,就是联合了考古历史、遥感测绘、资源环境、国际法与国际关系等多个学科的科研人员进行组建的。跨学科研究中心的研究项目一般依托一定技术平台,采用学者牵头、研究团队自组的方式开展研究,来自不同学科的研究人员共同合作、形成优势互补的学者团队、有效整合了各方面的人力资源。其知识交流模式是典型的矩阵式,如图3-8所示。纵向是不同的学科,体现了研究成员具有不同的学科背景;横向是中心所研究的科学问题,这些问题可能是某两个或者几个学科的交叉。这样的交流模式纵向层级低、横向沟通多、集权程度低、开放程度高,各成员具有较大的灵活性和适应性,能够充分调动每个人的积极性,有效满足交叉学科研究的需求。

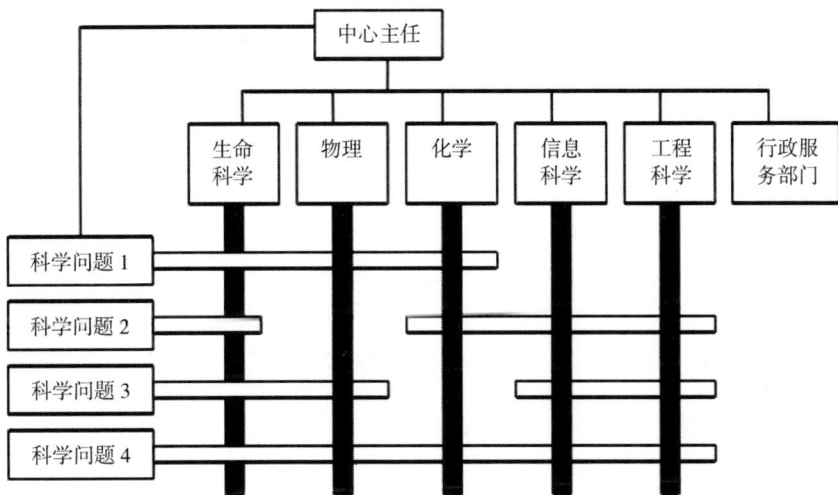

图3-8 跨学科研究中心(院、所)群体的矩阵式知识交流

4. 师生合作群体的知识交流

师生合作群体是指一个教授或研究员与他带领的若干博士后、研究生共

同组成的小规模科研团队。师生共同体是一种很特殊的亲密关系,通过老师的"传道、授业、解惑"以及长期频繁的接触和生活中师生之间建立了深厚的感情。老师通过向学生身临其境地辅导科研,潜移默化地向学生传授治学和研究的经验、体会和技巧;学生通过近距离地向老师观察、学习、模仿、感悟,迅速提高自己的科研能力。有时学生向老师请教的一些新颖性问题还能激发老师的创造性思维,共同提出新的研究问题,实现"教学相长"的良好愿望。因此,师生共同体也是科研机构最常见的团队组织模式,能够有效地进行人才培养和知识创新。笔者通过对大量相关文献的研读,对国外众多科研机构的网上调查,对国内几家有代表性科研机构的实地考察和焦点团体的社会访谈将师生共同体之间的知识交流模式归纳为以下三种:

① 网状模式。每个同学既以导师为中心也与其他同学之间保持直接的交流和接触机会,相互之间交织成网状,因此称为网状交流模式。这种模式强调协同工作,尤其适合于在同一个团队之中单独个人不能完成全部工作的研究。导师提供研究方向或给出研究课题,拟定计划并执行研究,同学们分工进行文献或信息查询,与其他同学一起进行文献解读与判断,各自所做的实验和测试在环节上相互关联。因此,同学们时时处于知识信息、实验方法、技术手段等相互交流和共享的环境中,能够随时相互启发和支持,既能促进研究课题又快又好地进行,还能在现有研究的基础上产生新的思想火花、催生出新的研究问题。定期举行组会,每个同学都向导师汇报各自的学习、研究进展,既能与其他同学更好地共享知识信息,还能保证每一个时间段都有自己的学习或研究成果。其拓扑结构如图3-9所示。

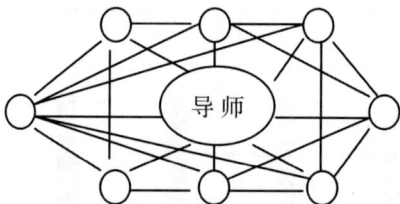

图3-9 师生之间的网状交流模式

② 星型模式。每个学生都以导师为中心并与导师单独进行沟通和交流,称为星型交流模式。导师根据对每个学生的了解和掌握(如研究兴趣、爱好、知识结构等),指派具体的研究任务,比如理论研究和实验研究等。每个学生都定期地向导师以口头或书面的形式汇报自己的学习和研究进展、遇到的困惑或问题等;导师通过单独答疑、悉心传授,提高对每个学生的辅导质量。这种模式对学生的自觉性、独立性要求较高,在与导师交流或会面前,学生须有

充分的准备和精细的思考,才能得到老师较多的传授和较好的辅导。这种模式比较适合于生物、化学等实验性科学,课题较容易按照试验方案分解为几个独立的子课题,注意力比较专注和集中,在导师的带领下能够迅速提高研究能力。这种模式,同学们之间并不是绝对的不交流,而是通过导师与其他同学保持联系和了解。此外,有精力的同学在完成任务之余,也可与其他同学联络、交流和讨论,拓展自己的知识面。其拓扑结构如图3-10所示。

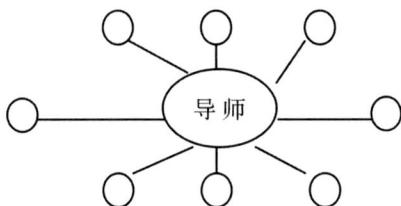

图3-10　师生之间的星型交流模式

　　③ 星型—网状结合模式。对于研究课题较多或规模较大、所带学生较多的导师,他们一般将学生分成不同兴趣小组,各小组由所带博士后或高年级博士生牵头,同学们在小组内部保持密切接触和联系,并通过导师与其他组保持了解和联系,称为星型—网状交流模式。导师整体上对各小组的研究方向进行分工以避免重复研究,各小组通过高年级研究生对实验的基本操作和规范进行传承并在既有工作基础上开展研究。小组之内同学相互交流和合作,小组之间相互进行竞争或协作,有利于扩大学生的视野和知识结构,培养学生的综合研究能力。其拓扑结构如图3-11所示。

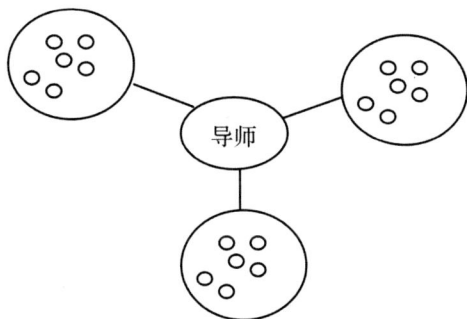

图3-11　师生之间星型—网状交流模式

　　此外,学生在毕业踏入工作岗位后,仍会就研究方向或研究课题与导师继续进行交流和合作。例如,Theodore von Kármán 与他的老师 Prandtl 就是师生知识交流继而进行创新的典范。Theodore von Kármán 先提出了"湍

流"的初始概念;之后,他的老师从分子运动论的观点将问题大大简化;
Theodore von Kármán 在此基础上,又进一步提出了更普遍性的理论并撰写
了著名的论文《湍流中的力学相似》。

5. 课题组群体的知识交流

课题组是以具体的科研课题为纽带组织起来的非正式学术研究团队。
一般规模不大、规范化要求不高、周期较短,其成员的组成相对比较自由且随
着课题的结束自动解散。课题组中的项目主持人是整个团队的灵魂和核心,
负责课题的分工、协调、资源调配等其他事务。若课题组成员有五人组成,可
存在以下三种以课题组组长为核心的链式、Y 式和轮式知识交流模式[1],如图
3-12 所示。

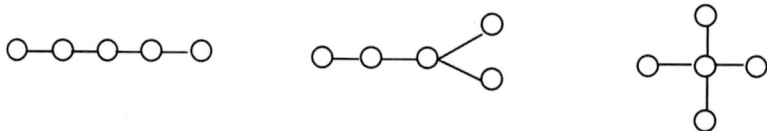

图 3-12　课题组知识交流模式

6. 同侪联合体的知识交流

同侪联合体指两个以上的高级职称人员为共同的学术兴趣和合作愿望
主动联合在一起而形成的松散的非正式学术研究团队。他们为各自研究方
向之间存在的有吸引力交叉点而组合聚集在一起,共同申请科研课题,开展
学术研究,但各人仍然保持着自己原有的团队组织结构并从事其他研究,没
有一个唯一的领导人,实行集体领导、资源统筹配置。

7. 虚拟科研团队的知识交流

虚拟科研团队是指通过特定的研究课题、研究任务和研究目标将不同地
区、不同组织、不同学科的专业人员联合起来的集合体。他们没有办公中心,
也没有固定的组织和层级结构,而是以网络通讯和信息技术为载体,以合同
的方式形成的一个契约式联盟,他们共同分担研究成本,一起完成创新研究
的任务。[2] 包括以下两类:

(1) 以计划或项目为依托模式

依托于计划或项目的科研团队是根据一项特定的科研任务临时组成的,

---

[1]　见戴俊、朱小梅《基于团队知识交流的组织知识转化机制研究》,《科研管理》2005 年第
26 卷第 3 期,第 121-128 页。

[2]　见赵琴琴《虚拟科技创新团队的知识流动机制研究》,哈尔滨工业大学 2009 年硕士学
位论文。

其任务明确、具体,就是为了完成某项科研任务。一般需要集中各个领域的专门人才,以便优势互补、联合攻关。如"人类基因组计划"就是一个跨学科、跨单位、跨地域、跨国家的集体协作项目,参与研究的人员多达上万人。虚拟团队的依存性和分散性以及科研项目的协作性要求虚拟团队成员在任何需要的时候都能及时进行讨论和交流。其存在以下两种知识交流模式:

① 核心—边缘模式。虚拟团队组成人员分散且多样,缺乏角色和身份认同,在为研究项目带来广泛信息和知识的同时,相应减少了成员之间交流互动的机会,增大发生误解和冲突的可能性。虚拟团队一般由核心层和外围层构成,核心层相对固定,外围层比较松散,边界开放度很高,进入和退出机制十分灵活。处于核心层的研究机构相对较少,一般是科研项目的发起者和主要参与者,在团队社会关系网络中占据关键位置,相对拥有较多的权利和声望,容易被其他成员支持和认同,接触并获得更多异质资源并转化为知识,并通过与边缘成员的联系实现知识的交流和共享。

② 矩阵模式。参与研究的不同机构及成员与计划要求解决的科学问题之间,形成了纵横交错的矩形结构。针对每一个具体科学问题,都由不同的研究人员组合成单独的研究小组进行研究,研究小组之间也通过网络建立了信息与知识交流的横向沟通机制,以更有效地解决互相关联的科学问题。

(2) 合作实验室模式

合作实验室是指依托计算机网络通讯、分布式计算等技术来集成、整合分散的科研人员、实验仪器设备和工具、文献数据资料,建立支持协作的科研环境,以共享情景、任务和过程、社会情感信息[①]。W. A. Wulf 认为"在合作实验室中,分布在各地的科研人员可以在这里进行合作研究——与合作伙伴通过音频、视频进行实时或离线交流、通过遥控实验仪器设备进行合作实验、分享数据及计算资源、共同进行结果分析以及从数字图书馆获取信息等"。[②] 合作实验室的一个最大特点是可以实时遥控和使用异地实验室配备的大型仪器设备和工具,跨越科学合作的时空障碍。其构成主要包括视频会议、在线聊天室、群件、协同工作流、共享展示室、共享文献资料档案库、网上同步浏览、网络数据存储等。如 2003 年,上海高校成立了六家 E-研究院,组建跨学科的虚拟研究团队以实现科学研究从信息资源共享到广域分布的人力资源、实验数据、计算能力、网络通信、科学仪器设备等资源的全面共享。

① D. H. Sonnenwald, Designing to support situation awareness across distances: an example from a scientific collaborator, Information Processing & Management, 2004, 40(6), pp. 989 - 1011.

② W. A. Wulf, The collaboratory opportunity, Science, 1993, 26(13), pp. 854 - 855.

8. 学科专家网络的知识交流

（1）无形学院

无形学院指从正式的学术组织中派生出来的非正式学术群体，其成员分散在多个科研机构中，但相互之间通过通讯、网络等保持不间断的联系和交流，甚至必要时到对方的机构中进行访问、合作。著名科学计量学家 D. J. Price 和 D. Beaver 的研究表明，在无形学院中存在许多规模不同、互不交叉的亚群体，各个亚群体由少数非常高产的科研人员和许多相对低产的研究人员组成，亚群体之间通过这些少数高产科学家联系在一起。美国著名科学社会学家 D. Crane 进一步将某一研究领域的群体分为两类：一类是合作者群体；另一类是无形学院，即合作者群体中少数高产研究人员形成的交流网络。D. Crane 的研究表明，某一学科的高产科研人员不仅在促进本学科交流上发挥作用，而且在促进创新成果的扩散方面也发挥着重要作用。① "无形学院" 其本质是学科共同体对实验研究方法和实验研究结果的认同，使得统一领域的研究人员具有了相互交流的基础，形成了基于人际知识交流的 "无形学院"。其知识交流模式可用图 3 - 13 表示。图中大圆代表是某个研究领域中所有成员组成的社会圈子，它的边界是开放的，成员可以自由进出。小圆表示这个社会大圈子中所形成的各种亚群体，他们围绕高产作者形成了不同的合作者群体。各个亚群体之间通过这些实心圆点表示的核心成员形成了非正式的、横跨整个领域的人际知识信息交流网络。如图 3 - 13 所示。

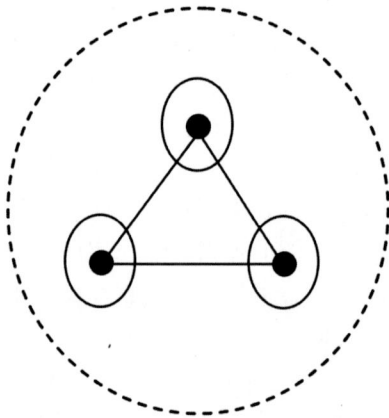

图 3 - 13 "无形学院"知识交流模式

---

① ［美］D. Crane《无形学院——知识在科学共同体的扩散》，刘珺珺、顾昕译，华夏出版社 1998 年版。

(2) 通讯评审网络

各级科研项目主管部门或单位,如国家自然科学基金委、国家哲学社会科学规划办公室等,各类学术期刊编辑部都针对不同的学科领域建立了领域专家联系网络,依托专家的"同行评议"对科研成果进行仲裁和管理。评审专家一般给予课题申请者、课题结项者、论文发表者等出具书面评审意见。此外,若当事人不同意专家所提出的评审意见,还能及时提出异议并进行辩论以维护自己从事科学研究或发表成果的合法权益。其间一般都是从一个或多个评审专家的知识单向流向被评审对象,但是如果被评审者若向评审专家提出异议,也存在相互的知识交流。

9. Web 2.0 学术群体的知识交流

借鉴 H. Rheingold 对网络社群的定义[①],笔者将 Web 2.0 学术用户群体定义为具有类似兴趣爱好的科研人员通过学术论坛(BBS)、学术博客(Blog)、学术维基(Wiki)、分众分类(Folksonomy)、社会性书签(BookMark)、社会网络(SNS)等的交互式应用发展起来的具有相互影响和情感支持的非正式团体,他们长时间参与相关话题的交流和讨论,分享彼此的知识和经验。Web 2.0 以用户为中心的思想理念实现了信息交流从"人—机"模式到"人—人"模式的转变,以"人"为传递和发布信息的中心,通过点对点的信息传输将分散的个人及个人信息空间连结成一个交互化、社会化的用户群体,使之具有信息网络和社会网络的双重功能,使得人际知识交流更加方便,克服了传统人际知识交流的时空障碍,扩大了人际知识交流的广度和频度。根据笔者对小木虫论坛、北大中文学术论坛、科学网博客、图谋博客、中国科技论文在线、维基百科(Wikipedia)、图情维基百科(LISWiki)、网摘(del. icio. us)、学术性书签(CiteULike)等的体验以及国内外大量相关文献的研读,将 Web 2.0 学术用户群体的具体知识交流模式归纳为以下三种形式。

(1) 用户参与分享式知识交流

Web 2.0 将互联网的控制权交由用户主导的理念,充分发掘和调动了用户参与和创造内容的积极性。根据心理学家马斯洛的"人的需求"理论,人人都有交往、获取知识及自我实现的需要,但现实社会"金字塔"式的阶梯式体制阻碍了许多人理想和抱负的实现。比如,学术界的社会分层一定程度上阻碍了知识的自由交流和流动,学术层级较低的人员很难坦然地与学术地位较高的知名专家、学者进行面对面、心理平等的充分交流和讨论。而 Web 2.0

---

① H. Rheingold, The Virtual Community: Homesteading on the Electronic Frontier[M]. Cambridge: MIT Press, 2000.

的开放性、互动性、无地域性确能为学术用户群体的知识交流提供宽松、自由、随意、便利环境。在这里,人们可以在具有相似性、共同认同的学术群体里①,相互直接地进行经验交流和信息共享,满足进行网络上社会交往和激发交流表达的深层需求。此外,行动者还能通过图片、动画、影像等丰富的表达工具将那些难以用语言表述的隐性知识进行表现和隐喻②③,在得到娱乐和建立情感的同时,也获得了其需要的某一知识和技能,正如 K. S. Rioux 所指出的,这个过程是"个人有意识的、自然发生的、高度社会化和愉悦的"行为④。比如,《国家自然科学基金网络初探》一文,方锦清教授在致谢中写道:"本文由科学网博文《略谈国家自然科学基金评审结果的看法与改进建议》修改而成。该博文得到许多网友的支持、评论与建设性意见。"⑤再比如,美国麻省理工学院创建的 OpenWetWare⑥,就是一个致力于促进生物学知识共享的 Wiki 社群,它不仅提供理论知识和方法、实验方案和技术、教学课件等丰富的信息资源,而且还让用户能够通过自己编辑条目,交流思想、科研体会、心得和经验,是生物学实验室、研究小组和个人获取有关知识信息和进行合作交流的良好平台⑦。

(2) 内容推荐聚合式知识交流

目前,基于内容的信息聚合和推荐服务大大减少了 Web 2.0 用户寻找信息所需付出的时间及精力,提高了知识信息获取的效率,并方便了相似用户之间进行知识的交流和分享。按发展历程,存在以下三种模式:

① 基于 RSS 的订阅聚合模式。RSS 聚合软件通过对网页标题、摘要、链接等的 XML 描述实现用户对主动订阅的网络信息进行聚合,并通过阅读器供用户浏览,而且其浏览内容可以随着来源信息的更新而及时更新。⑧ RSS

---

① 见范晓屏等《基于知识交流的虚拟社区管理方式研究》,《经济论坛》2005 年第 19 期,第 53 - 56 页。

② 见沈瑶《非正式网络中隐性知识传递效果的影响机制研究》,浙江大学 2007 年硕士学位论文。

③ 见成全《基于 Wiki 的知识联盟创新机制研究》,《情报理论与实践》2008 年第 1 期,第 76 - 80 页。

④ K. S. Rioux, Information·acquiring and sharing theory in internet based environments: An exploratory study of individual user behaviors [D]. Austin: The University of Texas at Austin, 2004.

⑤ 见方锦清《国家自然科学基金网络初探》,《中国科技资源导刊》2009 年第 6 期,第 1 - 7 页。

⑥ 信息来源 http://openwetware.org/wiki/Main_Page(2010 年 11 月 18 日检索)。

⑦ 见陈传夫、吴钢、唐琼《信息化环境下学术优先权的挑战与对策》,节选自中国科协学会学术部《信息时代的学术交流》,清华大学出版社 2009 年版,第 1 - 5 页。

⑧ 见胡昌平、胡吉明、邓胜利《基于社会化群体作用的信息聚合服务》,《中国图书馆学报》2010 年第 3 期,第 51 - 56 页。

根据用户的需求有选择地从庞杂的信息源聚合相关信息,满足了用户个性化知识信息的需求,并动态更新,信息时效性强。

② 基于服务商的推荐聚合模式。信息聚合服务商,如 delicious、玩聚、鲜果等,通过挖掘和统计用户的各种信息使用行为,如访问时间、浏览次数、跟帖频率、Tag 标注类型、被链接频度等,对用户喜爱的内容进行排序并以此来向用户推荐有价值的知识信息[①]。

③ 基于群体作用的社会化聚合模式。Tag(标签)技术可以让你看到在网站上所有和你使用了相同 Tag 的内容,由此和他人产生更多的联系[②]。Tag 所体现出的群体力量使得知识信息之间的相关性和用户之间的交互性大大增强,从而有效实现信息的社会化传播,因此是一种基于群体作用的社会化推荐和聚合。比如 Lewis 和 Clark 图书馆专门为读者开发的 Tabs 系统,使得读者在管理自己喜欢网页的同时,也自动生成收藏同一网页或使用相同标签的读者之间的链接,从而建立自己的好友圈子。[③] 另一种社会化推荐聚合模式是基于各种聚合服务商再聚合,从聚合推荐结果中进行"二次推荐",提高推荐的精准度,从而更便于为用户获得和发现所需要的知识信息。如国内著名的"玩聚 SR"就是社会化推荐聚合的典型代表。它自动追踪、搜索中国大陆IT 业界人士使用的各种社会化聚合媒体分享源,如 twitter、Google Reader、del. icio. us 等,从中聚合用户的推荐、分享及相关的评论,并对用户进行二次推荐,大大提高了用户知识信息获取和交流的效率和质量[④]。

(3)"专家"意见影响式知识交流

丁汉青、王亚萍认为,在 Web 2.0 用户群体中不仅存在以知识和意见等形式的"信息流",而且也存在用户与用户之间的"影响流"。在信息的发布、回复、评论、链接、分享等过程中,影响力总是倾向从信息位较高的用户流向信息位较低的用户,从而产生了网络传播中的"意见领袖"。[⑤] 顾立群博士针对中国科学院 3 000 名研究生所做的问卷调查表明(回收有效 497 份),有

① 见黄晓斌《社会书签与网络信息推荐服务》,《情报理论与实践》2006 年第 1 期,第121 - 124页。
② 见黄晨《Lib 2.0 的观念与变革——以维基(Wiki)和标签(Tag)为例》,《图书馆杂志》2007 年第 8 期,第 36 - 39 页。
③ Tabs《基于 Web 2.0 的用户群体交互分析及其服务拓展研究》,http://www.lcls.org/tabs/(检索日期 2009 年 1 月 7 日。
④ 见胡昌平、胡吉明、邓胜利《基于社会化群体作用的信息聚合服务》,《中国图书馆学报》2010 年第 3 期,第 51 - 56 页。
⑤ 见丁汉青、王亚萍《SNS 网络空间中"意见领袖"特征之分析——以豆瓣网为例》,《新闻与传播研究》2010 年第 3 期,第 82 - 91 页。

44.1％的用户愿意、10.7％的用户非常愿意成为学术社群的领袖,组织、管理并且维护社群讨论;而有47.1％的用户愿意、25.4％的用户非常愿意成为学术社群中的"专家"(即专家级人物),对其他用户提出的相关专业问题进行解答以及接受社群领袖的邀请在用户群体中进行相应的学术活动①。

A. M. Dickinson 也认为实践社区一个重要的特征就是存在相应的领导者和具有一定的自组织结构②。事实上,由于网络的结构性,使得虚拟学术群体中占据网络关键位置的成员拥有较多的优势和影响力。

网络信息的繁杂让用户搜寻所需知识信息的难度越来越大,越来越多地其他用户的影响并信任的某个领域"专家"③。具体表现为:众多用户总是聚集在少数的专业信息源周围,以"专家"为中心形成特定的交流群体,如豆瓣网的兴趣小组等。丁汉青、王亚萍还从用户在群体网络层面的"中心性"位置以及话题层面的发言频率、质量和效果(具体就是指发帖类型、发帖频率、跟帖数量、跟帖类型、跟帖长度和内容以及被推荐数量等)构建了测量网络社群中"意见领袖"的识别指标体系。④ 用户群组和话题背后的群体互动所表现出的巨大影响力,对用户知识交流和知识构建起着非常大的帮助。尤其随着用户的不断交流和群体的逐渐形成,"专家"的影响力在群体内得到扩散,社会化的群体作用逐渐凝聚、放大并开始影响群体内的知识交流。首先,"专家"推荐所产生的影响和用户之间的交流,将拓展用户知识信息来源的渠道,让用户更加方便地获取所需要的知识信息;然后,通过社会化的群体作用,用户认同、推荐聚合的信息在群体中被反复交流、吸收、理解并转化为群体的知识,使信息的收集和认同升华为知识的交流与分享;最后,在信息转化为群体知识的过程中,志趣相投的用户通过彼此的深入交流和互动,增强了用户群体的黏度、认同感和凝聚力,激励用户持续分享知识和经验。⑤

10. 学习共用空间群体的知识交流

学习共用空间(Learning Commons, LC)是一个由图书馆员、学科专家、

---

① 见顾立平《基于 Web 2.0 用户信息检索行为的交互设计:后设分析与问卷调查研究》,《图书情报知识》,2009 年第 5 期,第 26 – 34 页。

② A. M. Dickinson, Knowledge sharing in cyberspace: Virtual knowledge communities [C] // Karagiannis D. Pratical aspects of knowledge management. Berlinl: Springer-verlag Berlin, 2002, pp. 457 – 471.

③ 见邓胜利《基于用户体验的交互式信息服务》,武汉大学 2008 年博士学位论文。

④ 见丁汉青、王亚萍《 SNS 网络空间中"意见领袖"特征之分析——以豆瓣网为例》,《新闻与传播研究》2010 年第 3 期,第 82 – 91 页。

⑤ 见甘永成《虚拟学习社区中的知识建构和集体智慧研究》,华东师范大学 2004 年硕士学位论文。

计算机专家和各类用户组成,集人力资源、设备资源和信息资源于一体,能够方便用户、馆员、专家之间的知识交流、共享、学习与利用的动态环境。[①] 它既包括实体环境,也包括虚拟环境。实体环境是用户学习、交流、合作和活动的物理场所,一般由协作学习空间、开放获取空间和社交与休闲空间等部分构成。虚拟环境是指在互联网络平台上运用现代信息技术为学习者构建的学习、交流、协作及共享思想和知识的虚拟场所,包括虚拟学习社区、兴趣社区、实践社区、知识社区和社会网络等。LC 为知识交流提供实体与虚拟相结合的学习与研究环境,既可以实现用户面对面的知识交流,也可以通过学习社区等虚拟环境进行远程知识交流。LC 通过利用丰富的数字资源、先进的网络通信技术、虚拟现实技术不仅可以克服传统知识交流的时空障碍,而且可以在用户与知识源之间搭建一种正式的知识交流渠道,集聚不同学科专家、技术专家、图书馆员的知识与智慧,建立广泛的共同兴趣主题,从而扩大知识交流的对象、领域和范围,促进知识循环与创新,提高知识交流的效率及效益。不仅提供支持协同学习的电子化学习环境,而且提供更加开放的交流讨论方式,实现信息、知识的交流与共享。在学习共用空间中,协作小组不仅可以进行面对面的知识交流,也可以通过虚拟学习环境进行远程知识交流,并且 LC 还聚集了不同老师、同学、学科馆员以及专家与之相关的知识资源,在用户与知识源之间建立了全方位的知识交流渠道,共同兴趣学习小组能够得到及时、有效的支援、支持和指导,从而扩大知识交流的对象、领域和范围,提高知识交流的效率及效益。根据曾翠、高波的研究,在 LC 中存在的知识交流方式主要包括面对面的知识交流、通过实时在线咨询的知识交流、通过培训实现的知识交流、通过汇总和发布实现的知识交流、通过知识推送服务实现的知识交流、通过团队学习实现的知识交流、通过虚拟主题小组实现的知识交流、通过团队合作实现的知识交流等。

3.3　基于生产创作的学术社区知识交流模式

人们之间的直接接触和交流时常会在个人的脑海里形成火花、闪念、判断和推理等特殊的知识状态,但这种知识状态一是维持不了多久就容易被更新的火花、闪念、判断和推理过程所取代,二是没有和"主观"自我相分离,形成不了社会化的知识,更不能被"操作化"或"物化",转化为现实生产力。而

[①] 见曾翠、高波《基于学习共用空间的知识交流研究》,《图书情报工作》2010 年第 2 期,第 21 - 25 页。

头脑中的瞬时火花,一旦被及时捕捉、进行归纳、演绎、推理和实验,形成见诸于文字的科学概念和体系,再通过科学交流体系进行检验和确认,便能为人类知识宝库中增加新的知识。因此,探讨学术群体知识生产创作过程中的交流模式,有利于提高科研人员进行知识生产的效率。科学不仅依赖个人的"观察"和"思考"、群体的"言说"和"交流",而且还需要"介入"和"操作"的具体实践。① M. Gibbons 于 1994 年提出了知识生产的两种不同模式:基于学科的和基于问题驱动的知识生产②。L. Leydesdorff 于 2000 年提出了介于政府、学术机构和企业间知识生产的三螺旋模型。③ I. Rowlands 于 2003 年提出了"观点支持——成果出版——论文阅读——参考引用——学术影响——思想采用——主流地位确立"的知识生产周期模型。④ Popper 提出了"提出问题——大胆猜测——尝试解决——排除错误——发现新问题"的科学知识增长图式⑤。赵红州认为,现代科学的知识系统是一种壳层结构,最外围是弥漫于整个知识空间的准科学"大气圈",能够进行最大程度的知识创新;往里是前科学知识对流所造成的"知识幔层";再往里是由常规科学结晶成型的知识硬核;最后是后科学所提炼出来的自然观,也是最基础、最成熟的知识⑥。本书通过对大量国内外相关文献的研读、国内外众多科研机构的网上调查、国内几家有代表性科研机构的实地考察以及与近百名不同学科科研人员的接触和访谈,在掌握大量直接和间接资料的基础上,从生产创作视角,基于选题、观点生成、研究执行、成果发表、引用认同等过程详细构建了学术社群知识交流的各模式。

3.3.1 基于科研选题的知识交流

人们无论是从事科学研究还是进行论文创作,首先要确定研究的对象和目标,这就是选题。选题是科学研究工作中的第一步,也是决定整个科研工

---

① 见李正风《科学知识生产方式及其演变》,清华大学 2005 年博士学位论文。
② M. Gibbons, The New Production of Knowledge: The Dynamics of Science and Research in Contemporary Societies [M]. London: Sage, 1994.
③ L. Leydesdorff, A Triple Helix of University-Industry-Government Relations[J]. The Journal of Science & Health Policy, 2000, 1(1), pp. 51 - 60.
④ I. Rowlands Knowledge production, consumption and impact: policy indicators for a changing world [J]. Aslib Poreeedings: New Information Perspectives, 2003(2): 5 - 12.
⑤ 见梁永霞《引文分析学中的知识计量研究》,大连理工大学 2009 年博士学位论文。
⑥ 见赵红州《科学能力学引论》,科学出版社 1984 年版。

作成败的关键一步。爱因斯坦曾经说过:"提出一个问题往往比解决一个问题更重要,因为解决问题也许仅仅是一个数学上或实验上的技能而已。而提出新的问题、新的可能性,从新的角度去看旧的问题,却需要创造性的想象力,而且标志着科学的真正进步。"科学研究是人们从已知探索未知的活动,为避免重复研究,其选题必须具有创新性和前沿性。因此,选题过程包含了大量的科学情报吸收和知识交流过程。

(1)阅读谈话的启发式知识交流

科学研究和探索需要思想火花的"灵光"闪现,才能产生新的想法,包括提出新的问题、新的假设,产生新的构想、新的猜想等。而研究灵感和思想火花的产生要靠不同思想的碰撞和启发。通过切磋和交流,人们提出不同问题和对不同问题看法的可以促使共同思考、相互启发、产生突然的想法。而不同思想的人们能够进行沟通和交流的最佳途径就是阅读和谈话。

阅读一个人的研究论文和学术著作,就是在和这个人的思想进行间接的、正式的交流,然后静静地思考,产生突然的想法。但选择一个具有理论新颖性、前沿性的课题需要阅读本学科和相关学科的大量文献,尤其是最新的论文、报告和综述等,并进行反复思考、比较和选择。比如,1897年,居里夫人为她的博士学位论文进行选题,她在阅读了物理学方面的最新出版物后,立刻注意到贝克勒耳1896年发现铀盐放射性现象的实验报告,认为研究放射性物质是一个绝好的选题,当时还很少有人研究它。

对应社会学理论中的弱连接效应,与人通过谈话进行直接交流有时会有意外发现,引导人们找到有价值的课题。比如,与政府、企业界人士交流有时能够发现或找到有实际应用前景的实际问题。

(2)空白领域的发现式知识交流

通过对学科领域历史和现状的调查,能够寻找到学科的空白点,确保进入学科前沿研究领域。但人的精力毕竟有限,面对如此海量的文献,我们不可能都一一阅读。我们可以通过使用非相关文献知识发现、知识地图等技术和工具,更快、更好地把握某个研究领域的研究现状、前沿和热点,帮助找到学科空白点。

① 非相关文献知识发现:从公开发表的非相关文献中发现某些知识片段间的隐含联系,并在此基础上提出科学假设或猜想,引导科研人员进行攻关或实验,是美国芝加哥大学研究生院情报科学教授 Swanson 博士在 1986 年提出的①。他认为,当将逻辑上相关但相互独立的两个知识片段放到一起加

---

① 见杨丹《网络时代的社会科学知识生产》,社会科学文献出版社 2009 年版。

以考虑,并且能够进行合理解释的时候,可能会有新的发现,这样的知识片段被称为"未被发现的公开知识"(undiscovered public knowledge)。他于 1985年发现文献 A 和文献 C 之间可能存在某种潜在关系 B,而这个关系 B 是单独阅读文献 A 或 C 所不能找到的。例如,有关雷诺氏病的文献(文献 A)都认为,该病患者血液黏稠度和红细胞脆性很高(B),而他在查找文献中则发现,食用鱼油(文献 C)能改善红细胞可变形性和降低血液黏稠度,就设想食用鱼油可能缓解雷诺氏病,然而,当时没有一篇文献直接说明鱼油与雷诺氏病的关系,直至两年后,这一点在临床上才得到验证。

② 知识地图:基于布鲁克斯认知地图思想构建的学科知识地图,给人们提供了系统化的知识浏览和导航工具。它一方面能够促使不同知识结构的用户在不同层面上进行有效的知识交流和学习;另一方面,通过使用本体技术它还能揭示知识元之间的联系,找到知识元之间的逻辑关系,通过对知识元及文献资源的分析,找到学科研究的空白点[①]。知识地图是一种工具,它指向知识而不包含知识本身。首先,知识地图是一个向导,它本身并不是一个知识的集合。其次,知识地图指向的是知识源,而这些知识源不仅可以是已经固化在一定的载体上的各种形式的文献、数据库,也可以是大脑中存储了丰富的隐性知识的专家或其他员工。最后,知识地图不仅仅要揭示知识的存储地,通常也要揭示知识之间的关系。很多学者认为,知识地图在试图揭示知识之间的关系时,往往会发现以往所没有发现的某些知识之间的新的关系,从而产生新的知识。总之,知识地图是已经获取的知识以及知识之间的关系的可视化描述,它可以使不同背景的知识寻求者在不同的详细程度上学习知识,并同其他人进行交流。[②]

(3) 学科交叉的边界式知识交流

当代学科发展的高度分化,使得学科与学科之间的空隙变得越来越明显;而科学的统一性原理表明这些空隙处堆积着大量有意义的科研选题。学科交叉的类型可概括为以下三种:自然科学内部之间;社会科学内部之间;自然科学与社会科学之间。比如,化学生物学这一重要的新兴学科,就是化学、生物学和医学三学科交叉渗透的结果。又比如,在自然科学和社会科学之间,催生了我国"夏、商、周断代工程"这一重大科研选题,涉及历史学、考古学、语言学、符号学、天文学等众多学科。

---

① 见贺德方《知识链接发展的历史、未来和行动》,《现代图书情报技术》2005 年第 3 期,第 11 - 15 页。

② F. Edmond Vail Ⅲ, Knowledge Mapping: Getting Started with Knowledge Management. Information Systems Management, 1999, 16 (4), pp. 16 - 23.

3.3.2 基于论证支持的知识交流

科学研究是人们在现有知识基础之上从已知领域向未知领域不断扩展、创造新知识的认识实践活动,而文献是知识的载体,尤其科学文献记载的主要是客观化、系统化的科学知识,因此,除提出研究课题以外其研究论证过程的每一个阶段:拟定解决方案、进行实验或实证探索、分析研究结果等,都离不开大量文献的调研、判断、分析和利用,与不同时期的研究者进行思想和知识间接的碰撞和交流。比如,利用现有理论分析研究问题、利用现有方法处理研究数据、利用现有成果构建理论模型、利用现有观点进行新的探索等等。英国著名情报学家 B. C. Brooks 曾根据科研工作的特点提出过一个著名的知识方程:$k(S)+\Delta I=k(S+\Delta S)$,式中,$k(S)$ 表示科研人员现有知识结构,ΔI 表示科研人员接受的信息,$k(S+\Delta S)$ 表示科研人员在信息作用下知识结构的改变。如果作如下变形:$k(S+\Delta S)-k(S)=\Delta I$,则说明,可以根据科学研究的发展需要和科研人员现有的知识结构状况和水平,寻找需要补充和更新的知识,即寻求论证支持。

1. 综述评论式知识交流

通过阅读综述评论性文章以及著作的书评,迅速地了解当前研究课题的基本概况,为更详细、系统、深入的知识发现式信息查询做准备。比如,A. Zuccala 于 2009 年专门绘制了一个研究领域的评论网络,并通过对网络中明星、高中介性、成员、评论者和年轻人员的分析,表明了在评论网络构成的无形学院中存在社会分层现象。①

2. 引文网络式知识交流

1965 年,著名科学学和科学计量学家 D. J. Price 首次发表论文论述了科学论文之间的引用关系及其由此形成的引文网络②。Price 认为,每一篇被引文献,相对丁引证者(作者)就是一篇参考文献,而对于被引证者则是一篇引证文献(引文),它们之间沿着时间轴线的相互引用就组成了科学论文的引文网络,如图 3 - 14 所示。图中结点代表引文,有向箭头代表引文之间的引用关系,箭头指向被引文献,箭尾指向引用文献,刻度表示文献年份。根据对科学论文之间形成的引义网络结构的分析,普赖斯认为被新发表的论文较多引用

---

① A. Zuccala Mapping review networks: Exploring research community roles and contributions [J]. scientometrics, 2009, 81(1), pp. 111 - 122.

② D. J. Price, Networks of Scientific Papers. Science, 1965(149), pp. 510 - 515.

的极少数部分论文可视为学科的新生长点,成为热门的研究前沿,并强调指出第一流的科学家都应密切注视他的同时代同领域人的工作,因为他们的研究成果包含了最新的研究前沿。此外,当前引文的新发展——网络引文分析同样是以引文网络为研究对象的。

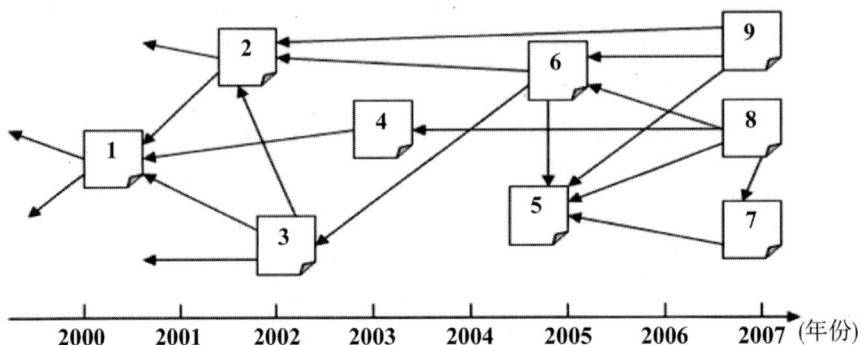

图 3-14 引文网络

通过对科学论文所形成的引文网络进行时序分析,可以把握知识发展和演化的脉络,认清知识的基础、中介和前沿,识别知识的涌现、断层和变革。常用的有以下两类分析交流方式:

(1) 基于引文网络的时序知识交流

以每篇论文作为节点,把它们按公开发表时间先后标以序位,连接这些节点并以引用频次或引用概率作为权值,就构成了引文时序网络图。引文时序网络图展示了某一知识主题的引用过程,通过它能够把握该研究主题发展的来龙去脉、论文源流、最初著者和重要文献。

(2) 基于引文网络的关键路径知识交流

由于知识的替代性,如果一篇论文既承载了已有的研究成果,又包含了重要的新知识内容,那么它就或多或少地降低或替代先前文献的参考价值,从而得到研究者更多地阅读和引用,成为该研究领域重要的知识流通枢纽和关键事件,体现在引文网络中,即重要的、有代表性的引文。社会学家 N. P. Hummon[①] 于 1989 年提出了引文网络的关键路径分析算法。所谓关键路径分析算法就是计算给定引文网络中每一篇文献及每一条引用路径的传输权重,并提取出拥有高传输权重的路径作为关键路径或者关键路径成分,以此

---

① N. P. Hummon, P. Doreian, Connectivity in a Citation Network: The Development of DNA Theory[J]. Social Networks, 1989(11), pp. 39 - 63.

得到引文网络中知识信息流动的"主干道"。Hummon 根据论文引用的时序特征,将引文网络对应为图论意义上的"有向非循环网络",定义入度为零的节点是发生节点,出度为零的节点是接收节点,并将传输权重定义为从发生节点到接收节点的所有路径中包含该节点或路径的比例,即将每个节点和引用路径被经过的次数除以所有发生节点到所有接收节点的路径总数。

3. 聚类分析式知识交流

(1) 基于文献关联的聚类分析

从图 3-14 中可以看出,在引文网络中,除了文献间单一的时序性引用之外,还存在两篇及两篇以上文献同时引用同一篇文献和两篇及两篇以上的文献同时被同一篇文献引用等复杂的引用关系。于是,M. M. Kessler 和 H. Small 分别在 1963 年和 1973 年提出了"文献耦合"(bibliographic coupling)文献"同被引"(co-citation)的概念。"文献耦合"是指引证文献通过其参考文献(被引证文献)建立的耦合关系。也就是说,如果两篇或多篇论文共同引证了一篇(或多篇)参考文献,这两篇或多篇论文即具有引文上的耦合关系,可以认为它们在学科或知识内容上具有某种联系或相关性,其共同引用的参考文献篇数称为耦合强度。文献同被引是指两篇(或多篇)论文同时被后来的一篇或多篇论文所引证,则称这两篇或多篇论文之间(被引证论文)具有"同被引"关系,并定义同时引证这两篇或多篇论文的论文篇数为同被引强度(co-citation strength)或同被引频率(co-citation frequency)。两篇或多篇论文之间的同被引强度越高,说明这两篇或多篇论文之间关系越密切、内容上越具有某种联系或相关性。引文网络中的"文献耦合"和"文献共引"关系较好地揭示了知识的分化、组合和演变过程,基于耦合强度或共引强度对给定的引证文献集合或被引文献集合进行分类聚合分析能够较好地反映不同类型的知识之间交流和联系的程度。

① 基本原理。如果某作者在他发表的一篇论文中至少同时引证某两篇文献(简称文献对)时,那么这两篇文献就可认为对作者的论文生成同时起了作用。当同样的文献对被许多别的作者论文共同引用时,便可聚集成不同作者或论文引文的类群。即被共同引证的文献对不仅具有内容上相关性,而且还起到沟通媒介的作用,使引证作者之间建立一种彼此可以相互认识的联系基础。

② 实现过程。首先,通过撷取同引或耦合文献对组成文献同引或耦合矩阵。所谓"聚类"就是根据论文间的同引或耦合强度把内容上具有一定关联的论文"聚"在一起形成"类"的过程。其中,同引或耦合强度是具有同引或耦合关系的论文能否被聚为一起的定量判断标志,为此,必须对相关研究领域或研究主题的所有已发表的论文进行统计分析,运用计算机程序提取出其中

存在同引或耦合关系的文献对并组成数学形式的方阵。然后,通过设定阈值和聚类算法进行聚类。在完成文献同引或耦合矩阵的建立后,还要设定文献同引或耦合强度的阈值,即归类标准,以便众多的文献对按此标准并入不同的类别。一般来说,当文献对的同引或耦合强度大于所设定的阈值时,该文献对就可聚集成簇;而同引或耦合强度小于阈值的文献对不能入类,但可表示簇与簇之间的关系。通常,阈值的选定应根据具体情况,不宜太高也不宜太低,以每个簇中的文献内容比较关联、文献簇间的关系比较清晰为原则。阈值选定后,还要设计聚类算法、设计计算机程序以使聚类分析借助计算机自动进行。一般情况,我们可借助商业性的统计分析软件如 SPSS、SAS、Matalab 等进行。最后,通过把高被引率的、重要的、有代表性的论文与它们各自引证的聚类簇相组合,并利用计算机在屏幕上显示如图 3-15 所示的聚类映像,就可鉴别各知识领域的分布形态以及联系的远近程度,发现知识的重组和进化过程。比如,2010 年美国的三名学者,S. P. Upham、L. Rosenkopf、L. H. Ungar 通过对 1992 至 2003 年间 CiteSeer 数据库和 DBLP[①] 数据库收录的电脑领域论文的聚类分析,探讨了不同学术社区的知识交流和创新的特点。[②]

基于文献间同引或耦合强度的聚类分析过程可用图 3-15 示意[③]。

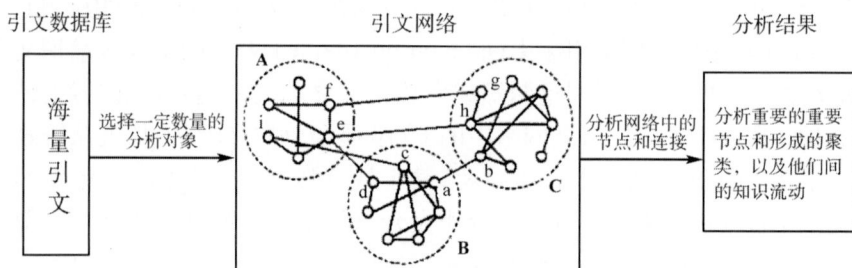

图 3-15 同引聚类分析

(2) 基于语词共现的聚类分析

基于语词共现的聚类分析(简称共词聚类分析)主要是对一组词(叙词或自由词)两两统计它们在同一篇文献中出现的次数,以此为基础对这些词进

---

① 资料来源于欧洲的一个电脑科学文献资料库。

② S. P. Upham, L. Rosenkopf, L. H. Ungar, Innovating knowledge communities: An analysis of group collaboration and competition in science and technology [J]. Scientometrics, 2010(83), pp. 525-546.

③ 见梁永霞《引文分析学中的知识计量研究》,大连理工大学 2009 年博士学位论文。

行聚类分析,反映出这些词之间的亲疏关系,从而分析这些词所代表研究主题的知识结构变化,其主要原理和实现过程与同被引聚类分析相似。但共词聚类分析是通过对当前发表文献叙词或自由词的统计分析反映目前发表论文所集中关心的主题;而同被引聚类分析是通过对以往发表论文引用情况的统计分析展现人们目前关注的焦点,因此,此二者具有互补性,可以结合分析某一研究领域的知识结构。同被引聚类分析以重要参考文献为单位,侧重于文献类组的划分,其针对性、研究深度和精确性欠佳;共词聚类分析以叙词、题名词、分类代码标引词、关键词、文摘词等内容词为单位,侧重于文献的主题内容,有利于对文献主题进行具体的、微观的和深层次的研究,并通过计算同类内文献主题相似度以及类与类之间的主题相异性,检验聚类的效果。因此,二者可以相互补充、结合使用。

4. 现场调查式知识交流

马克思说过:"科学劳动部分地以今人的协作为条件,又部分地以对前人劳动的利用为条件。"这里"对前人的劳动利用"主要指借助图书情报文献资料,即前文所述的文献调研工作。"今人的协作"除科学研究中具体的协同工作外,还可以指了解和借鉴同时代同领域人的研究工作,比如广泛搜集国内外相关研究领域及关键问题探讨的最新文献、研究报告,对照和比较别人的研究工作、启发研究思路、发现并解决研究中出现的失误或问题,对实验、研究结果进行可靠性分析和判断等。

参观、访问同行实验室,对研究对象进行现场、实地调查或考察有利于科研人员掌握丰富的第一手资料,有些因生产实践需求催生的研究课题对现场调查是必需的,以及各种区域性研究课题,如农业、生物、医疗卫生、地理气象等,科研工作者需要现场做深入的调查和考察,遍访当地富有经验的居民并作详细的访谈记录等。此外,参观同行实验室和科学技术展览,有利于开阔眼界、掌握学界和业界最新信息和动态等。

5. 开放存取式知识交流

根据 Association of Research Libraries 的解释,"开放存取"是在基于订阅的传统出版模式以外的另一种选择。这样,通过新的数字技术和网络化通信,任何人都可以及时、免费、不受任何限制地通过网络获取各类文献,包括经过同行评议讨的期刊文章、参考文献、技术报告、学位论文等全文信息,用于科研教育及其他活动。从而促进科学信息的广泛传播,学术信息的交流与出版,提升科学研究的共利用程度,保障科学信息的长期保存。这是一种新的学术信息交流的方法,作者提交作品不期望得到直接的金钱回报,而是提供这些作品使公众可以在公共网络上利用。

按照布达佩斯开放存取先导计划（Budapest Open Access Initiative,
BOAI)中的定义,是指某文献在 Internet 公共领域里可以被免费获取,允许任
何用户阅读、下载、拷贝、传递、打印、检索、超级链接该文献,并为之建立索
引,用作软件的输入数据或其他任何合法用途。用户在使用该文献时不受财
力、法律或技术的限制,而只需在存取时保持文献的完整性,对其复制和传递
的唯一限制,或者说版权的唯一作用应是使作者有权控制其作品的完整性及
作品被准确接受和引用。

开放存取是不同于传统学术传播的一种全新机制,其核心特征是在尊重
作者权益的前提下,利用互联网为用户免费提供学术信息和研究成果的全文
服务。首先,开放存取是基于互联网的学术传播机制。互联网是开放存取赖
以生存的媒介形态,这是因为互联网的发展导致了学术传播成本的下降,从
而为学术信息的开放存取提供了可能。但是,媒介形态本身并不是区别开放
存取与传统学术期刊出版的标志,目前很多出版者都提供了网络版的数据库
和电子期刊,而在营销策略上仍然采用了传统的基于订阅的传播模式。其
次,开放存取是免费提供全文的信息服务方式。在开放存取模式下,科研人
员不需要通过付费(包括个人订阅或者团体订阅)就能访问学术信息的全文。
换言之,只要具备链接互联网的物理条件,科研人员就可以方便地获取学术
信息的全文。从这个角度来看,只是开放文献的基本书目信息并不是开放存
取的表现形式。事实上,传统出版机构往往允许用户免费浏览其文摘,这种
做法只是他们推广和销售全文服务的一种常用的营销战略而已。最后,开放
存取充分尊重作者的权益,并不违背知识产权的精神。基于开放存取传播的
作品不一定都是"公共领域作品",它并没有要求作者放弃对作品的全部权
利,作者可以基于不同法律文本和授权协议(比如创作共用协议)对作品版权
进行取舍。

除了通过现场和文献调研掌握与研究课题相关的一手和二手资料之外,
还应通过互联网的开放式信息共享环境,搜集、挖掘和利用大量与研究课题
或研究领域相关的"灰色文献"信息。比如,目前存在哪些与本研究类似或有
关联的研究课题? 别人已经做了哪些工作,现在正在做着什么工作? 别人用
了什么样的研究手段、设备、方法和技术路线? 解决了哪些问题、还存在什么
问题? 别人的研究结论是否可靠、解释得是否合理等? 如前所述,"灰色文
献"包含了很高参考价值的学术信息,并能方便地从各种学术团体和教育机
构、国际组织和政府部门、行业协会等网站上进行获取,尤其是某些开放存取
仓储,如 arXiv. org 等,还能先于学术期刊、电子资源数据库获取最新的论文
预印本、同行研究的阶段性成果等。

6. 个人媒介式知识交流

"个人媒体(personal media)"是 Web 2.0 的核心理念,以个人为传播者,借助互联网络或无线通信新技术,以点对点传播的方式传播微内容的小众传播媒体。在个人媒体中,个人拥有制作、编辑、加工、自由发布信息等权利。它使广大网民从信息被动的浏览者变为主动的内容生成者,并以个人为传递和发布信息的中心,通过点对点的信息传输通道将分散的个人媒体连结成相互交互并可进行知识分享的虚拟社会网络,增加和扩大了知识的传播渠道和范围。比如,通过群组 Blog,用户可以共同参与和完成某一特定主题博文的撰写;通过学术 Wiki,不同用户可以实现电子文档的协同创作[1]。Web 2.0 环境中信息的聚合和个性化推荐服务,使得用户能够在海量的信息源中高效地获取有价值的信息。胡吉明、顾立平等人为信息的个性化聚合和推荐服务还受到用户群体交互行为的影响[2][3]。如果能根据用户的交互行为特征将用户进行聚合、利用聚合的用户关系分享知识,将会促进知识信息在用户和群体间更好、更快地流动和创造,对此,胡昌平、胡吉明、邓胜利等人还研究提出了基于社会化群体作用的信息和用户一体化推荐聚合服务模型。

3.3.3　基于探索检验的知识交流

要将新的假设、新的构想、新的猜想等创新性想法付诸行动,需通过设计实验进行尝试和探索,如定性、定量、析因、模拟实验等,然后再对实验结果进行分析、判断和比较,排除各种人为性因素的干扰,得出客观、真实、可重复再现的初步研究结果。

（1）情景分析式知识交流

实验研究中科研人员之间的"现场交谈"既不同于公开发表的研究结果,也不同于日常谈话或闲聊,而是科研人员进行互动合作、开展日常研究工作的组成部分。这种交谈方式不限于"言说"的语言行为,还包括使用非口头材料如实验记录、仪器设备输出结果、图表数据、数学公式等,与工作情境密不可分。比如以电子显微照片剪辑图的讨论为例,就涉及如何定义图的性质、

---

① 见赵静《高校知识交流的特点与控制》,《图书馆理论与实践》2006 年第 1 期,第 88 - 90 页。

② 见顾立平《Web 2.0 环境中的学术信息检索行为》,《图书情报知识》2008 年第 11 期,第 69 - 74 页。

③ 见胡昌平、胡吉明、邓胜利《基于社会化群体作用的信息聚合服务》,《中国图书馆学报》2010 年第 3 期,第 51 - 56 页。

是否出现过某些错误操作、是否仍然适用等问题。科研人员之间的探讨和交流,其所表达的意义只有在面对那些剪辑图的情况下才能得到说明①。因此,深度的、高效率的交流往往不是仅仅通过科研人员在语言层面的"言说"和"交流"就能完成的,还需要科研人员的"介入"和"体验"实践并与长期积累的组织知识和文化紧密互动②。正如 M. Callon 关于制造 TEA 激光器的研究所表明的:"研究人员只有在他们取得过成功的实验室里待上一段时间,才能够成功地建造自己的 TEA 激光器。"③

此外,基础科学研究是从"无序"到"有序"、从"无知"到"有知"、从"知之甚少"到"知之较多"的艰辛认识实践活动。其高度的复杂性和探索性,使得在研究过程中时常出现难以预料的困难和问题。因此,研究人员必须结合具体的研究情景、先前的研究惯例,通过交流和讨论、运用群体的智慧设法查明问题的根源,才能找得解决的办法,使研究活动继续往下进行,而且实验结果或记录总是伴随着研究人员对实验仪器、试剂、原材料、操作程序等的选择和使用,为保证实验过程及结果真实、可靠,必须比较、争论所选实验方案之于可替代方案的科学性和合理性,以决定是否排除或引入可能的替代方案;最后还需要对实验结果进行争论和阐释,以准确陈述和解释被确定为"自然现象"的实验记录。

(2) 实验认同式知识交流

实验方法是基于可操作的程序和物化的技术,提供建立能够重复并进行比较的"经验事实"。这使得"实验"往往成为在不同的意见纷争中,寻求尽可能摆脱主观立场、使见解中立和收敛乃至一致的重要途径,使"经验事实"成为有效讨论的共同基础。

实验记录在实验室内部被认定为"自然现象"是嵌入在特定情境中说明的结果,是与实验室成员积极寻求"出结果"或"使现象发生"的技术性生产活动相联系的④,是实验实践和社会结构双重作用的结果。但一个陈述要成为科学共同体普遍认同的事实,必须摆脱生产它的那些环境因素和时间限定,接受更多的验证和检验,并被结合进一个能被利用的大的知识体中时才能成为事实。科研人员正是通过这种充分的交流和互动,最终形成的有效纠错机

① 见赵万里《建构论与科学知识的社会建构》,南开大学 2000 年论文,第 16 - 83 页。

② 见李正风《科学知识生产方式及其演变》,清华大学 2005 年论文,第 129 - 154 页。

③ M. Callon, Four Models for the Dynamics of Science [J]. Handbook of Science and Technology Studies. 1995(11), pp. 32 - 43.

④ 见赵万里《建构论与科学知识的社会建构》,南开大学 2000 年论文。

制,才不断进行着知识的增添和创新。比如 TRF(Tryrotropin Releasing Factor,促甲状腺释放因子)的发现及其化学结构的确认过程:刚开始科研人员不太确定或怀疑 TRF 的存在,然后认为它存在但却不清楚它的结构,后来提出了几种不同的结构、展开了激烈的争论,最后确定 TRF 是 Pyro-Glu-His-Pro-NH2。关于 TRF 的陈述,科研人员在实验室交谈中不断地被程式化和解程式化,在争论激烈时,程式一直在增加、放弃、倒置或修改,最后争论的结果就是将陈述转变成了共同认定的自然事实①。

对实验方法必要性及其程序和结论可靠性的集体认同,使科学知识生产者具有了相互交流的基础,形成了"无形学院"或"科学共同体",并通过"实验"可重复性地检验和再现,形成了"共同体"内部有效的科学纠错机制,共同推进知识的增长和进步。

(3) 仪器转化式知识交流

现代实验科学研究中所高度依赖的科学仪器是一系列知识和技术组合物化的产品,其对科学知识生产的支持作用成为不同学科的知识相互借鉴、利用和转化的重要途径。B. Latour 认为,通过现有知识与各种实验设备和操作程序的结合和转化,实验室可以利用多个研究领域的科研力量实现既定目标②。这可从现代实验室中所使用的科研仪器本身得到证明,比如现代生命科学实验室所使用的很多仪器都是产自或来自于物理、化学等学科领域,比如用于研究释放因子的质量分光光度计、核磁共振分光计分别产自同位素、自旋物理学领域,用于研究肽化学的高压液体色谱分析仪原产自分析化学领域等等。其次,围绕实验仪器所形成的使用机理、使用规程、使用规则以及关于思维与活动的程序性的、技术化的相关规定,加速了知识的社会化交流和传播进程。然后,"对实验仪器进行的操作可能会有助于形成共识"③,借助实验所形成的"经验事实"及其现实性和实践性,科研人员能够进行有效的意见交流并在极具探索性、创造性的知识前沿领域形成共识。最后,通过对科研仪器的共享使用,保存完整的实验记录,记载实验每个阶段出现的各种数据、资料等,以便对实验结果进行对照、比较,判定其可靠性,以及对这些记录进行重复利用,提高知识生产效率。

---

① B. Latour, S. Woolgar, Laboratory Life [M]. Princeton, N. J. : Princeton Univ. Press, 1986.
② B. Latour, S. Woolgar, Laboratory Life [M]. Princeton, N. J. : Princeton Univ. Press, 1986.
③ 见李正风《科学知识生产方式及其演变》,清华大学 2005 年博士学位论文。

（4）与境交互式知识交流

科学研究是复杂艰辛的探索过程，在提出新思想、进行实验、分析结果等一系列过程中，离不开科研仪器、测量装置、试剂材料、书籍文献、各类研究和技术人员等物质和社会的与境因素，要通盘考虑、充分调动可以使用的科研资源。比如结合现有的科研仪器、实验材料与实验技术人员一起制订实验方案；与图书情报工作人员一起进行信息查询获取必要的知识资源；与各类研究人员频繁交流和互动以及缔结相互合作关系，寻求问题的解决答案等。下面是 B. Latour 考察的生命科学实验室一个相对简捷的工作流程：一只小白鼠被处理，它的血液加入一种试剂被放在冰箱里冷冻，隔一段时间后，被作为试样放入伽玛计数器，其输出的数据单通过计算机处理转变成一张图表，然后将图表递交给科研人员，其峰值和斜度成为共同讨论的焦点，最后只将其峰值和斜度作为证据收入论文手稿，相关资料被整理并保存①。

（5）思想实验式知识交流

关于思想实验，《中国大百科全书》是这样定义的："一种按照试验程序涉及的、并在思维中进行的特殊论证方法。它不同于实验室的实验，也有别于形式逻辑的推理……如果所设想是完全理想化的，如绝对真空、绝对光滑等，在这种条件下所进行的论证，称为理想实验，它是思想实验的一种重要形式。"秦铁辉认为，思想实验是在科学研究中进行理性思维的一种特殊形式，它是根据已知的科学原理进行实验设计，并在思想中展开和完成实验的过程，借以探索客观事物发展规律的方法。思想实验是人们长期实践经验的产物，人们在设计思想实验之前总是进行了长期的研究探索和知识积累，具备了这一设想的丰富知识和经验。作为一种科学研究的辅助方法，从思想实验中得到的结论必须回到实践中去接受检验，并不能代替科学实验，甚至在条件具备时转化为科学实验，为人们提供新的科学理论。由于思想实验具有现实科学实验所不能达到的极度简化和纯化，有利于导致新的科学发现、推出重要的结论以及建立某些无法用科学实验验证的超前理论体系，如"相对论"的提出就是在爱因斯坦设计的一系列思想实验中完成的。此外，思想实验还是表述科学概念、进行理论论证的得力工具。比如爱因斯坦和玻尔关于著名的"测不准原理"的论争当时都是使用思想实验。爱因斯坦不同意这个原理，在一次国际物理学会议上，他提出了一个思想实验来证明可以同时准确测定

---

① B. Latour, S. Woolgar, Laboratory Life [M]. Princeton, N. J. : Princeton Univ. Press, 1986.

粒子的能量和时间。玻尔经过一夜的推敲琢磨,对爱因斯坦的思想实验进行了加工,并根据广义相对论理论推出这个实验中只能准确地测出能量,而不能同时准确地测出时间,从而驳斥了爱因斯坦的质疑,更加论证了"测不准原理"的科学性。

(6) 研发互促式知识交流

基础研究与应用研究是科学研究与开发的基础性工作,是实验开发、技术创新的源泉。但基础研究、应用研究和实验开发又是相辅相成的。在应用和技术开发研究的过程中,往往需要基础理论研究来补充现有知识中的缺陷,如果只限于解决当前的任务,而不企图从基础研究的角度了解其根本原理和本质规律,则所得到的结果,可能只会解决局部的问题,不能得到广泛的应用;相应地,基础研究在经历了一个被广泛应用的过程后,现有应用又会渐渐被新一代的应用所取代,同时也会触发新的知识研究活动的开展,拓展基础研究的视角和范围,如法国著名的微生物学家巴斯德的工作。① William Clinton 认为,基础研究、应用研究和技术开发之间存在着密切的联系并相互依赖性,其中一方面的进步会促进另一方面的发展。② 美国科技政策专家 D. E. Strokes 从科学与技术之间的互动关系出发,提出了科学认识和技术发展之间的双轨道互动模型③(见图 3 - 16)。比如晶体管的发现和发明,20 世纪

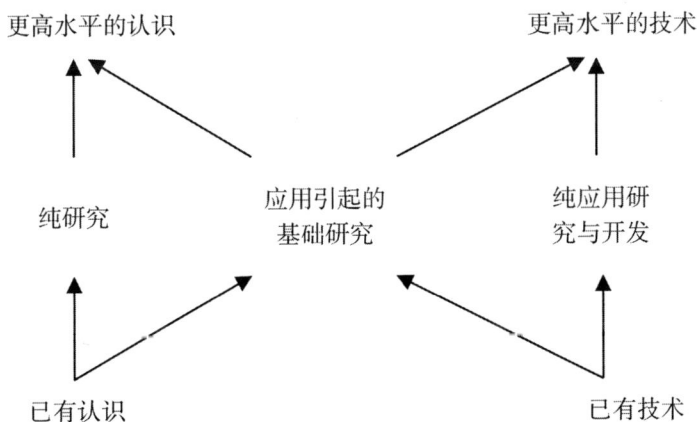

图 3 - 16 基础研究、应用研究和技术发展的交互模型

① 见秦铁辉《成才之路——学习、研究和修身的艺术》,北京图书馆出版社 2003 年版。
② [美]威廉·克林顿《科学与国家利益》,曾国屏、王蒲生译,科学技术文献出版社 1999 年版。
③ [美]D. E. 司托克斯《基础科学与技术创新:巴斯德象限》,周春彦、谷春立译,科学出版社 1999 年版。

30 年代,美国贝尔研究所敏锐地觉察到半导体材料研究隐藏着重大的科学价值和经济价值,于是集中了一批具有不同专业的优秀科研人员进行深入探索,他们一方面从理论上进行探索,提出"表面态原理",发现了表面态现象引起信号放大效应;另一方面,从实验上加以验证。1947 底,肖克利、巴丁、布拉顿等人将两根尖头的电线压在一块底面有连接线的锗上,终于发现锗对电信号的放大效应,这就是世界上第一个晶体管。

事实上,科学研究与技术发展之间存在着共生和互动的关系。一方面,代表着技术发展水平的科学仪器能够提高科学研究的效率,拓展科学研究的前沿领域;另一方面,科学知识的进步或者外化为技术改造和革新程序,或者物化为技术产品,二者的结合又可以形成新的科学仪器,不断促进着科学仪器的进化。科学和技术之间这种共生和互动的关系,使得科学越来越成为一种依赖于技术的内生活动①。技术工具在科学研究中发挥的重要作用,不但提高了单个个体科学研究的能力和效率,也为不同科研工作者在科学研究中的合作开辟了空间,并使科学研究从以个体认知模式为主逐渐转向社会性的生产活动,使不同个体之间的协作成为一种内在要求。

3.3.4　基于科研合作的知识交流

科学研究是建立在成果的公开发表和认可之上的,由政府或非营利性公益组织资助的科研项目、计划和课题都是以成果和知识的公开发表为目标,M. Smith 认为合著论文可用作科研合作研究的计量指标②,M. Goran 认为共同发表的研究成果是衡量科研合作的有效方式③,因此,合著论文是科研合作重要的表现形式之一。科研合作是科学工作者为实现生产创造新的科学知识而共同工作的科学活动,其目的是减少研究成本、降低研究风险、提高研究能力和科研效率。当代科研合作的趋势日益向广度和纵深方向发展:在广度上,从以前的单一学科、自然科学领域发展至包括社会科学在内的跨学科、跨门类交叉合作;在深度上,从科研工作者之间偶尔的个人行为发展至稳定的、

---

① 　见李正风《科学知识生产方式及其演变》,清华大学 2005 年博士学位论文。
② 　M. Smith, The trend toward multiple authorship in psychology [J]. American Psychologist. 1958, 13(10), pp. 596 - 599.
③ 　M. Goran, Pragmatism and self-organization Research collaboration on the individual level [J]. Research Policy, 2000(29), pp. 31 - 40.

不断壮大的小组及科研团队,从区域内到跨区域、跨国界的科研合作[1]。根据国外 D. Beaver[2]、L. Sooho[3]、M. Goran[4] 和国内马凤、武夷山[5]等人的调查研究,将科研工作者合作的动机归纳为认知、知识和技能,社会、经济因素两个方面,也即对应科研合作生产中的生产力和生产关系两个层面,如表 3-1 所示。

表 3-1 科研合作中的知识交流动机

通过互动合作,进行思想碰撞,得到学术建议和(启发)研究思路,减少研究中的不确定性;
自己的研究领域或研究问题是跨学科的,需要多学科知识;
为了及时发现工作中的错误,从而减少损失;
为弥补自己学科知识的不足或重组自己的知识结构或者学习新的知识和技能以便在新领域或新课题中有重大突破,使个人更快的进步;
为了满足好奇心和科研兴趣;
借鉴合作者的科研经验,学习合作者使用某种工具或研究方法的特殊能力,获取更多的专业技能,进一步提高研究能力;
为了与更多的科研人员接触,创造一个良好的如"无形学院"的交流网络,进一步学习知识提高学术水平;
为了处理"大"问题或区域内的共同问题,比如 SARS 等;
为进行科技成果转化,而进行官、产、学、研合作;
为了更有效地培养本科生、研究生的科研技能,并且在教育学生的过程中自己也受到启发;

笔者认为通过认知、知识和技能式合作而产生的合著论文蕴含了合作主体之间的知识交流,而因标本、仪器的使用等社会关系式合作而产生的署名论文并不能真正代表合作主体之间的知识交流,更多的是浅层次的资源获取型合作。比如,有的实验室有专门仪器或能提供样品,当你请求他们对样品

① 见谢彩霞《科学合作方式及其功能的科学计量学研究》,大连理工大学 2006 年博士学位论文。
② D. Beaver, Reflections on scientific collaboration (and its study): past, present, and future. Scientometrice. 2001, 52(3), pp. 365-377.
③ L. Sooho, B. Bozeman, The impact of research collaboration on scientific productivity [J]. Social Studies of Science, 2004, 35(5), pp. 673-702.
④ M. Goran, Pragmatism and self-organization Research collaboration on the individual level [J]. Research Policy, 2000(29), pp. 31-40.
⑤ 见马凤、武夷山《中国科技期刊研究界科研合作动机及相关问题研究》,《科技管理研究》2009 年第 8 期,第 572-575 页。

测试性能时,他们便提出署名要求。2004 年,美国 *Science* 发表的研究 SARS 病毒分子流行病学的一篇重要文章,署名作者有 63 位,分别来自北京、上海、广东、香港等地区的 15 个研究机构,其中有一个作者指出,有些单位是因其资源而署名的,他们提出在排序上面占个什么位置、逼着主要作者签了协议才同意提供病毒资源的①。中国科学技术协会"2008 年中国科技工作者状况调查"表明,中国科技工作者的人身权侵害比较突出,主要是署名权,约 6.2% 的科技工作者曾遭受过这类形式的侵权,其中博士为 15.1%,正高级职称者为 15.0%。② 为深刻理解科研合作中的知识交流,下面列举了高能物理研究领域一项实验所需要完成的一系列过程:① 设计实验方案、组装实验仪器;② 开发软件或程序操作仪器、控制实验;③ 对获得的大量数据进行整理和分析;④ 审核和鉴定实验结果;⑤ 对实验结果结合理论进行分析;⑥ 整理实验分析报告;⑦ 撰写论文投稿、发表。在基于知识和技能的科研合作中,知识交流贯穿于科研合作过程的始终,成为联系合作者的纽带和培育新知识的沃土,具体存在以下几种知识交流方式。

1. 学习提高式知识交流

学习提高式知识交流是指相近领域不同层次研究者之间进行科研合作并共同发表研究成果,从而使普通科研人员得以学习学科专家的隐性知识、技能等,提高自己的科研能力。比如学生和老师等。普通科研人员一般比较倾向与专家合作,以便从"干中学"和"学中干"中学习专家的科研经验、技能、体验等隐性知识,锻炼和提高自己的科研能力;而专家由于研究课题的需要,也愿意与普通科研工作者合作,比如指导建造实验设备、进行实验控制和操作、对实验结果进行分析等,潜移默化地进行了自身隐性知识向普通科研工作者的转移。这种合作方式,双方在知识和地位上具有不对等性,普通科研工作者通常处于辅助地位,接受专家的分工,完成"劳动密集型"的工作;专家处于核心地位,从事的是研究方案制订、科研分工、连接和协调以及各部分结果组合、决策等"智力密集型"工作,属于"浅层次"的合作③,是典型的知识学习或获取式交流。这种知识交流模式常见的还有师生合作,研究生是导师最忠实可靠的合作者,常常帮助导师完成其没有时间和精力进行的,但又是科研过程中必不可少的工作,比如课题立项前大量的信息查询和调研,大规模

---

① 见易颖《中国 SARS 科研者的困惑和苦恼》,《南方周末》2003 年 12 月 11 日。
② 见中国科学技术协会调研宣传部《2008 年中国科技工作者状况调查》,《科技导报》2009 年第 13 期,第 19 - 26 页。
③ 见马凤、武夷山《中国科技期刊研究界科研合作动机及相关问题研究》,《科技管理研究》2009 年第 8 期,第 572 - 575 页。

数据的搜集、采集、处理和分析,各种各样的实验操作和监测等,对能力强的研究生,导师只需稍加指导和建议学生便可自行进行甚至完成论文的撰写等工作。师生合作是典型的学习式或传授式知识交流,通过导师的指导和与其一起工作,学生得到了良好的科研培养和训练,能够迅速进入到一个学科发展的前沿领域,学会了许多在课堂或书本难以学到的导师的科研经验、实验技能等隐性知识,导师协调科研项目、组织团队进行高效研究的技巧也被学生传承,为学生将来独立从事科学研究、组建自己的研究团队打下了良好的基础。所谓"名师出高徒",比如朱克曼对 313 位诺贝尔奖获得者的调查分析表明,他们其中大多数出身"名门",与世界著名科学家有师生合作关系,如世界顶级科学家卢瑟福的弟子有 11 人获奖,玻尔的学生有 7 人获奖,费米的门下有 6 人获奖等。

2. 探讨前进式知识交流

探讨前进式知识交流是指研究兴趣和学术背景相似的同层次学者之间进行平等、自愿的合作并共同发表科研成果。事实上,除地理距离之外,社会距离也是影响科研合作的重要因素。著名科学社会学家 W. Hagstrom 早在 1965 年就从社会学的角度考察了科研合作者之间的社会距离,认为真正的合作者当属这种科研兴趣相投,社会地位相当,学术地位相似的合作伙伴。[①] 这种相似或实力相当科研工作者之间的合作,能够平等地交流意见,共同探讨研究问题的相关细节,自由、随意,具有较大的启发性,能够收获更多的理论成果,合作最富有成效。相互交流启发的好思路或得到的好建议对研究过程和研究结果的影响有时比实验室中合作者的具体研究活动更具有价值。如我国著名数学家彭实戈院士与法国著名数学家巴赫杜的相互交流和合作催生了对数学界有重大理论贡献的——"倒向随机微分方程",并共同发表了学术论文。[②]

3. 互补结合式知识交流

互补结合式知识交流是指具有不同知识背景、能力特长的研究者之间自愿结合并共同发表科研成果。著名量子力学创始人之一海森伯说过:"在人类思想史上,最有成果的发展常常发生在两条不同的思想路线上的交叉点上。"[③] "尺有所短,寸有所长",科学家及科研工作者并不总是全能的,有的人

---

① W. Hagstrom, The scientific community[M]. New York: Basic books, Inc., 1965.
② 见彭实戈《倒向随机微分方程理论的一段往事》, http://blog. sina. com. cn/s/blog_56c1bca10100gbxf. html. (检索日期 2010 年 11 月 6 日)。
③ 见梁国钊《诺贝尔奖获得者论科学思想科学方法与科学精神》,中国科学技术出版社 2001 年版。

倾向于理论建构、有深刻的洞察能力,有的人精湛于实验操作、有高超的实验技能,有的人擅长于数学推导、有过人的计算智慧,有的人善于观测、有一整套科学的观测方法……把这些人的特长结合起来,能够很好地提高科研效率,产生较大的科学创新。比如,量子力学的诞生就是海森堡的物理头脑结合了约丹的计算智慧,再加上玻姆高超的实验技能,构成了非常理想的科学合作结构,如果三人各自独立工作,则谁也没有能力创立量子力学的矩阵理论。[①] 再比如,在 2003 年人类抗击 SARS 病毒的战斗中,世界卫生组织迅速建立了全球性的 SARS 研究网络,邀请全球从事实验室研究的科学家和医治病人的临床医生每天召开电话会议,并通过网络共享数据、试剂及最新研究成果等,加快了病原体的确认过程。而由于体制、泛政治化等因素没能很好合作的中国科学家,则在最早出现 SARS、拥有最多病人资源的情况下输掉了 SARS 病毒科学发现的优先权。使得著名基因组学家杨焕明不无感慨地说:"在 SARS 面前,我们中国科学家整体打了败仗。"[②]此外,不同领域的科研工作者通过合作可将各自学科领域的相关理论、方法、技术相互交叉和集成,从而实现单一学科研究不可能完成的科学创新。比如,20 世纪 DNA 分子双螺旋结构的发现便是这种合作的典范。学生物的沃森和学物理的克里克在著名的英国卡文迪什实验室通过密切合作确定了 DNA 的双螺旋结构,因其发现的重大意义 1962 年两人共同获得诺贝尔医学奖。

4. 修改升华式知识交流

修改升华式知识交流是指在完成论文的初稿后,根据合作者、评审专家、编辑部甚至开放评议的建议,对论文进行修改和升华,使研究成果表述更加精细并达到可公开发表的水平。目前流行两种形式:一种是根据评审专家意见,先修改后发表;另一种是论文先在网上出版,通过开放阅读和评议,汲取对论文修改和升华有意义的营养成分,待论文成果成熟后再在正式期刊或纯电子期刊、网络期刊、开放存取共享平台上发表,即所谓的"后评议""共同评议""网上评议"机制。对于后一种情况,论文的审阅和修改痕迹都通过开放存取共享平台进行保存和共享,大大提高了评议专家高质量知识信息向广大用户共享的范围,如 arXiv. org 投稿系统等。一些期刊投稿系统,如 Manuscript Central、Editorial Manager、ASPERS 等也都集成了编者和编者

---

① 见谢彩霞《科学合作方式及其功能的科学计量学研究》,大连理工大学 2006 年博士学位论文。
② 见谢湘、周欣宇《杨焕明的心痛:面对 SARS 中国科学家打了败仗》,《中国青年报》2010年 12 月 26 日。

之间、作者和编者之间、作者和评议者之间、作者和读者之间等的知识交流功能。[①]

5. 合作演化式知识交流

合作演化式知识交流是指随着时间的推移,某些活跃的研究人员因不断拓展合作领域和合作伙伴对象,而形成具有较大合作群体的社会网络。目前,社会网络分析法已逐渐被用于论文合著的研究。如果用网络图中的顶点代表作者,顶点之间的连线代表这两个作者合作发表的论文,那么,有合著关系的作者之间便组成了这样一种相互交织的、复杂的作者合著网络。物理学家 M. Newman 通过对生物医药、物理学和计算机科学领域大规模作者合著的研究表明,作者合著网络具有高聚类性,即如果两个作者都和第三个作者合作,那么这两个作者之间合作的概率要远大于相应随机网络中合作的概率;他还发现作者合著人数与合著论文发表数呈现幂率分布,并指出论文合著网络符合小世界原理,即作者之间的路径短且集聚系数高[②]。如果不区分论文中作者的署名次序并用无向图表示作者之间的合著关系,那么,同一篇论文的作者之间组成的全连通关系称为全连通子图,如图 3 - 17 所示[③]。图 3 - 17 展示了全连通子图逐渐扩展、演化形成具有复杂结构的大型合著网络的过程。

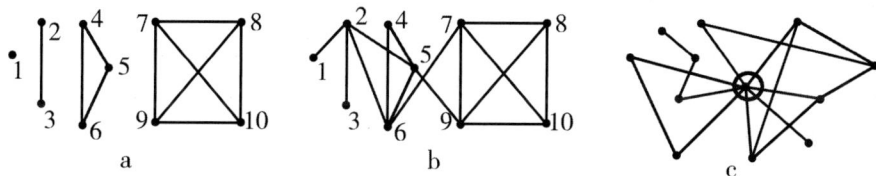

图 3 - 17 合作网络演化式知识交流

随着时间的推移,全连通子图中某些比较活跃的成员会逐渐与其他子图中的成员建立合作关系,如在图 3 - 17b 中,子图{4,5,6}中的 5 分别与子图{2,3}中 2 和子图{7,8,9,10}中的 9,7 合作,从而拓展了著者之间的合作领域和范围,形成较大的合作者集群。对形成的如图 3 - 17c 的非全连接的连通树,该合著者群体中存在一个高度活跃的核心节点成员,他对整个群体的知

---

① 见徐丽芳《科学交流系统的要素、结构、功能及其演进》,《图书情报知识》2008 年第 11 期,第 114 - 117 页。

② M. E. J. Newman, The structure of scientific collaboration networks[J]. Proceedings of the National Academy of Sciences, 2001, 98(2), pp. 404 - 409.

③ 见谢彩霞《科学合作方式及其功能的科学计量学研究》,大连理工大学 2006 年博士学位论文。

识信息流动和网络连接起着重要的作用,如果移走该节点,会增加大多数节点之间最短路径的距离,影响知识信息的传播和扩散。著名科学计量学家 H. Kretschmer 曾通过实证研究表明,论文作者的产出能力和合著网络的最短距离具有某种程度的相关性,合著网络中的高产作者一般拥有较短的几何距离和较多的合著与联系对象,不仅对整个合著群体内的知识信息交流起着非常关键的作用,而且对创新成果的扩散和传播也至关重要①。

6. 结构角色式知识交流

对于比较大的合作者群体所形成的复杂作者论文合著网络,可以借助社会网络分析中的结构角色理论探讨和把握整个合著群体中的知识交流情况和各成员的地位及作用。常用的有以下几种方法:

(1)核心—边缘结构分析

如果将合著者集群成员的合著关系数据(体现为合著发表论文的篇数)用邻接矩阵表达,就可以借助社会网络分析理论和相关分析工具如 Ucinet 软件等来对合著者群体进行核心—边缘结构分析。通过对合著者成员位置结构的量化分析,可将合著者群体划分成中心地带和边缘地带。一般来说,中心地带的成员之间联系紧密,可称为合著群体的核心成员,边缘地带的成员之间联系稀疏,可称为合著群体的边缘成员,在核心成员与边缘成员之间存在着一定的联系。此外,通过阶段性地对同一合著群体进行核心—边缘结构分析,还有助于了解整体合著网络的结构变化情况。比如深圳图书馆的于长福就通过对新浪图林博客圈 200 多位成员的核心—边缘结构分析,从中找出了竹帛斋主,图谋博客等 35 位核心博客主②。

(2)中心性分析

① 点度中心性:与图中一点直接联系的点的数目称为该点的点度中心性(degree centrality)。显然,与该点存在直接联系的点的数目越多,该点的点度中心性越高,居于网络连接的中心位置。其计算公式如下:

$$C_D(n_i) = d(n_i) = \sum_j X_{ij} = \sum X_{ji} \qquad (公式4-1)$$

$$C'_D = \frac{d(n_i)}{g-1} \qquad (公式4-2)$$

---

① H. Kretschmer, Author productivity and geodesic distance in bibliographic co-authorship networks, and visibility on the web. Scientometrics, 2004, 60(3), pp. 409 - 420.

② 见于长福《社会网络分析法在网络人际关系中的应用研究》,武汉大学 2009 年硕士学位论文。

下面以论文合著网络为例对公式进行说明(下同)。式中,X_{ij}代表两个作者之间的合著关系,其值可以是 0 或 1,表明两个作者之间是否存在合著关系,也可以是离散的关系数值,表明两个作者之间合著发表论文的篇数;g 代表合著群体中的作者人数,$g-1$ 代表有 g 名作者构成的合著群体中最多存在 $g-1$ 条关系。公式 4-1 计算绝对点度中心度,适用于同一网络中不同点的中心度进行比较;公式 4-2 计算标准点度中心度,即标准化以便不同网络的点度中心度进行横向比较。

② 中介中心性:是测量图中节点对各点间建立关系起桥梁作用程度的指标,若一点处于许多节点间的交往路径上,则可认为该点居于重要位置,对网络连接资源具有控制或桥梁作用。其计算公式如下:

$$C_B(n_i) = \sum_{j<k}(n_i)/g_{jk} \qquad (公式 4-3)$$

其中,g_{jk} 是节点 i 达到节点 k 的最短路径数(即到达目的地通过人数最少的一条路径)。

③ 接近中心性:以图论意义上的距离概念来测度一个节点与其他节点的接近程度,与其他节点距离越近其中心性越高。计算公式如下:

$$c_c(n_i) = \Big[\sum_{j=1}^{g}d(n_i,n_j)\Big]^{-1} \qquad (公式 4-4)$$

其中,$d(n_i,n_j)$ 代表两个节点之间的距离,$C_c(n_i)$ 的值越大,也即节点与其他节点之间的距离越小,越表明该节点处于网络的中心位置。

④ 特征向量中心性:由于一个节点的中心性除与自己中心度直接相关外,还与其邻接点的中心度密切关联,一般一个节点的中心性是与之相关的其他节点中心性的一个线性函数。即首先要找出各个节点之间距离的所有"维度(dimensions)",然后计算每个节点在相应每个维度上的位置即"特征值(eigenvalue)",一系列这样的特征值就构成了该节点的特征向量(详细算法请参见相关社会网络理论书籍,流行社会网络工具软件 UCINET 已内置对其计算的程序)。

(3) 结构洞分析

结构洞是指两个节点之间的非重复联系,即是说它彼此之间没有直接联系,或一个节点拥有的关系对另一个节点具有排他性,如图 3-18 所示。左边的三个节点与 A 都不存在重复联系,因此 A 有三个结构洞,表明与 A 相连的三个节点必须通过 A 才能彼此联系;而右边的三个节点与 A 都存在重复联系,因此 A 没有结构洞,并且与 A 相连的节点都不必通过 A 就可以直接相互联系。

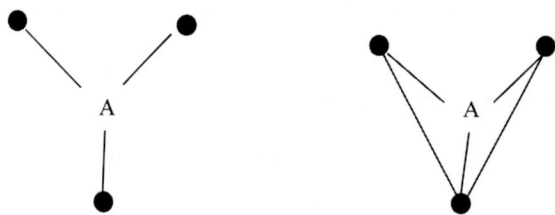

图 3 - 18　结构洞

Ronald Burt 认为,处于结构洞位置的个体是网络中的关键角色,他控制和影响着整个网络信息的流动,并提出计算结构洞的网络约束系数(详细算法请参见相关社会网络理论书籍,流行社会网络工具软件 UCINET 已内置对其计算的程序)①。因此,对论文合著网络进行结构洞分析是非常必要的,可以按照社会网络理论中的以下五类经典媒介角色进行,如图 3 - 19 所示的三方组。图中节点 v 是分析对象,较大的轮廓线代表子群边界。在同一子群中充当传递信息中介角色的,称其为"协调人";而如果同一子群内的两个节点通过子群外一点进行信息沟通,称该点为"巡回员"。"协调人"和"巡回员"的角色功能是协调同一子群内部的信息交流。汇聚本子群的意见与其他子群进行信息交流的,称其为"代表";控制外部向本子群信息流入的,称其为"把关人";协调不同子群成员信息交流、且其本身不属于其中任何一个子群的,称其为"联络员"。后面三种媒介角色是用来描述协调不同子群成员之间进行信息或知识交流的②。

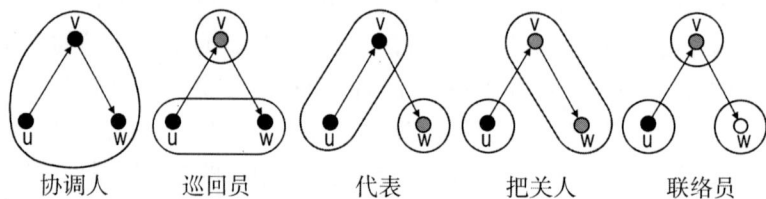

| 协调人 | 巡回员 | 代表 | 把关人 | 联络员 |

图 3 - 19　角色分析

(4) 凝聚子群分析

凝聚子群是指团体中的一小群人关系特别的紧密,以至于结合成一个次级的小团体。其中比较典型的是 K-plex 凝聚子群,K-plex 是指一个小团体假若有 n 个人,其中每个人都至少与该小团体的其他成员保持 $n-k$ 个连接关系。

---

① [美]罗纳德·伯特《结构洞:竞争的社会结构》,任敏、李璐、林虹译,格致出版社 2008 年版。

② 见宋歌《网络理论与方法在引文分析中的应用研究》,南京大学 2008 年博士学位论文。

3.3.5　基于作者引用的知识交流

西方科学界从 19 世纪以来开始形成严格的科学传统,要求科研工作者在撰写论文时,必须参照并列出与所写论文有关的文献,采用尾注或脚注的形式列出其"参考文献"①。因此,每一篇科学论文都是在别人论文基础上建立起来又反过来成为他人论文的出发点,参考文献最明显地表现出了这种学术上一砖一瓦地积累形式。Garfield 提出的文献之间的引文关系本质上是观念、思想的联系,形成引文分析的最初引文索引思想,为创建科学引文索引奠定了理论基础。② 文献是知识的载体,引用过程是文献发生联系的过程。从引文本质上讲,作者引用参考文献某种程度上是为了表达和解释他或他们在从事科学研究时的理论、方法和思想,借鉴或鉴别早期研究者的概念、方法和装置等。如果不考虑引用过程中复杂的社会行为,一般可以认为,对参考文献的引用反映了论文作者在构思、撰写时借鉴、吸收、利用了参考文献中所记载的概念、方法及思想等知识,与这些文献的作者进行了知识交流。

同样,以作者为节点,以作者之间参考文献的引用关系为连线所构成的网络可称为作者引文网络。作者引文网络与论文引文网络的主要区别是:论文引文网络有严格的时序,是单向的,只能是最近发表的论文引用先前发表的;而作者引文网络是以作者引用的参考文献集合为对象,存在双向引用和闭合的环路引用。在作者引文网络中,被引量不能说明全部问题,还需要考察被什么质量的论文、什么层次的作者引用。如果一篇论文被核心论文引用,则说明该论文在一定程度上也是一篇核心论文;如果一位作者与其他核心作者同被引,则说明该作者在一定程度上也是一位核心作者。因此,在探讨作者引用的知识交流模式时,不仅要考虑论文的被引情况,还要考虑是否被重要的论文所引用。这就要用到社会网络分析中的特征向量(eigenvector),它是为了在网络总体结构上,找到居于核心的行动者,并不关注比较"局部"的模式结构。这种方法要找出各个节点之间的距离有哪些"维度(dimensions)"。每个节点相应于每个维度上的位置就叫做一个"特征值(eigenvalue)",一系列这样的特征值就叫做特征向量,更加详细的介绍请参考复杂网络分析等相关书籍。

---

① L. Egghe, R. Rousseau, Introduction to Informetrics [M]. Amsterdam: Elsevier, 1990.

② E. Garfield, Citation indexes for science. A new dimension in documentation through association of ideas[J]. Science, 1995(122), pp. 108-112, 1995.

作者之间的引用是作者之间进行知识交流的重要表现形式,尤其是二人之间是比较常见的引用形式。马瑞敏博士通过对图书馆情报文献学科 1998 至 2007 年间的 16 676 位作者引用的统计分析,表明排除自引后,二人之间的单向引用占据了 99% 的比例,而双向引用只占据 1%①。考虑到科学社会存在的普遍分层机制以及大部分作者之间学术水平和研究能力的不均衡,推而广之,在其他学科二人之间的引用也多是不平等的单向交流。而对于多人之间形成的复杂、带有各种闭合环路的有向引用网络进行分析着实比较困难,本研究认为,某一领域高产作者是该领域研究的主体,对高产作者发表的论文及引文进行分析,能够较好地把握学术社群知识交流的模式和规律。

1. 事实选择式知识交流

科学研究是继承与发展的创新性活动。正是有了文献这一记录客观知识的载体,才使得科学研究人员不必事事躬亲、一切从头做起,通过阅读文献,获取和吸收前人和今人在科学劳动中所积累的正确认识,避免重复性工作或重犯历史性的错误,在已有的科学基础上前进;有了文献,科学家不必全靠对物质世界的直接观察来推动认识,可以通过对文献中知识单元的重组调控认识活动,想象出物质世界根本不存在或暂时不存在的科学概念及相关理论,比如群论等,提高科学生产效率。② 科研工作者在将自己的研究成果整理、撰写学术论文时,离不开对事实、数据、方法等的选择和使用,比如对实验事实的争论和讨论、对经验理论的判决和检验、对公理事实的推理和演绎、对案例事实的分析和借鉴、对实验数据的综合和挖掘、对研究方法的描述和利用等等。事实上,在一些经验性很强的学科领域,如天文学、医学、生物学、考古学、地学、法学等,对观察和采集到的事实和数据进行不同形式的综合和分析是进行创新发现、获取新知识的重要手段。比如天文学家开普勒就是根据第谷的观测资料和数据,发现和提出了著名的开普勒行星运动三定律③。

2. 继承变异式知识交流

引用有点类似于生物学中的遗传,由于继承了参考文献中的相关知识信息,会保留其中的部分内容,从而和原来的知识信息具有相似性,但也存在着进化和变异,和原来的知识信息并不完全相同。对参考文献中相关知识信息的引用,是仅对其中事实性的、正确的、对研究结果阐释和论述有利的部分片段继承或保留,而对其中错误的、不符合论文情景的知识信息则弃之不用。

---

① 见马瑞敏《基于作者学术关系的科学交流研究》,武汉大学 2009 年博士学位论文。
② 见赵红州《科学能力学引论》,科学出版社 1984 年版。
③ 见李炳昌《交流与合作激励科学创新》,《前沿》2005 年第 4 期,第 25 页。

一篇论文要有足够好的、易于引起变异的知识基因才能被广泛选择、继承和引用。其引用的继承过程可用图 3 - 20 表示。[①]

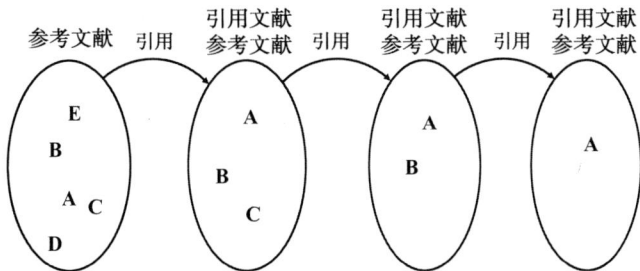

图 3 - 20　引用继承过程

在图 3 - 20 中,参考文献集合｛A,B,C,D,E｝中只有文献 A,B,C 被第一个引用文献集合引用,于是文献 A,B,C 便与第一个引用文献集合构成第二个新的参考文献集合,在第二个参考文献集合中,只有文献 A,B 被第二个引用文献集合引用,相应组成第三个参考文献集合,在第三个参考文献集合中,只有文献 A 被第三个引用文献集合引用,文献 A 就这样在一群相关文献的循环引用过程中一直不断地被引用,体现出顽强的生命力,这就是引用的继承过程。如果一篇文章持续的不断被引用,就能围绕这篇文章找到一系列相关文献,窥探一个专题或研究领域的发展脉络。

研究人员引用相关文献和继承相关知识基因的目的是为了和自己的知识结构或实验相结合产生和创造新的知识,因此,引用的知识基因存在着变异。知识变异是指在现有的知识基因基础上产生内容的创新。其引用变异过程可用图 3 - 21 表示。[②]

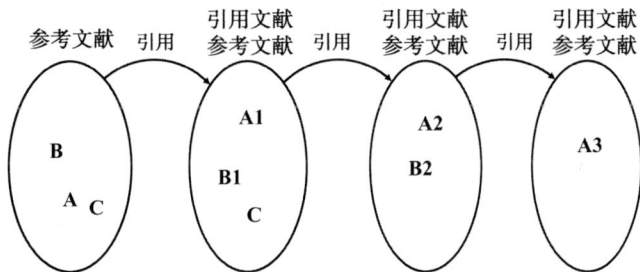

图 3 - 21　引用变异过程

①　见梁永霞《引文分析学中的知识计量研究》,大连理工大学 2009 年博士学位论文。

②　同上。

在图 3－21 中,参考文献 A、B、C 中的相关知识基因通过引用演变成了文献 A1、B1、C1 中相应的知识基因,文献 A1、B1、C1 成为了新的参考文献集合,又通过新一轮引用,文献 A1、B1 中相应的知识基因演变成了文献 A2、B2 中相应的知识基因,直至参考文献 A 中相关的知识基因演变为文献 A3 中相应的变异基因。

3. 重组进化式知识交流

如果说文献中知识单元或知识点的继承和变异属于知识的物理变化,那么,由来自各个方向、不同文献中的知识内容相互交织、融会贯通、融合产生的新知识则属于知识的化学变化,体现在引文网络中就是文献的耦合和共引,如图 3－22 所示。在图 3－22 中,以文献节点 3 和 4 为例,虽然它们都从文献 1、2 中继承了相关的知识内容,但经过知识的重组

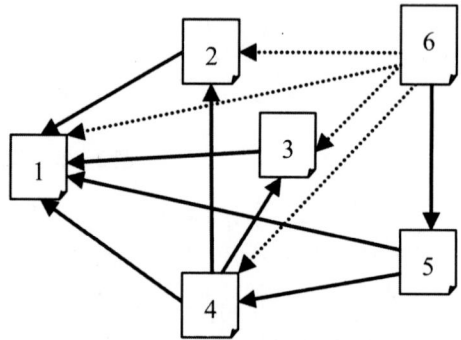

图 3－22　知识的重组进化示意图

与融合,它们已经超过了文献 1、2 所承载的知识水平,产生了 4＞1、4＞2、4＞3,4≥(1＋2＋3)等的效果。再以图中的(1＋2＋3＋4＋5)→6 这一知识重组过程为例,后来发表的文献如 4、5 已将文献 1、2、3 中的知识进行了继承、升华和传播,但认知主体如果知识汇聚、积累到一定的程度,便会通过联想和想象涌现出许多新的想法,从而进行知识的融合和重组,产生出的高度综合和升华的、具有较大创新性的文献 6。杨中楷、梁永霞博士曾以莱特兄弟的飞机专利(US821393)作为分析对象,实证分析和说明了说明知识的发展和重组过程[①]。H. Small 研究了 DNA 知识重组的文献共引聚类过程。[②]

4. 共同引用式知识交流

所谓共引(co-citation,又称同被引),是指两篇以上论文共同被后来的一篇或多篇文献所引用,则称这两篇引文同被引,以引用它们的论文数量的多少为测度,这种测度称为同被引频次(co-citation frequency)或同被引强度(co-citation strength)同被引强度越大。即同时引用这两篇论文的文献越多,

---

① 见杨中楷、梁永霞《专利引用过程中的知识活动探析》,《科研管理》2010 年第 2 期,第 171－177 页。

② H. Small, E. Greenlee, Citation context analysis of a co-citation cluster: Recombinant-DNA [J]. Scientometrics, 1980, 2(4), pp. 277－301.

说明它们之间的关系越密切。

共引这一概念是 1973 年由美国情报学家 H. G. Small 和苏联情报学家 Marshakova 分别在研究文献的引证结构和文献聚类时不约而同提出来的,作为测度文献间关系程度的另一种方法。Small 在对"粒子物理学专业"进行知识结构描述时,发现两篇论文被相同文献引用的强度可以用来测度其内容相似程度,在此基础上创造性地提出了共引的概念。

同被引概念不仅局限于同时被引用的两篇论文间的关系,而且还能延伸至被同时引用的作者、期刊、学科等之间在结构上的网络关系。White 和 Griffith 发表了较有影响的《作者同被引:科学结构的文献测量方法》一文,文献通过对情报科学 39 位知名作者的同被引分析,划分出情报科学五大体系的核心作者,为以后的同被引研究提供了良好的范例。

H. D. White 于 1981 年把同被引的分析对象由文献扩展到作者层次,即作者同被引①。作者同被引是指 n 个($n \geqslant 2$)作者同时出现在一篇或者多篇论文的参考文献中,那么这 n 个作者之间就具有了作者同被引关系,引证文献的数量代表作者同被引强度或作者同被引频次,其同被引强度越强表明这两个或多个作者的研究内容或兴趣越相似性。

H. D. White 认为,在某一个学科领域内,把论文作者按照其研究范围的远近进行分组可使为数众多的作者聚集成不同的作者同被引群体,从而反映学科专业人员之间的联系程度和结构特点,以获知同行著者的数量、构成、活动规律等方面的许多情况。邱均平教授认为,同被引著者的数量和结构变化,在一定程度上反映了研究领域的发展变化趋势,通过定期考察和分析这些方面的变化,可以跟踪和推测研究领域的发展方向和趋势。② 此外,通过同被引著者群,还能找得真正意义上的小同行,有针对性地进行知识交流和共享。同被引的分析可视化技术主要经历了以下发展历程。

(1) 多维尺度分析

K. W. McCain 于 1990 年将 ACA 的程序归整为选择作者、检索同被引频次、构成同被引矩阵、转化为皮尔逊相关系数矩阵、多元分析和解释结构等几个步骤。③ 具体如图 3 - 23 所示。

① H. D. White, Author co-citation: A literature measure of intellectual structure [J]. Journal of the American Society for Information Science, 1981, 32(3), pp. 163 - 169.
② 见邱均平《信息计量学》,武汉大学出版社 2007 年版。
③ K. W. McCain, Mapping authors in intellectual space: a technical overview[J]. Journal of the American Society for Information Science, 1990, 41(6), pp. 433 - 443.

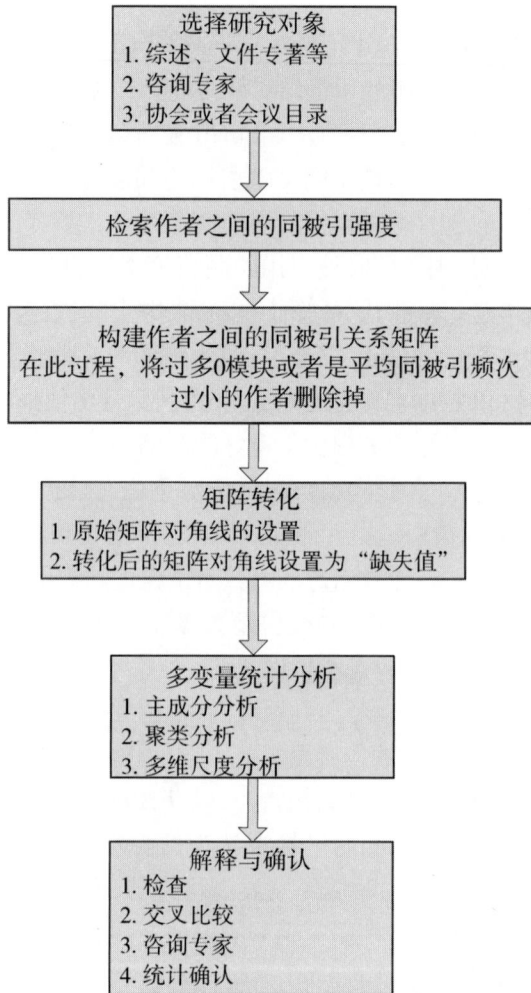

图 3 - 23 作者同被引分析的技术路线①

H. D. White 和 K. W. McCain 于 1998 年利用作者同被引分析方法对 1972—1995 年间国际情报学文献作者进行了实证研究,得出了情报学被分为文献计量(包括引文分析)和情报检索两大领域的结论,结果如图 3 - 24 所示。②

---

① 见马瑞敏《基于作者学术关系的科学交流研究》,武汉大学 2009 年博士学位论文。

② H. D. White, Visualizing a discipline: an author co-citation analysis of information science, 1972—1995 [J]. Journal of the American Society for Information Science, 1998, 49(4), pp. 327 - 355.

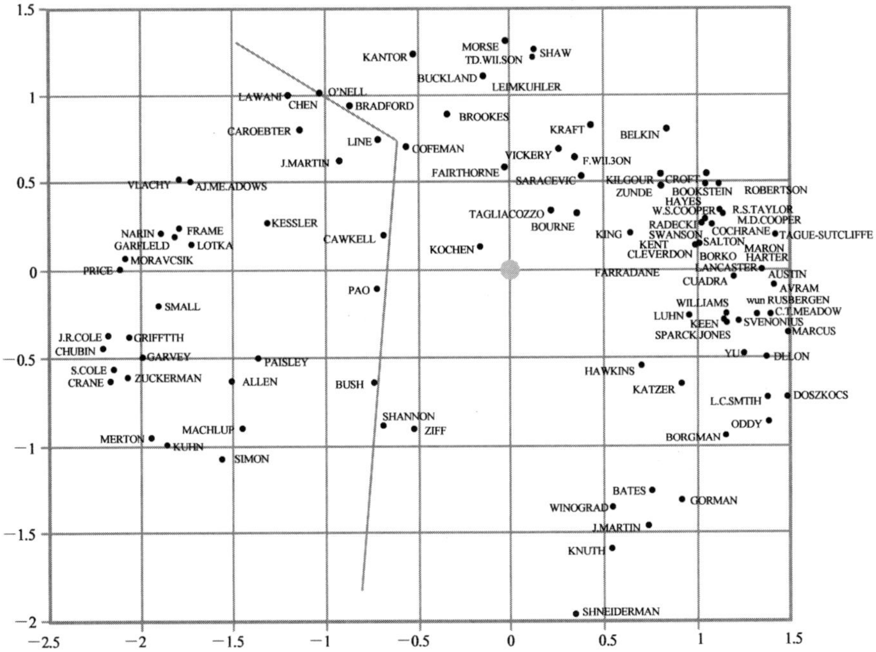

图 3 - 24　作者同被引聚类分析

(2) 寻径网络方法

陈超美于 1999 年把寻径网络(pathfinder network,PFNET)算法引入作者同被引分析[①]。该算法采用原始同被引频次,将作者视为节点,节点间的路径代表作者与作者之间的同被引强度,因此,不需要使用专门的聚类程序。该方法与前面方法相比的优点是每位高产及高被引作者都在生成的图形中位于相应领域的中心位置。2003 年,H. D. White 对 1998 年处理的相同数据进行了基于 PFNET 算法的作者同被引分析,得到清晰显示情报学核心作者可视化图形,如图 3 - 25 所示[②]。

① C. Chen, Visualizing semantic spaces and author co-citation networks in digital libraries [J]. Information Processing and Management, 1999, 35(2), pp. 401 - 420.

② H. D. White, Pathfinder networks and author co-citation analysis: A re-mapping of paradigmatic information scientists [J]. Journal of the American Society for Information Science and Technology, 2003: 54(5), pp. 423 - 434.

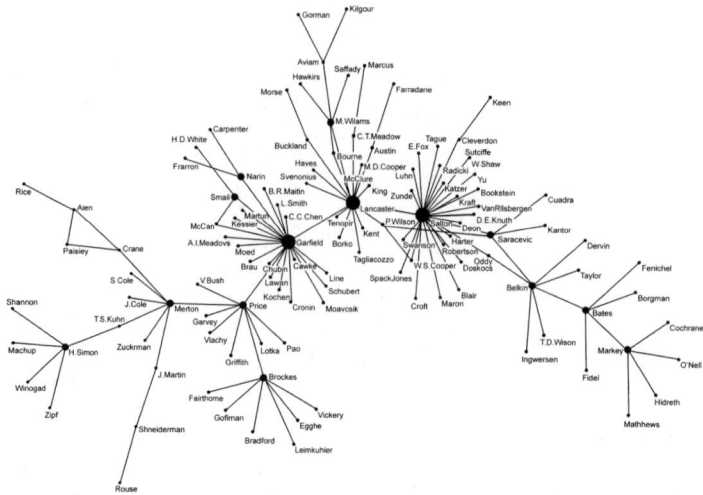

图 3-25　作者同被引寻径网络算法可视化图形

(3) 科学知识图谱

陈超美后又继续利用 PFNET 算法对作者同被引进行分析并生成三维的科学知识图谱,用以揭示某一领域的发展脉络、动向和转折点,识别动态沿革,预测发展趋势。在新的三维可视化知识图谱中,小球代表文献节点,小球之间的连线长短代表同被引强度,垂直于小球的立柱高低代表文献的被引频次大小,并用不同的颜色显示其中的突出节点。他于 2003 年通过实证的方式证明作者同被引分析方法能够准确反映物理学超粒子(super string)研究过程中出现的两次理论革命,如图 3-26 所示。

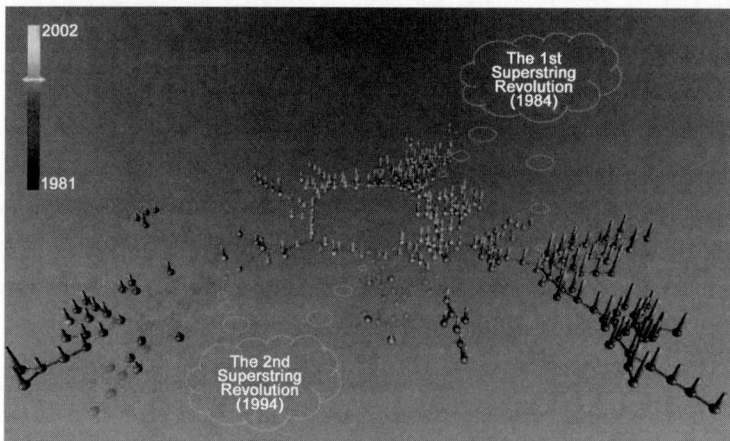

图 3-26　基于作者同被引分析的三维可视化知识图谱

3.3.6　基于作者耦合的知识交流

（1）作者文献耦合式知识交流

计量学中"文献耦合（bibliographic coupling）"这一术语是美国麻省理工学院的教授 M. M. Kessler 最先提出来的，他在对《物理评论》（*Physical Review*）期刊进行引文分析研究时发现，越是学科、专业内容相近的论文，它们参考文献中的相同文献的数量就越多。于是他把两篇同时引用一篇论文的论文称之耦合论文（coupled papers），并把它们之间的这种关系称为文献耦合相同参考文献的数量即为耦合强度。引文耦合关系也可以推广到多篇论文的情况。显然，耦合强度越高，两篇文献（或多篇文献）的关系越密切。如果多篇文献间具有耦合关系，则构成一个耦合网络。耦合强度为网络的权值，两篇论文共有的引用文数目为这两篇论文的耦合强度。文献耦合是由论文作者有意识地引用而产生的链接，度量的是由被引文献链接起来的施引文献之间的关联。从时间上看，文献耦合是固定不变的，而且耦合数据在论文发表后就可以立即获得。一些研究者认为，文献耦合分析能够比同被引分析更好地描绘研究前沿。

作者文献耦合是指 n 个作者（$n \geqslant 2$）在文献中同时引证了一个或多个作者所发表的文献。共同被引证的文献是耦合的媒介，其被引证篇数称为作者文献耦合强度或耦合频率。邱均平教授认为，作者文献耦合客观上把无外部联系的众多著者根据论文属性组合成一个个有序的群体网络，并进而可以对某领域论文著者群体的数量、质量及结构等进行把握和分析，建立科学交流网络，促进知识的有效传递和共享。[1]

D. Z. Zhao 于 2008 年通过实证研究的方式证明作者文献耦合也可以用来研究作者之间的研究兴趣并窥探当前学科的知识结构，是作者同被引的有益补充。[2] 关于作者文献耦合的计算方法有两个不同的视角，具体表现就是 L. Leydesdorff 和 D. Z. Zhao 的算法完全不一样。马瑞敏博士推算的 L.

---

[1]　见邱均平《信息计量学》，武汉大学出版社 2007 年版。

[2]　D. Z. Zhao, Evolution of Research Activities and Intellectual Influences in Information Science 1996—2005：Introducing Author Bibliographic-Coupling Analysis [J]. Journal of the American society for information science and technology, 2008, 59(13), pp. 2070 - 2086.

Leydesdorff 在他个人学术网站上提供的一个进行作者文献耦合分析软件的算法为[1]:两个作者的耦合首先是两个文献(作者分别为 A 和 B)的耦合,即文献的耦合是基础,先求出两篇文献的耦合次数,就求出这两篇文献的著者之间的耦合次数,然后累加。该方法每增加一篇文献便要和目标作者的所有文章参考文献进行匹配,因此效率比较低。D. Z. Zhao 给出的两个作者文献耦合的计算方法是将某个作者(只考虑第一作者)所有论文的参考文献作为一个集合,然后和另一个作者所有文献的参考文献进行比较,找出共同的参考文献次数即为这两个作者之间的文献耦合次数。由于一篇文献在某个作者的参考文献中出现的次数不止一次,比如 A 作者中出现 N 次,同时在 B 作者的参考文献中出现 M 次,则这篇文献要给个权值,具体为 $MIN(N, M)$。

(2) **作者关键词耦合式知识交流**

作者关键词耦合是指 n 个作者($n \geqslant 2$)在其发表的文献集合中同时使用了一个或多个关键词。我国学者刘志辉、张志强等指出将作者文献耦合的方法扩展到作者关键词层次,通过作者所有作品的关键词的耦合强度建立作者之间的关系,适合揭示同一领域作者之间隐含的关系,并以科学计量学研究为例进行了实证分析。[2] 根据前面对学术社区的定义,可知一个创新学术社区汇聚了一大批具有共同爱好和兴趣的专家、学者,他们彼此可以进行相互交流和学习、分享知识与经验,并进行智力对话等。国外研究表明[3][4][5],内置于同一学术社区的成员倾向于使用共同的专业术语,这一方面是因为他们在共同解决科学研究中不断出现的困难和问题时倾向于使用类似的方法和语言;另一方面是为了减少交流中的模糊性和歧义性,吸引学术共同体成员的注意和认同。一般认为科技论文是学术社区成员之间进行科学交流的重要载体,而论文的关键词(由作者所赋予)是论文研究成果的浓缩和凝练,体现了作者对其研究命题最真切的把握。虽然同一学科领域的作者在选择论文关键词

① 见马瑞敏《基于作者学术关系的科学交流研究》,武汉大学 2009 年博士学位论文。

② 见刘志辉、张志强《作者关键词耦合分析方法及实证研究》,《情报学报》2010 年第 2 期,第 268 - 274 页。

③ E. Abrahamson, Management fashion[J]. Academy of Management Review, 1996, 21 (1), pp. 254 - 285.

④ C. A. Bartel, Saavedra R. The collective construction of work group moods [J]. Administrative Science Quarterly, 2000, 45(2), pp. 197 - 231.

⑤ P. J. DiMaggio, W. W. Powell, The iron cage revisited-Institutional isomorphism and collective rationality in organizational fields [J]. American Sociological Review, 1983, 48(2), pp. 147 - 160.

时,会尽量使用那些在学科内部得到公认的语词来表达特定的科学概念①。因此,基于以上对学术社区和关键词特征的分析,本书认为创新学术社区成员之间(即使排除社区成员之间的合著文献之后)存在普遍的作者关键词耦合式知识交流。

3.3.7　基于作者语词共现的知识交流

语词共现分析的主要原理与同被引分析类似,主要是对一组词(叙词或自由词)两两统计它们在同一篇文献中出现的次数,以此为基础对这些词进行聚类分析,从而反映出这些词之间的亲疏关系,进而分析这些词所代表的研究主题的结构变化。通过对某一专题文献的高频主题词进行共现聚类和分析,可以反映这些词所代表的概念和研究内容之间的关系和联系。概念词共现分析除可借鉴作者同被引分析的方法和步骤将高频关键词或主题词聚为不同类团之外,还可以通过绘制战略坐标图,以便更好地揭示这些高频词所代表的研究热点和研究结构的发展动态,详细步骤和示例请参见"1999—2008年我国图书馆学研究的实证分析(上)、(下)②③"。

论文的关键词、主题词是科学研究内容的提示符和凝练,共词(co-word)分析通过统计词汇(通常是关键词)之间的关系与结合来概述研究领域的微观知识结构,从横向和纵向的角度分析领域学科的发展过程、特点以及领域或学科之间的关系,反映研究领域的科研水平及动态和静态结构,拓展信息检索领域以求帮助用户检索信息。

早期的共词聚类理论探讨集中在关键词间相关程度的测试,如包容指数(inclusion index)和临近指数(proximity index)等指标,前一个指标重在测度领域内最重要的研究主题,后一指标重在测度那些规模较小、容易淹没的研究主题之间的关系。这些共词分析主要涉及关键词之间关系的分析,the UK Advisory Board for the Research Councils (ABRC)应用这些指标做了大量研究,Callon将这些共词研究称第一代的共词研究,1988年Callon提出了对聚

① 见王晓光《科学知识网络的形成与演化(Ⅱ):共词网络可视化与增长动力学》,《情报学报》2010年第29卷第2期,第314-320页。
② 见邱均平、丁敬达《1999—2008年我国图书馆学研究的实证分析(上)》,《中国图书馆学报》2009年第183期,第72-79页。
③ 见邱均平、丁敬达《1999—2008年我国图书馆学研究的实证分析(下)》,《中国图书馆学报》2009年第184期,第79-87页。

类结果进一步描述和分析的"战略坐标",用密度(density)和向心度(centrality)来测度聚类簇与簇之间、簇内部联系程度的强弱,分别计算出各簇(研究主题)密度和向心度,把所有的主题展现在以密度和向心度为 X、Y 轴战略坐标图中。位于不同象限的研究主题处在不同的发展阶段,其中第二、三象限词簇有可能向"前沿领域"发展。战略坐标将第一代共词分析中对词间关系的考察延伸到研究词簇间关联关系,研究的学者主要集中在法国,Callon 称之为第二代共词分析。无论是第一代还是第二代共词分析,绝大多数是基于索引词或主题词的。美国海军研究办公室的 Kosstoff 博士将基于关键词或主题词的共词分析进一步扩大到基于全文本自动抽取词汇的共词分析——数据库内容结构分析技术(database tomography,简称 DT),这项技术开始是作为检索扩展技术应用,随后 Kosstoff 将其作为共词分析扩展来发掘词间天然关系,用来发现具有核心竞争力的关键技术[1]。

共词分析对于词的选择非常敏感,作者取词的习惯、未经规范的关键词、关键词在表征论文内容的完整性及其他原因都会造成结论的模糊、晦涩。此外,还有一些研究对共词分析结论的可解释性提出质疑,认为存在随意性较大、不确定性的缺陷,因而这一研究远未达到至臻至美,仍需不断地完善和改进。

作者语词共现是指将文献中的语词共现扩展到作者层次,以每个作者发表论文中的关键词集合作为考察对象,即 n 个($n \geq 2$)关键词同时出现在一个或者多个作者所发表的论文集合中。刘蓓和袁毅把这种具有相同关键词的研究形成的网络称为隐藏的关系网络,并通过对中国情报学研究共词网络的分析,说明了这种网络在揭示作者研究方向方面的作用。[2] 本研究认为由互不相识的研究者通过关键词而构建的作者关键词共现网络可作为由相互认识的合作作者建立的真实社会关系网络的补充,二者结合能够有效揭示学术社群知识交流的结构和方向。在构造作者关键词共词网络时,首先需要选择拥有一定发文量的作者,然后选择在所有文献中出现一定频次的关键词,如果作者的发文量过低,比如一篇作者或关键词在文献集合中出现的频次太低不利于构建共词网络,其研究也没有意义。但如何选择作者发文量和关键词

---

① 见杨立英等《"科学前沿领域"挖掘的文献计量学方法研究》,http://ir. las. ac. cn/handle/12502/3849(检索日期 2011 年 8 月 4 日)。

② 见刘蓓、袁毅、Boutin Eric《社会网络分析法在论文合作网中的应用研究》,《情报学报》2008 年第 3 期,第 407 - 417 页。

频次的阈值是需要在具体实践中不断进行探索。

3.3.8　基于关联链接的知识交流

Web 网页是基于欧洲一群物理学家科研交流信息的需要而诞生的。而今随着数字科研环境的迅猛发展,人们利用链接技术已经可以建立一个科研团队、研究人员、期刊、文献、知识点、数据等相互联系的知识交流环境,极大地提高了人们的科学交流效率。

（1）引文链接式知识交流

学术信息资源环境中的引文链接是指论文中注释和参考文献与被引用文献以及文摘索引与所标引文献之间的链接[①]。目前的文摘索引数据库大都基于超文本技术提供引文之间的链接服务。如 Web of science 提供的链接包括:① 被引次数(times cited)链接:通过点击"times cited"可以查看引用了当前检索记录的所有论文,并且每篇引文记录又可显示该篇论文的被引次数,以至于通过层层链接,可以及时了解与当前检索记录相关的某一研究领域目前的进展状况和发展方向,及时参考同时代同领域人的研究成果。② 参考文献链接:显示当前检索记录所引用的参考文献列表,并可对参考文献的参考文献循环链接,可以帮助了解与当前检索记录相关的某一研究领域的发展历史,揭示知识发展和演化的来龙去脉,充分借鉴和吸收前人的研究经验和成果。③ 相关记录链接:通过相关记录(related records)链接,可以查看与当前检索记录具有共引关系的相关论文,并按共引强度即相关性进行排序,与当前记录共引强度越高,在文献列表中的位置越靠前。相关记录可为当前查询主题提供更多连贯性、相互关联的完备文献资料。④ 外部资源链接:通过与各种外部信息资源进行链接,如图书馆馆藏 OPAC 系统、德温特专利文献索引数据库(Derwent Innovations Index)、各种电子期刊网站,可以通过统一的检索界面使用户方便获取当前索引记录的原文及各种有价值的文献资源。引文链接的最新发展趋势是开放引文链接,是英国南安普顿大学提出的[②]。其基本思想是将 Crossref 系统的 DOI 链接功能扩展到网上能够免费获取的大量文献,通过统计哪些后来者引用了指定文献,从而创建将用户指向未来

---

① 见张晓林《开放数字环境下的参考文献链接》,《现代图书情报技术》2002 年第 1 期,第 9 - 10 页。

② S. Hitchcock, D. Bergmark Open citation linking:The way forward. http:∥www. dlib. org/dlib/october02/hitchcock/10hitchcock. html. (检索日期 2010 年 7 月 22 日)

的链接。①

（2）参考链接式知识交流

网络环境中的参考链接既包括将所引文献置于链接内,也包括将链接嵌入文献中。其中,把提供链接的资源称为链接源,被链接的资源称为链接目标。链接源和链接目标可以是 Web 页面、数据库网址、期刊论文、会议文献、电子邮件等。目前,基于文献资源库的封闭式链接由于存在用户不能修改链接机制等诸多弊端,链接技术已经向基于互联网中学术信息上下文相关的开放式链接发展。开放式链接基于用户操作传来的上下文环境动态地计算最适宜的链接目标,为用户提供灵活的链接机制和更广范围内的扩展服务。OpenURL 标准的出现又为建立无缝的、上下文敏感链接提供了可能。SFX 的成功开发和应用,解决了封闭式静态参考链接技术存在的问题,提供基于多样性信息环境的参考链接服务,成功地证明了开放式链接框架的可行性,成为参考链接技术发展过程中的重要里程碑,也为系统平台的集成与数字图书馆资源整合提供了工具和方法②。例如,在用户通过开放链接获取某篇全文时,也可以看到之前链接获取这篇全文的用户还链接获取了哪些全文,进而也可点击链接这些全文。

在 Web 2.0 环境下,数字学术资源由于其高度的开放和共享特性,通过链接和评论能够构建起主题相关作者之间的立体关联关系,全方位地进行知识信息的交流、参考和共享。如老槐也博客的"图林有博"栏目下链接了竹帛斋、建中读书、超平的博客、蓝天白云、游园惊梦、编目精灵、数图研究、书间道、守望图林理性、大旗底下等博客。③ 开放式协同创作平台 Wiki 更是以节点(node)和链接(link)作为概念的主轴,每个页面都通过词条链接在一起,通过相互引用和描述实现群体知识的交流。

（3）推荐链接式知识交流

C. Karen 认为用户的网络行为是"第三层元数据"④。孙坦认为,通过运

---

① 见宋丽萍《基于网络的学术信息交流体系构建》,《图书情报工作》2007 年第 2 期,第 75 - 78。

② 见曾建勋《知识链接的研究现状与发展趋势》,《情报理论与实践》2011 年第 2 期,第 122 - 123 页。

③ 见王欣妮《基于博客的图书馆学学术交流系统思考和启示》,《图书情报工作》2009 年第 1 期,第 93 - 96 页。

④ C. Karen, Free the Data: Discussion Panel at IFLA 2008. Libraries and Web 2.0 Discussion Group Sharing bibliographic data reuse and free licenses for the product of libraries. IFLA Congress 74, Quebeccity, 2008. [R/OL]. http://community.oclc.org/meatlogue/archives/2008/08/free the data discussion pane.html.

用数据挖掘等技术手段对用户的网络行为进行分析,可以得到表示一个用户
类别的行为模式①。胡吉明等指出,可将拥有相同行为模式的用户依据一定
的算法聚类为用户群,以此向不同用户推荐其最可能感兴趣的信息和志趣相
投的用户。曾建勋认为,通过收集用户兴趣模型,由系统主动收集和分析用
户查询式或者用户对资源的浏览、下载和评价行为,建立一个用户兴趣数据
库,形成用户的兴趣表示,找到与目标用户兴趣相似度最大的其他用户(或用
户群),根据其他用户的兴趣爱好为目标用户推荐资源内容②。其推荐链接一
般有以下三种方式:一是基于机器学习的文本自动分类,这种方法从大量的
文本特征(包括词语或短语)中学习构建有效的分类器,然后利用分类器对文
本进行分类,若所分类别与用户兴趣相符则向用户做出推荐;二是基于特征,
这种方法首先用相关特征来定义将要推荐的资源内容,可以采用向量空间模
型或贝叶斯模型进行定义,然后系统通过学习用户已评价或下载过的资源内
容特征来获得用户兴趣,若资源内容与用户的兴趣相近,则将其推荐给用户。
如信息聚合服务商,delicious、玩聚、鲜果等,通过挖掘和统计用户的访问时
间、浏览次数、跟帖频率、Tag标注类型、被链接频度等各种信息使用行为特
征,对用户喜爱的内容进行排序并以此来向用户推荐有价值的知识信息③;三
是基于社会化的推荐聚合,Tag(标签)技术可以让你看到在网站上所有和你
使用了相同Tag的内容,由此和他人产生更多的联系④。Tag所体现出的群
体力量使得知识信息之间的相关性和用户之间的交互性大大增强,从而有效
实现信息的社会化传播,因此是一种基于群体作用的社会化推荐和聚合。比
如Lewis和Clark图书馆专门为读者开发的Tabs系统,使得读者在管理自己
喜欢网页的同时,也自动生成收藏同一网页或使用相同标签的读者之间的链
接,从而建立自己的好友圈子⑤。另一种社会化推荐聚合模式是基于各种聚
合服务商再聚合,从聚合推荐结果中进行"二次推荐",提高推荐的精准度,从

---

① 见孙坦《关于新世纪图书馆变革的若干思考》,《图书情报工作》2000年第8期,第64-
67页。
② 见曾建勋《知识链接的研究现状与发展趋势》,《情报理论与实践》2011年第2,第122-
123页。
③ 见黄晓斌《社会书签与网络信息推荐服务》,《情报理论与实践》2006年第1期,第
121-124页。
④ 见黄晨《Lib 2.0的观念与变革——以维基(Wiki)和标签(Tag)为例》,《图书馆杂志》
2007年第8期,第36-39页。
⑤ Tabs《基于Web 2.0的用户群体交互分析及其服务拓展研究》,http://www.lcls.org/
tabs/(检索日期2009年1月7日)。

而更便于为用户获得和发现所需要的知识信息。如国内著名的"玩聚 SR"就是社会化推荐聚合的典型代表。它自动追踪、搜索中国大陆 IT 业界人士使用的各种社会化聚合媒体分享源,如 twitter、Google Reader、del. icio. us 等,从中聚合用户的推荐、分享及相关的评论,并对用户进行二次推荐,大大提高了用户知识信息获取和交流的效率和质量①。

(4) 作者链接式知识交流

由于人类社会文明的不断发展和进步,科学研究已逐渐成为专门的职业,随着科研大军的越来越多,为方便管理和在学术人员之间进行有效的知识交流,提高科研生产效率,我们也应借鉴文献引文索引数据库建设的成果经验,建立作者知识资源库或索引库,放弃纯粹的文献管理的"资源观",变文献资源管理与知识主体管理并重。H 指数的发明和创造就是这种思想的践行,将有生命体的人与文献资源有机相结合,一改传统依靠单纯的文献被引频次对科研人员进行评价的弊端,充分考虑了人的主观能动性和创造性。

此外,20 世纪 60 年代初,菲尔德博士在设计文献引文索引系统时,那时计算机的数据存储和处理能力还很有限,为节省宝贵的存储资源和提高检索速度,针对海量的文献信息资源,不得不想方设法缩减著录索引的长度,比如,作者的姓名不使用全名,而使用缩写;多作者属同一机构时该机构只录入一次,而不考虑作者的署名顺序并将所有作者与机构一一对应等。这种设计和结构对当时乃至现在文献的检索是适宜的,但这不适合对大规模研究人员知识交流结构的检索和分析,以及对科研管理和评价所带来的困难。因此,基于现有文献索引数据库不适宜学者检索的弊端,本研究认为从学者的视角出发,建立作者知识资源索引对促进学术知识交流是必要的。为克服目前"大科学"时代,众多学术人员同名同姓以及频繁的跨机构流动等问题,笔者还认为可以借助身份证号、信用证号以及类似数字对象资源标识 DOI(digital object identifier,DOI)系统进行解决。

尽管利用现有的文献引文索引对作者链接进行分析存在这样那样的困难,但也挡不住网络环境下对作者链接式知识交流的开展。L. Terveen 于1998 年指出科学家主页之间的链接关系他们之间合作的潜在反映。② 2002年,欧洲发起了一个研究项目专门探讨网络指标对科技创新研究的潜在影响

---

① 见胡昌平、胡吉明、邓胜利《基于社会化群体作用的信息聚合服务》,《中国图书馆学报》2010 年第 3 期,第 51 - 56 页。

② L. G. Terveen, W. C. Hill Evaluating Emergent Collaboration on the Web. http：//portal. acm. org/citation. cfm? id＝289510. (检索日期 2010 年 12 月 2 日)

和功效。① 比如,生物学专家社交网站(BioMed Experts)通过 6 500 份期刊上 600 多万篇文章自动生成了 1 200 万条链接,汇聚了来自世界各地 140 多万个 生物学专家的信息,并允许每位专家自由进出网站发表学术见解及相关个人 研究信息,成为生物学专家彼此进行联络和知识交流的网络平台。②

（5）标签链接式知识交流

网络标签(Tag)就是通过 Web 2.0 用户自定义关键词以群体协作的方式 对网络信息进行有序分类的活动③。Tag 技术鼓励用户使用自己个性化的语 言来标记网络信息内容,通过用户群体的交互协作和相关内容匹配进行信息 的大众分类并进行传播,它以"人"为信息传递和交换的核心,实现了信息传 播从"人—机"模式到"人—人"模式的转变。亚马逊前首席专家 A. S. Weigcnd 曾总结互联网发展的三个时期:第一阶段,用户通过使用类似文件传 输的协议服务来获得信息;第二阶段,用户通过超链接获得相关网页和信息; 第三阶段,用户通过使用 Tag 等技术快速有效地获取信息。④ 刘佳认为 Tag 作为一种自由而有序的学术信息分类和共享方式,开创了网络学术信息交流 的新阶段。⑤ 顾立平认为图书馆员应通过有效使用 Tag,充分发挥对读者或 用户在信息选择方面的影响力。⑥ 目前,已经出现许多学术性标签工具,典型 的如 CiteULike,它与大众标注系统如 del.icio.us 等的主要区别是主要面向学 术领域用户,支持如 Elsevier 式的科技数据源。通过使用 CiteULike,科研人 员可将感兴趣的资源链接存储在系统中,并用标签进行描述,这样既方便了 用户日后对这些资源的重新检索,也可与其他用户共享该资源。⑦

（6）语义链接式知识交流

虽然传统的采用自然语言或标记语言的分类标引法和词语标引法也能 在一定程度上揭示知识要素的主题内容和属性,标识出实体之间的相关关

---

① WISER-Web indicators for science, tcchnology & Innovation rcscarch. http://www. wiserweb. org/WI-documents/WP3 - 1. html. (检索日期 2010 年 11 月 28 日)
② 见邓胜利、胡吉明《Web 2.0 环境下网络社群理论研究综述》,《中国图书馆学报》2010 年第 189 期,第 90 - 94 页。
③ 资料来源《关于 Tags,背景解说和应用设想》,http://www. dwei. net/blog/article. aspid=2(检索日期 2010 年 12 月 1 日)。
④ 见杨琳桦《博客要来一场 Tag 革命》,《21 世纪经济报道》2010 年 10 月 19 日。
⑤ 见刘佳《基于网络的学术信息交流方法与模式研究》,吉林大学 2007 年硕士学位论文。
⑥ 见顾立平《基于 Web 2.0 用户信息检索行为的交互设计:后设分析与问卷调查研究》,《图书情报知识》2009 年第 5 期,第 26 - 34 页。
⑦ 见常唯《标签在数字学术资派内容揭示中的作用研究》,《图书馆杂志》2007 年第 1 期,第 46 - 52 页。

系,但却不具备推理和语义功能。在网络时代,本体、知识元、语义 Web、知识网络等新概念的论述,不断丰富了知识链接的理论和方法。由主题(topic)、关联(association)以及资源出处(occurrences)组成的主题图不仅证实了布鲁克斯的"认识地图"(cognitive Maps),而且创造了一种知识链接的表示和构建方式①。国内温有奎等人对知识元及其语义链接进行持续研究的基础上,还提出了文本知识元计算和语义链接模型②。在科学研究实践中,清晰一致的基本术语是进行学术探讨和交流的必要前提。但在跨学科研究团队中,特别是更多借助电子文本和言语进行交流的虚拟合作团队中,小组成员由于专业、研究专长的不一致,导致概念体系、思维方式、语言赋义等的差异,形成交流和协作的障碍。著名科学哲学家库恩曾指出,由相同学有专长的研究人员组成的不同科学家集团,在超出集团范围进行科学交流时总是很困难,并常常引起误会乃至造成严重分歧。③ 因此,为方便跨学科研究团队成员之间进行有效地交流和沟通,促进高效地进行合作,需要建立共同认可的、标准化的基本术语体系。而本体作为一种有效的概念模型建模工具,提供了对概念及概念间关系进行描述的手段和方法,通过在用户研究问题概念描述中引用本体来描述相关信息的含义,可以建立概念之间的语义关联,能够帮助解决跨学科研究团队不同人员交流过程中对知识点理解不一致的问题,更好地促进交流和协作。目前国内外均有相关少量的研究成果,比如 V. Prince 认为本体协商和创建对通过交流成功地实现知识共享和管理是非常必要的④。L. Wang 和 X. L. Yu 基于本体建立一种包含动态虚拟社区的知识交流结构。⑤国内的王真星等人构建了基于本体的协作知识交流描述模型并实现了相应的系统原型。⑥

---

① 见曾建勋《知识链接的研究现状与发展趋势》,《情报理论与实践》2011 年第 2 期,第 122 - 123 页。

② 见温有奎、焦玉英《知识元语义链接模型研究》,《图书情报工作》2010 年第 12 期,第 27 - 30 页。

③ [美]托马斯·S·库恩《必要的张力》,福建人民出版社 1981 年版。

④ V. Prince, Modelling and managing knowledge through dialogue: A model of communication-based knowledge management. http://hal-lirmm.ccsd.cnrs.fr/lirmm-00122846. (检索日期 2010 年 11 月 19 日)

⑤ L. Wang, X. L. Yu, Research on knowledge communication of dynamic virtual communities based on ontology [C]. // He X. Third International Conference on Information Technology and Applications, Vol 1, Proceedings. Los Alamitos: IEEE Computer Soc. 2005, pp. 567 - 572.

⑥ 见王真星等《基于本体的协同知识交流模型》,《计算机工程》2007 年第 2 期,第 1 - 3 页。

3.4 虚拟学术社区知识交流模式

自 Rheingold 于 1993 年最早提出虚拟社区的概念以来[1]，国内外以企业组织为背景的商业、社交类社区知识交流和管理方面的研究成果较多，而对以科学研究为主的学术性社区知识交流和管理方面的研究则相对较少。王东认为[2]，学术虚拟社区具有社区的一般性，也有着虚拟环境下为学术交流组建社区的特殊性，一般性在于其社区成员以共同的兴趣为基础进行互动、交流，特殊性在于其学术交流的内容并不是一般意义上的信息、数据、知识，而是具有一定探索性、前沿性、创新性的学术知识，其内容是知识层次的象牙尖。随着互联网的普及与深入发展，Web 2.0、Web 3.0 等时代的到来(论坛、博客、网摘、维基、云计算等)，开放存取运动的开展(e 印本、机构知识库等)，网络出版的进行(电子期刊、电子图书、在线评论等)，学术虚拟社区已成为科研工作者知识交流和共享的重要场所。而模式是对现实事物内在机制以及事物之间关系的直观描述，是抽象化的范式，良好的模式能够指导人们提高工作效率、达到事半功倍的效果。对学术虚拟社区知识交流模式进行研究，有利于引导虚拟环境下的学术交流活动，创建良好的在线知识交流环境，促进知识共享和创新。

3.4.1 虚拟学术社区用户类型和交互关系

徐美凤、叶继元认为，知识交流与共享是学术社区存在与发展的基础[3]。用户是虚拟社区的参与主体，因此，他(她)们之间知识交流和共享的互动关系决定了虚拟社区的形成，推动了虚拟社区的发展。

(1) 虚拟学术社区用户类型

虚拟学术社区以其鲜明的学科主题吸引着具有相同专业背景、研究兴趣的人员广泛参与，虽然具有自由、平等、开放、共享等的特征，但虚拟社区是以真实社区为蓝本构建的，两者之间存在着天然的联系，真实社区的各种观念规范必然会渗透到虚拟社区并得到体现[4]。虚拟学术社区成员的真实身份虽

---

[1] H. Rheingold, The Virtual Community-Homesteading on the Electronic Frontier (revised edition)[M]. Cambridge: MIT Press, 2000.

[2] 见王东《虚拟学术社区知识共享机制研究》，吉林大学 2010 年博士学位论文。

[3] 见徐美凤、叶继元《学术虚拟社区知识共享主体特征分析》，《图书情报工作》2010 年第 22 期，第 111 - 113 页。

[4] 见王飞绒、柴晋颖、龚建立《虚拟社区知识共享影响因素的实证研究》，《浙江工业大学学报》(社会科学版)2008 年第 3 期，第 283 - 289 页。

然隐藏在自己的 ID 背后,但通过其发布的文本、数字、符号等与其他成员进行互动和交流,这些知识信息数量的多少、质量的高低便形成了 ID 身份的差异,导致不同成员的话语权和影响力不同,使得现实社会中的分层现象在虚拟社区中依然存在。那些能够持续地提供知识信息、不断满足其他成员知识信息需求的热心参与者,便逐渐在互动过程中得到大家的尊重和认同,成为虚拟社区中的"意见领袖";而对于新加入者,则随着在互动过程中的不断提高和知识贡献量的累积,其角色和地位也在不断地发生变化。毛波、尤雯雯根据 BBS 成员发表的帖子对社区整体知识形成和共享过程贡献的分析,将社区成员划分为领袖、呼应者、浏览者、共享者和学习者等五种类型①。雷雪等又进一步完善了成员的划分类型,他们依据知识共享参与和互动程度的不同将 Wiki 社区用户分为六大类型:成员领袖、呼应者、经验和意见分享者、信息询问者、浏览者、干扰者。② 王东依据虚拟学术社区参与者的态度和水平差异,把用户角色分为思想领袖、呼应者、浏览者、共享者、学习者、评价者六种类型。③ Wang 等通过对中国 IT 工程师博客网站(CSDN)的分析,发现博客交流网络内存在核心博客和普通博客之分,且幂律分布十分明显。④ Toral 等将开源软件社区成员划分为外围用户、正式成员、核心成员三种类型,并证实核心成员承担着知识交流中介的角色,并因此弱化了社区的集中化程度⑤。

(2) 虚拟学术社区用户交互关系

① 会话关系。白淑英为研究 BBS 成员的互动关系提出了主帖、帖出、帖入的概念:主帖是 BBS 成员自立主题发布的帖子,它既包括意在发起某个话题的独立帖,也包括本是为了回复他人但却引起了他人回复的帖子;帖出是 BBS 成员回复他人的帖子;帖入是 BBS 成员被他人回复的帖子⑥。彭红彬、王军基于成员之间的"会话"关系研究了 CSDN 技术论坛知识交流的特征。⑦

---

① 见毛波、尤雯雯《虚拟社区成员分类模型》,《清华大学学报》(自然科学版)2006 年第 S1 期,第 1069 - 1073 页。

② 见雷雪、焦玉英、陆泉、成全《基于社会认知论的 Wiki 社区知识共享行为研究》,《现代图书情报技术》2008 年第 2 期,第 30 - 34 页。

③ 见王东《虚拟学术社区知识共享机制研究》,吉林大学 2010 年博士学位论文。

④ X. G. Wang, T. T. Jiang, Ma F. C. Blog-supported scientific communication: An exploratory analysis based on social hyperlinks in a Chinese blog community [J]. Journal of Information Science, 2010, 36 (6), pp. 690 - 704.

⑤ S. L. Toral, M. R. Martínez-Torres, Barrero F. Analysis of Virtual Communities supporting OSS Projects using Social Network Analysis[J]. Information and Software Technology, 2010, 52(3), pp. 296 - 303.

⑥ 见白淑英、何明升《BBS 互动的结构与过程》,《社会学研究》2003 年第 5 期,第 16 - 17 页。

⑦ 见彭红彬、王军《虚拟社区中知识交流的特点分析——基于 CSDN 技术论坛的实证研究》,《现代图书情报技术》2009 年第 4 期,第 44 - 49 页。

所谓"会话",是指虚拟社区中一个话题所引起的所有(有效)讨论或编辑构成一次会话。Adamic 等指出可以使用会话平均长度等指标预测问题求解的最佳答案。① 虚拟学术社区成员之间通过会话和互动,进行知识的交流和升华,在认识上逐渐达成一致和趋同,最终凝结为虚拟学术社区中的共享知识。因此,以用户为节点、以用户之间的会话关系为弧、以会话数量为权,可以构建用户会话的有向加权网络,从而清晰地绘制出"知识交流路线图",发现知识交流结构,把握知识流向、掌握交流动态。

② 链接关系。虚拟学术社区中的链接关系是指参与互动的社区成员之间、发布的知识信息之间以及发布的知识信息与其他网络学术信息之间的链接,主要包括关联链接、推荐链接和好友链接等,强调"用户"是传递和发布知识信息的中心,通过链接而实现"用户—用户"之间的知识信息交流。利用网络计量学中的链接分析法,通过入链、出链、互链、共入链、共出链等对虚拟学术社区链接关系进行分析,可以构建用户知识链接网络,从而发现社区用户基于链接知识交流的结构和模式。

③ 引证关系。随着互联网的普及和应用,网络信息资源越来越多地成为人们科研参考的来源,网络引证关系应运而生②。早期学者们关注的重点是网络链接分析,认为网络链接包含了网络引文的概念,但随着研究的不断深入,二者区别显现:在网络环境下,真正与传统引文对应的是网络引文而非链接,如 Kousha 等便研究和分析了 URL 引文,将其定义为网页的 URL 或标题在另一个网页中被提及,无论是否是超链接③④。虚拟学术社区中的引证关系虽然大部分以超链接的形式出现,但它更强调对知识信息的"引用"和"分析",是一种"情报学视角的链接分析",既不同于一般的链接,也不同于前述对用户链接关系的分析,是传统引证关系在虚拟社区环境下的延续和发展,它以引文格式为基础并借鉴引文分析的思想,如吴建中等学者在其博文后所列出的文献引用出处等⑤。

---

① L. A. Adamic, J. Zhang, Knowledge Sharing and Yahoo Answers: Everyone Knows Something[C]. In: Proceeding of the 17th World Wide Web Conference, Beijing, 2008, pp. 665 – 674.

② 见杨思洛《国外网络引文研究的现状及展望》,《中国图书馆学报》2010 年第 4 期,第 72 – 82 页。

③ K. Kousha, Thelwall M. Motivations for URL citations to open access library and information science articles[J]. Scientometrics, 2006, 68(3), pp. 501 – 517.

④ K. Kousha, Thelwall M. Google Scholar citations and GoogleWeb/URL citations: Amulti-discipline exploratory analysis [J]. Journal of the American Society for Information Science and Technology, 2007, 58(7), pp. 1055 – 1065.

⑤ 见吴建中《建中读书》,http://www.wujianzhong.name/(检索日期 2012 年 3 月 8 日)。

3.4.2 虚拟学术社区知识交流模式

探索虚拟学术社区知识交流的结构和模式,有利于进行学术知识的整合和共享,提高学术研究的效率和效果,从而更好地促进知识创新。

1. 基于会话关系的知识交流模式

任何复杂的基于用户会话关系的知识交流网络都可分解为最基本的三人会话关系,即三人会话关系是知识交流网络构成的"原子",这与白淑英[①]、彭红彬[②]、Wang[③]等人的研究相吻合。如果以用户为节点、以用户之间的会话关系为弧,可以将虚拟学术社区中的基于会话关系的三人知识交流模式归纳为以下 16 种结构,如图 3-27 所示。

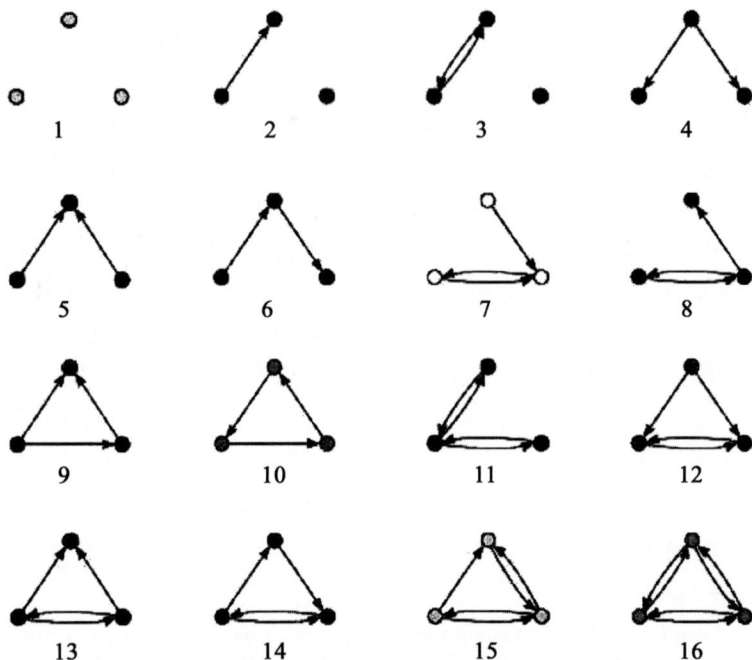

图 3-27　基于会话关系的基本知识交流模式

①　见白淑英、何明升《BBS 互动的结构与过程》,《社会学研究》2003 年第 5 期,第 16-17 页。
②　见彭红彬、王军《虚拟社区中知识交流的特点分析——基于 CSDN 技术论坛的实证研究》,《现代图书情报技术》2009 年第 4 期,第 44-49 页。
③　X. G. Wang, T. T. Jiang, Ma F. C. Blog-supported scientific communication: An exploratory analysis based on social hyperlinks in a Chinese blog community [J]. Journal of Information Science, 2010, 36 (6), pp. 690-704.

图 3-27 中上方顶点表示用户 A,左侧顶点表示用户 B,右侧顶点表示用户 C;节点间的连线表示用户间存在的会话关系;箭头表示用户间的交互引起的知识流动,比如 A→B 表示 A 的知识流向 B,则基于会话关系的基本知识交流模式解释如下:

① 第 1 种模式表示社区中三个用户都是孤独型的[①],他们既没帮助别人也没得到别人的帮助和关注,扮演的是浏览者或学习者的角色,只阅览信息而不向社区贡献知识。

② 第 2 种模式表示用户 B 的知识单向流向了 A,A 接受了 B 的建议或帮助,而 C 只是孤独的浏览者,并没有与社区其他成员发生互动,自然也不会受到其他成员的关注和认可;B 扮演的有可能是思想领袖或共享者的角色,A 扮演的可能是呼应者或学习者角色,二者在社区中地位和影响都要高于 C。

③ 第 3 种模式表示用户 A 和 B 进行了互动和交流,二者在社区中的地位等同,但都高于孤独者 C。

④ 第 4 种模式表示用户 A 的知识单向的流向用户 B 和 C,而用户 B 和 C 作为知识的接收者,二者之间没有任何交流;用户 A 扮演的是思想领袖,用户 B 和 C 充当了学习者。在虚拟学术社区基于会话关系形成的复杂的多用户知识交流网络中,扮演思想领袖角色的成员通常会将知识流向更多的其他用户,其知识交流的拓扑结构表现为单方向流出的星型结构,如著名学者武夷山老师的科学网博客截止至 2012 年 3 月 12 日已被 955 个博客主加为好友[②],属典型的"权威——追随者"模式。显然,这种模式用户之间的知识交流并不充分,知识只是单方向的传递和流动,而缺乏成员之间的互动和知识的融合与升华。

⑤ 第 5 种模式和第 4 种模式刚好相反,用户 A 吸收了用户 B 和 C 的知识,而 B 和 C 之间不进行任何交流;用户 A 扮演了学习者的角色,用户 B 和用户 C 充当了思想领袖或共享者或评论者。在实际复杂的知识交流网络中,充当 A 角色的社区成员还会向更多的其他用户学习和吸收知识,其知识交流的拓扑结构表现为单方向流入的星型结构,是典型的"学习型"模式,即一个新进入者或初级用户或知识贫乏者向多个高等级或资深用户或知识富有者学习,对应于现实社会中的"师徒制"模式,即一个"学生"向多个"老师"进行学习。

---

① 见宫辉、徐渝《高校 BBS 社群结构与信息传播的影响因素》,《西安交通大学学报》(社会科学版)2007 年第 1 期,第 93-96 页。

② 见武夷山 http://blog.sciencenet.cn/home.php?mod=space&uid=1557(检索日期 2012 年 3 月 6 日)。

⑥ 第 6 种模式是知识传递式,即用户 B 的知识传递给 A,A 的知识传递给 C;用户 A 可以看做是介于"新手"和"专家"之间的一般用户,扮演了呼应者或共享者的角色。

⑦ 第 7 种模式是 B 和 C 进行互动和交流,同时 C 也接收 A 的知识不断充实自己;用户 C 扮演着呼应者或共享者或评论者的角色,较为活跃。

⑧ 第 8 种模式是 B 和 C 有互动,同时 C 也将知识流向 A;用户 C 扮演着思想领袖的角色,用户 B 是呼应者或共享者或评论者,用户 A 充当学习者。

⑨ 第 9 种模式是 B 的知识单向流向了 A 和 C,C 接收了 B 的知识但也向 A 流出了知识;B 充当了思想领袖,C 充当了呼应者或共享者或评论者,A 充当了学习者。

⑩ 第 10 种模式是一种闭合的环状,知识从 B 出发、途径 A 和 C 又流向了 B;B 的知识在流动中得到了一定的完善和升华,如方锦清教授在《国家自然科学基金网络初探》一文的致谢中写道:"本文由科学网博文《略谈国家自然科学基金评审结果的看法与改进建议》修改而成。该博文得到许多网友的支持、评论与建设性意见。"① 又如范并思在其博文所说:"有时,我有一个想法放到博客上,博友们会有种种评论,这些评论时常能激发我的研究热情,再深化一下就写出论文来了。"② 此外,维基百科中的知识协同创作也在某些程度上类似于此模式。

⑪ 第 11 种模式表示用户 B 分别和 A 与 C 进行了相互交流,A 和 C 没有进行任何交流;B 充当了思想领袖,A 和 C 充当了呼应者或共享者,此二者的地位等同。

⑫ 第 12 种模式表示 A 的知识分别单向流向了 B 和 C,B 和 C 又发生了相互交流;A 充当了思想领袖,B 和 C 都扮演了呼应者或共享者。

⑬ 第 13 种模式是 B 和 C 的知识分别单向流向了 A,但二者之间也进行了互动交流,B 和 C 充当了思想领袖或共享者的角色,A 充当了学习者,引证了白淑英所得出的多中心互动模式③。

⑭ 第 14 种模式和第 13 种模式基本相似,唯一不同的是 A 充当了中介的角色,是呼应者或共享者或评论者。

⑮ 第 15 种模式是 B 的知识流向了 A,并且,用户 A 与 C、用户 B 与 C 又都发生了互动交流;B 扮演了思想领袖,A 和 C 充当了呼应者或共享者或评论

---

① 见方锦清《国家自然科学基金网络初探》,《中国科技资源导刊》2009 年第 6 期,第 1 - 7 页。
② 见范并思《老槐也博客》http://oldhuai.bokee.com(检索日期 2010 年 11 月 8 日)。
③ 见白淑英、何明升《BBS 互动的结构与过程》,《社会学研究》2003 年第 5 期,第 16 - 17 页。

者的角色,知识交流进行得相对较为充分。

⑯ 第16种是理想的知识交流模式,用户两两之间都进行了相互交流,彼此地位平等,能够畅所欲言,知识交流可以进行得非常充分。在复杂的多用户会话网络中又可以称为全链接型知识交流模式,适合于跨社区、跨网域的用户。如果每个用户周围又有一批呼应者或追随者,则类似于正式科学交流系统中的"无形学院"模式①。

虚拟学术社区基于会话关系建立的各种各样的复杂知识交流网络,实际上都是由以上16种最基本模式通过中介用户的连接、传递、组合形成的。

2. 基于链接关系的知识交流模式

(1) 关联链接知识交流模式

虚拟学术社区基于链接技术可以建立社区成员、知识信息、科学数据、专业文献等相互关联的知识交流和共享环境,大大提高了用户发现和获取所需知识信息的效率。关联链接中经常使用的 Tag(标签)技术可以让用户看到在网站上所有和他使用了相同 Tag 的内容,由此和其他人产生更多的联系②,Tag 所体现出的群体力量使得知识信息之间的相关性和用户之间的交互性大大增强,从而有效实现知识信息的交流和共享。刘佳认为 Tag 作为一种自由而有序的学术信息分类和共享方式,开创了网络学术信息交流的新阶段③。顾立平认为图书馆员应通过有效使用 Tag,充分发挥对读者或用户在信息选择方面的影响力④。目前,已经出现许多学术性标签工具,如通过使用CiteULike,科研人员可将感兴趣的资源链接存储在系统中,并用标签进行描述,这样既方便了用户日后对这些资源的重新检索,也可与其他用户共享该资源⑤。Lewis 和 Clark 图书馆开发的读者 Tabs 系统,使得读者在管理自己喜欢网页的同时,也自动生成收藏同一网页或使用相同标签的读者之间的链接,从而建立自己的好友圈子⑥。而基于 Wiki 的知识交流更具有明显的知识

① [美]D. Crane《无形学院——知识在科学共同体的扩散》,刘珺珺、顾昕等译,华夏出版社 1998 年版。
② 见黄晨《Lib 2.0 的观念与变革——以维基(Wiki)和标签(Tag)为例》,《图书馆杂志》2007 年第 8 期,第 36 - 39 页。
③ 见刘佳《基于网络的学术信息交流方法与模式研究》,吉林大学 2007 年硕士学位论文。
④ 见顾立平《基于 Web 2.0 用户信息检索行为的交互设计:后设分析与问卷调查研究》,《图书情报知识》2009 年第 5 期,第 26 - 34 页。
⑤ 见常唯《标签在数字学术资派内容揭示中的作用研究》,《图书馆杂志》2007 年第 1 期,第 46 - 52 页。
⑥ 资料来源《基于 Web 2.0 的用户群体交互分析及其服务拓展研究》http://www.lcls.org/tabs/(检索日期 2012 年 1 月 7 日)。

链接特征,它以词条为中心,通过相互引用和描述的链接方式,集中了平凡与不平凡人的思想,在不断增删与提炼中,在集思广益的融合下,获取思想的精粹,达到认识的趋同。

(2) 推荐链接知识交流模式

Karen 认为用户的网络行为是"第三层元数据"①。孙坦认为,通过运用数据挖掘等技术手段对用户的网络行为进行分析,可以得到表示一个用户类别的行为模式②。胡昌平、胡吉明和邓胜利指出,可将拥有相同行为模式的用户依据一定的算法聚类为用户群,以此向不同用户推荐其最可能感兴趣的信息和志趣相投的用户③。曾建勋认为,通过收集用户兴趣模型,由系统主动收集和分析用户查询式或用户对资源的浏览、下载和评价行为,建立一个用户兴趣数据库,形成用户的兴趣表示,找到与目标用户兴趣相似度最大的其他用户(或用户群),根据其他用户的兴趣爱好为目标用户推荐资源内容④。如信息聚合服务商,delicious、玩聚、鲜果等,通过挖掘和统计用户的浏览次数、跟帖频率、Tag 标注类型、被链接频度等各种信息使用行为特征,对用户喜爱的内容进行排序并以此来向用户推荐有价值的知识信息⑤。

(3) 好友链接知识交流模式

在博客、微博或个人网站中,好友链接是比较常见的互动方式,一般在主页特定的列表区通过链接指向博客主感兴趣的特定博客或学术网站。好友链接是博客主综合选择的结果,代表了博客主对链接目标频繁和持续的关注,如果对好友链接关系进行入链、出链、互链、共入链、共出链等分析,其存在的基本知识交流模式无疑类似于图 3-27。

3. 基于引证关系的知识交流模式

(1) 施引模式

该模式是指虚拟学术社区用户发布的知识信息施引正式发表的网络(如

① C. Karen Free the Data: Discussion Panel at IFLA 2008. http://community. oclc. org/meatlogue/archives/2008/08/free the data discussion pane. html. (检索日期 2012 年 2 月 9 日)

② 见孙坦《关于新世纪图书馆变革的若干思考》,《图书情报工作》2000 年第 8 期,第 64 - 67 页。

③ 见胡昌平、胡吉明、邓胜利《基于社会化群体作用的信息聚合服务》,《中国图书馆学报》2010 年第 3 期,第 51 - 56 页。

④ 见曾建勋《知识链接的研究现状与发展趋势》,《情报理论与实践》2011 年第 2 期,第 122 - 123 页。

⑤ 见黄晓斌《社会书签与网络信息推荐服务》,《情报理论与实践》2006 年第 1 期,第 121 - 124 页。

e-印本等)或纸质学术文献和非正式发表的博文、帖子、维基词条、知识互动问答平台、教学课件、会议记录等网络学术信息。如 Luyt 通过对维基百科中介绍世界上 249 个国家历史的条目中进行引证分析,发现期刊、图书等非网络信息占了 37.7％,政府网站、大学网站、在线期刊等网络信息占了 62.3％[1]。

(2) 被引模式

该模式是指虚拟学术社区用户发布的知识信息被正式发表的网络(如 e-印本等)或纸质学术文献和非正式发表的博文、帖子、维基词条、知识互动问答平台、教学课件、会议记录等网络学术信息所引用。如早在 2004 年《大学图书馆学报》就开始选登图书情报界专家学者博客中的优秀博文,《新世纪图书馆》也在 2007 年开始专门开辟"博客选萃"栏目[2]。国内外学者也对传统学术文献引证网上学术信息进行了大量实证研究和分析,如张翠英、胡德华等统计了情报学期刊的网络引文量、网络引文律及引证网络学术信息来源分布[3][4];Oermann 对护理学期刊的分析表明平均每篇论文引证 3.1 篇网络学术信息[5]。而对于虚拟学术社区形成的知识信息被网络学术信息引证的情况,孙建军、李江认为是传统引文分析在网络环境下的延续与发展[6],其引文可以十分方便地获取和追踪,可以出现在文献的每个部分,还可以链接的方式隐含在其中。典型的如维基百科中的词条链接和参考文献等。此外,Kousha 还发现部分 URL 引文存在着与传统引文相同的学术动机,并与传统引文数据显著相关[7][8]。

正如徐美凤、叶继元所指出的,虚拟学术社区不仅满足了网络环境下学

① B. Luyt, D. Tan, Improving Wikipedia's credibility: References and citations in a sample of history articles [J]. Journal of the American Society for Information Science and Technology, 2010, 61(4), pp. 715 - 722.

② 见杨思洛《国外网络引文研究的现状及展望》,《中国图书馆学报》2010 年第 4 期,第 72 - 82 页。

③ 见张翠英、安美荣、王建芳等《Web 引文数量探析》,《情报学报》2004 年第 5 期,第 566 - 570 页。

④ 见胡德华、方平、吴忠祖《情报学期刊网络参考文献的调查研究》,《图书情报知识》2005 年第 6 期,第 84 - 86 页,第 89 页。

⑤ M. H. Oermann, Web citations in the nursing literature: how accurate are they [J]. Journal of Professional Nursing, 2008, 24(6), pp. 347 - 351.

⑥ 见孙建军、李江《网络信息计量理论、工具与应用》,科学出版社 2009 年版。

⑦ K. Kousha, Thelwall M. Motivations for URL citations to open access library and information science articles[J]. Scientometrics, 2006, 68(3), pp. 501 - 517.

⑧ K. Kousha, Thelwall M. Google Scholar citations and GoogleWeb/URL citations: Amulti-discipline exploratory analysis [J]. Journal of the American Society for Information Science and Technology, 2007, 58(7), pp. 1055 - 1065.

术交流的需求,而且是对传统学术交流模式的补充和发展,已经越来越成为专业人士、科研工作者分享信息与知识的重要平台①。笔者在系统参阅国内外大量相关研究文献和网络体验、调研的基础上,综合运用比较分析、归纳演绎等研究方法重点探讨了虚拟学术社区基于会话、链接、引证三种用户互动关系的知识交流模式,发现虚拟世界的学术知识交流也遵循自然而有规则的秩序和等级结构。然而,虚拟学术社区知识交流包含了太多复杂的因素,本书基于用户三种主要交互关系对虚拟学术社区知识交流模式进行了研究,虽取得了初步的研究成果和结论,但后续研究还需要对虚拟学术社区广大用户开展大规模的问卷调查和社会访谈,以对本研究初步得出的虚拟学术社区知识交流模式进行实证分析、检验和修正,并结合具体的学科和专业,研究、构建更加具体、差异化的知识交流模式,揭示隐藏在其背后的知识交流机制和相关分布和变化规律。

---

① 见徐美凤、叶继元《学术虚拟社区知识共享主体特征分析》,《图书情报工作》2010 年第 22 期,第 111 - 113 页。

4 学术社区知识交流模式实证研究

4.1 基于某国家重点实验室研究群体的实证分析

以武汉大学测绘遥感信息工程国家重点实验室的 80 名在编科研人员组成的研究群体为例,对构建的学术社区部分知识交流模式进行实证分析。该实验室曾在科技部每五年一次进行的评估中连续三次被评为优秀,是我国众多优秀学术社区的典型代表;而 Thomson Reuters 科技集团的 Web of Knowledge 数据库收录的论文都是经过国际同行评审的高质量论文,是知识创新和知识生产成果的典型代表。因此,本研究以该实验室在 2005—2009 年间发表的并被 Web of Knowledge 数据库收录的 227 篇期刊和会议论文作为实证分析的研究对象,借助社会网络理论及其工具软件 Ucinet、Citespace Ⅱ以及自编程序对其中的作者合作、作者引用、作者耦合知识交流模式进行实证分析。

4.1.1 社会网络分析法及相关概念

社会网络分析(social network analysis,SNA)就是通过分析社会网络内部成员之间的关系和交互,发现它们的组织结构、组织特点、行为方式、个性特征等[①]。作为一项热门方法和技术,已被广泛应用于社会学、管理学、信息科学等领域。同样,国内外学者也对社会网络分析在文献计量学中的应用进行了大量的研究,主要用于作者合著和关键词共现分析以及社会化网络标签

---

① 见刘蓓、袁毅、BOUTIN Eric《社会网络分析法在论文合作网中的应用研究》,《情报学报》2008 年第 3 期,第 408 - 411 页。

等,藉以发现文献信息流或网络信息流的结构和特征等①②③④。本实证分析运用到社会网络分析中的以下概念⑤:

① 二值矩阵:对应的邻接矩阵中各元素是 1 或 0,分别代表关系的存在与否。本研究在用 Netdraw 软件对作者合著、作者文献耦合和作者关键词耦合进行无向网络图可视化展示时都使用初始关系矩阵;在分析网络结构特征时,由于二值矩阵更加适用,都将初始矩阵转换为二值矩阵。

② 整体网密度:根据图论原理,一个包含 n 顶点的无向网络图,理论上其存在的最大连线数为 n(n−1)/2。如果该图中存在的实际连线数为 m,该网络的密度就是"实际连线数"除以"理论上的最大连线数",即等于 2m/n(n−1)。所以,密度越大意味着整体网络中各个节点之间联系程度越紧密;反之则较稀疏。

③ 整体网成员之间的距离:在整体网中,两点之间的距离是图论意义上的距离,即二者之间在图论或者矩阵意义上最短途径(即捷径)的长度。本研究在计算成员之间距离以及整体网的平均距离时,使用的是 Ucinet 程序默认的"邻接距离"类型,即对应于图论距离意义上的标准化二值数据。建立在"距离"基础上凝聚力指数在 0 和 1 之间,其值越接近 1,表明该网络成员之间的关系比较紧密,凝聚力强。

④ 成分:如果一个图可以分为几个部分,每个部分的内部成员之间存在关联,而各个部分之间没有任何关联,在这种情况下,我们把这些部分称为成分。

4.1.2 作者合著知识交流模式分析

为方便分析,统计出该实验室发表 3 篇论文(含非第一作者身份发表的论文)以上的作者 26 人,如表 4−1 所示。下面对作者合著、作者文献耦合和作者关键词耦合知识交流模式的分析均是以这 26 位高产作者为研究对象进行。

---

①　E. Otte, R. Rousseau, Social network analysis: A powerful strategy, also for the information sciences [J]. Journal of information science, 2002, 28(2), pp. 443 − 455.

②　D. Jansen, R. Gortz, R. Heidler, Knowledge production and the structure of collaboration networks in two scientific fields [J]. Scientometrics, 2010, 83(1), pp. 219 − 241.

③　E. J. Yan, Y. Ding, Q. H. Zhu, Mapping library and information science in China: A coauthorship network analysis [J]. Scientometrics, 2010, 83(1), pp. 115 − 131.

④　Y. Tonta, H R. Darvish, Diffusion of latent semantic analysis as a research tool: A social network analysis approach[J]. Journal of informetrics, 2010, 4(2), pp. 166 − 174.

⑤　见刘军《整体网分析讲义》,格致出版社 2009 年版。

表 4 - 1　发表论文在 3 篇及以上的作者(含非第一作者身份发表的论文)

作者	篇数	作者	篇数	作者	篇数	作者	篇数	作者	篇数
Zhang LP	30	Li QQ	12	Huang X	8	Yue P	5	Zhong YF	3
Gong JY	28	Liao MS	12	Gong W	7	Yang BS	4	Tian LQ	3
Li PX	26	Zhang L	11	Chen NC	6	Fang ZX	3		
Li DR	20	Wang M	8	Pan J	6	Zhu XQ	3		
Chen XL	19	Shao ZF	8	Li F	5	Zhu YX	3		
Zhu Q	13	Qin QQ	8	Yan JG	5	Wu HY	3		

　　统计出这 26 位高产作者中任意两位在这 227 篇论文中合著出现的次数如表 4 - 2 所示。将该矩阵导入 Netdraw 软件后,生成的可视化图形如图 4 - 1 所示。

表 4 - 2　经过缩减后的作者合著共现矩阵

	Zhang LP	Gong JY	Li PX	Li DR	Chen XL	Zhu Q	Li QQ
Zhang LP	0	0	24	0	0	0	0
Gong JY	0	0	0	0	2	1	1
Li PX	24	0	0	0	0	0	0
Li DR	0	0	0	0	0	0	1
Chen XL	0	2	0	0	0	0	0
Zhu Q	0	1	0	0	0	0	0
Li QQ	0	1	0	1	0	0	0

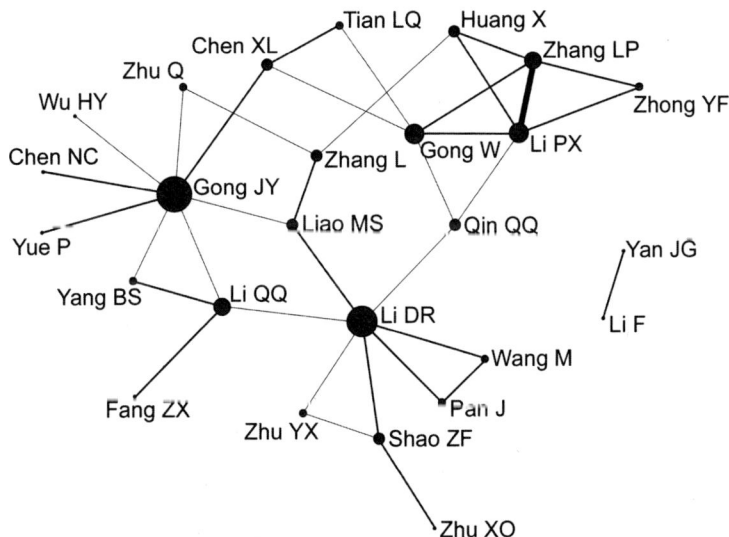

图 4 - 1　作者合著网络图

图 4-1 中的每个顶点代表一个作者,顶点的大小代表与顶点作者有合著关系人数的多少,如和 Gong JY 合著的人数最多,为 8 人;顶点之间的连线代表两个作者之间存在合著关系,连线的粗细代表这两个作者合著发表论文的多寡,如 Zhang LP 和 Li PX 之间的连线最粗,他们合著发表的论文最多,为24 篇。

① 学习提高式知识交流。如图 4-2、图 4-3 所示。在图 4-2 中,Zhong YF 是 Zhang LP 和 Li PX 联合指导的博士生,即 Zhong YF 向 Zhang LP 和 Li PX 两位老师学习和成长,毕业后留室工作。图 4-3 中,Yang BS 和 Fang ZX 都师从 Li QQ,是 Li QQ 培养的优秀学生,毕业后留在该实验室工作。此二人是典型的学生向老师学习提高式知识交流模式。

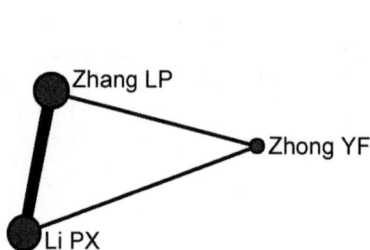

图 4-2　一人向多人学习式
知识交流

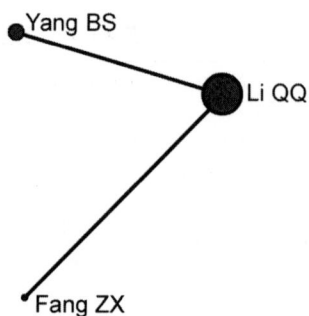

图 4-3　多人向一人学习式
知识交流

② 探讨前进式知识交流。如图 4-4 所示。

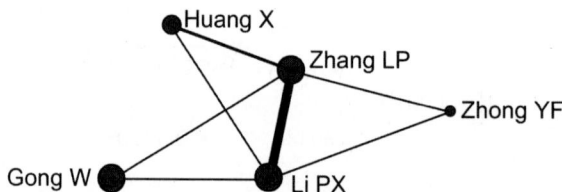

图 4-4　探讨前进式知识交流

笔者从学者网站上调查得知,Zhang LP 的研究方向是高光谱遥感、计算智能及其在遥感影像处理中的应用;Li PX 的研究方向是高分辨率遥感影像处理,他们二人属于同一研究专业领域又都是正教授。从图 4-4 可以看出,他们二人之间的连线最粗,表明合著发表的论文数量最多,他们二人同时还与别人进行合作,并分别以自己为中心组成了合作小群体,因此,是典型的小同行探讨前进式知识交流,以他们二人为中心组成了"双子"星座,即同侪联合体。

③ 互补结合式知识交流。如图4-5所示。

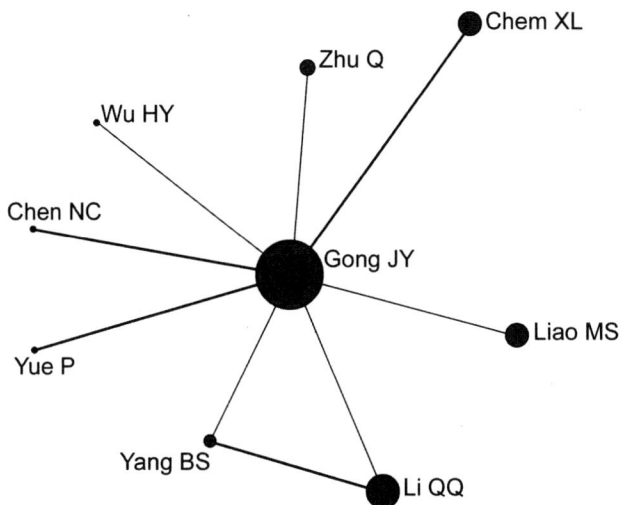

图4-5 互补结合式知识交流模式

通过学者网站调研得知,Gong JY 的研究方向是地理信息系统与几何遥感的理论、方法、标准、软件与应用研究,而与之有合作关系的八人中,除 Li QQ、Wu HY、Yue P 的研究方向与之比较密切相关外,与其他人都是知识结构互补结合式合作。经调查,Liao MS 的研究方向是摄影测量与遥感、信号与信息处理;Chem XL 的研究方向是水环境遥感定量研究、生态/环境/灾害遥感应用研究;Zhu Q 的研究方向是虚拟现实;Chen Nc 的研究方向是传感网络;Yang BS 的研究方向是激光雷达数据特征提取与三维重建。可见,Gong JY 在与不同知识结构的学者互补、结合研究过程中提高了自己的科研产出和研究效率。

④ 结构角色式知识交流。利用 Ucinet 软件得到每位作者的核心度(Coreness)①以及他们的层次分类。基于社会网络分析中的核心—边缘模型,对于连续的核心—边缘模型(core-periphery),还可以细化为核心—半边缘—边缘结构(core-semiperiphery-periphery),这样就可以把研究对象分为三个层次。由于26为作者核心度的平均值为 0.038,这里把核心度大于0.038的作为核心群体,大于 0.027 小于 0.038 的作为半边缘群体,其他作为

---

① 在 Ucinet 中,沿着 network-core/periphery-continuous 进行核心度计算。

边缘群体。

表 4-3 高产作者的核心度及层次分布情况

层次	作者	核心度	作者	核心度	层次
核心	Zhang LP	0.162	Yan JG	0.018	边缘
	Li PX	0.162	Chen NC	0.018	
	Li DR	0.077	Li F	0.018	
	Gong JY	0.063	Tian LQ	0.018	
	Huang X	0.054	Yue P	0.014	
	Wang M	0.050	Qin QQ	0.014	
	Pan J	0.045	Fang ZX	0.014	
	Gong W	0.041	Zhu XQ	0.014	
半边缘	Liao MS	0.036	Yang BS	0.014	
	Zhang L	0.032	Zhu Q	0.009	
	Shao ZF	0.032	Zhu YX	0.009	
	Li QQ	0.032	Wu HY	0.005	
	Zhong YF	0.027			
	Chen XL	0.027			

为进一步了解作者在合作知识交流模式中充当的角色作用,本书又计算了每位作者的中介中心度。如表 4-4 所示。

表 4-4 高产作者的中介中心度

作者	中介核心度	作者	中介核心度
Li DR	38.311	Wang M	0
Gong JY	33.089	Chen NC	0
Li QQ	15.789	Pan J	0
Qin QQ	14.667	Li F	0
Gong W	13.011	Yan JG	0
Liao MS	12.439	Yue P	0
Chen XL	11.122	Yang BS	0
Li PX	8.983	Fang ZX	0

（续表）

作者	中介核心度	作者	中介核心度
Shao ZF	7.333	Zhu XQ	0
Zhang L	6.522	Zhu YX	0
Huang X	3.456	Wu HY	0
Zhang LP	2.639	Zhong YF	0
Zhu Q	2.306	Tian LQ	0

结合表 4-3 和表 4-4,可以看出核心作者的中介中心度都相对比较高,尤其是 Gong JY 和 Li DR 更是合作群体中的"明星",承担着守门人的角色。

此外,从图 4-1 还可以看出,26 位高产作者被分为两个成分即合著群体,最大的合著群体包含了 24 位作者,合著的连通性较好,有利于实现成员之间知识的共享和扩散。将作者合著矩阵转化为二值矩阵后,利用 Ucinet 软件得到合著群体的整体网络密度为 0.1108;整体网络成员之间的平均距离为 2.838,凝聚力指数为 0.372。

4.1.3 作者文献耦合知识交流模式分析

关于作者文献耦合的计算方法有两个不同的视角,具体表现就是 L. Leydesdorff 和 D. Z. Zhao 的算法完全不一样。马瑞敏博士推算的 L. Leydesdorff 在他个人学术网站上提供的一个进行作者文献耦合分析软件的算法为[1]:两个作者的耦合首先是两个文献(作者分别为 A 和 B)的耦合,即文献的耦合是基础,先求出两篇文献的耦合次数,就求出这两篇文献的著者之间的耦合次数,然后累加。该方法每增加一篇文献便要和目标作者的所有文章参考文献进行匹配,因此效率比较低。D. Z. Zhao 给出的两个作者文献耦合的计算方法[2] 是将某个作者(只考虑第一作者)所有论文的参考文献作为一个集合,然后和另一个作者所有文献的参考文献进行比较,找出共同的参考文献次数即为这两个作者之间的文献耦合次数。由于一篇文献在某个作者的参考文献中出现的次数不止一次,比如 A 作者中出现 N 次,同时在 B 作

[1] 见马瑞敏《基于作者学术关系的科学交流研究》,武汉大学 2009 年博士学位论文。
[2] D. Z. Zhao, Evolution of Research Activities and Intellectual Influences in Information Science 1996—2005: Introducing Author Bibliographic-Coupling Analysis [J]. Journal of the American society for information science and technology, 2008, 59(13), pp. 2070-2086.

者的参考文献中出现 M 次,则这篇文献要给个权值,具体为 $MIN(N,M)$。本研究采用 D. Z. Zhao 的处理方法,但略有不同的是包含了非第一作者;又由于根据此定义合著文献的作者之间必然存在一定数量的参考文献是相同的,即存在文献耦合,为验证假设 H_1,我们排除了合著文献,通过自编程序获取的排除合著文献后作者文献耦合矩阵(缩减后)如表 4 - 5 所示。将该矩阵导入 Netdraw 后,生成的可视化图形如图 4 - 6 所示。

表 4 - 5　经过缩减后的作者文献耦合矩阵(排除合著文献后)

	Zhang LP	Gong JY	Li PX	Li DR	Chen XL	Zhu Q	Li QQ
Zhang LP	0	6	0	7	4	0	3
Gong JY	6	0	5	4	0	0	0
Li PX	0	5	0	5	4	0	3
Li DR	7	4	5	0	4	1	0
Chen XL	4	0	4	4	0	1	3
Zhu Q	0	0	0	1	1	0	3
Li QQ	3	0	3	0	3	3	0

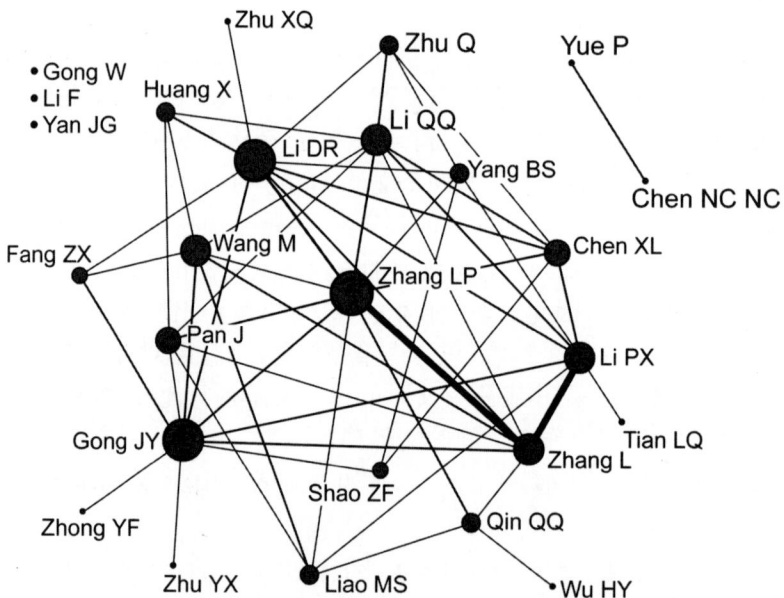

图 4 - 6　作者文献耦合网络图(排除合著文献后)

图 4-6 中的每个顶点也是代表一个作者,顶点的大小代表与顶点作者有文献耦合关系人数的多少;顶点之间的连线代表两个作者之间存在文献耦合关系,连线的粗细代表两个作者文献耦合次数的多少。从图 4-6 可以看出,26 位高产作者分为 5 个成分,最大的成分包含了 21 位作者。

将作者文献耦合矩阵(排除合著文献后)转化为二值矩阵后,利用 Ucinet 软件得到整体网的密度为 0.1662;整体网成员之间的平均距离为 2.047,凝聚力指数为 0.377。

分析表 4-5 和图 4-6 并结合密度、距离及凝聚力指数等表明作者文献耦合网络图的连通性较好、节点之间连接紧密且路径较短。根据前述可知,参考文献可看做是作者所吸收的已有知识,亦即通过交流所获得的知识来源。因此,学术社区成员之间互动较好、交流充分,大部分成员之间沟通渠道畅通,知识来源联系紧密,说明整个社区内部存在显著的作者文献耦合知识交流模式,实现了特定专业知识的分享和扩散,大部分成员都吸收了类似的专业知识,知识的同质性较强等。

4.1.4　作者关键词耦合知识交流模式分析

本研究我们利用 D. Z. Zhao 所给出的文献耦合计算方法来计算作者关键词耦合,同样在不考虑是否是第一作者并排除合著文献的情况下利用自编程序提取出作者关键词耦合矩阵如表 4-6 所示,将该矩阵导入 Netdraw 后,生成的可视化图形如图 4-7 所示。

表 4-6　经过缩减后的非合著作者关键词耦合矩阵

	Zhang LP	Gong JY	Li PX	Li DR	Chen XL	Zhu Q	Li QQ
Zhang LP	0	2	0	4	8	0	0
Gong JY	2	0	2	4	0	0	0
Li PX	0	2	0	4	6	0	0
Li DR	4	4	4	0	4	2	0
Chen XL	8	0	6	4	0	0	1
Zhu Q	0	0	0	2	0	0	1
Li QQ	0	0	0	0	1	1	0

图 4-7 中的每个顶点也是代表一个作者,顶点的大小代表与顶点作者有关键词耦合关系人数的多少;顶点之间的连线代表两个作者之间存在关键词

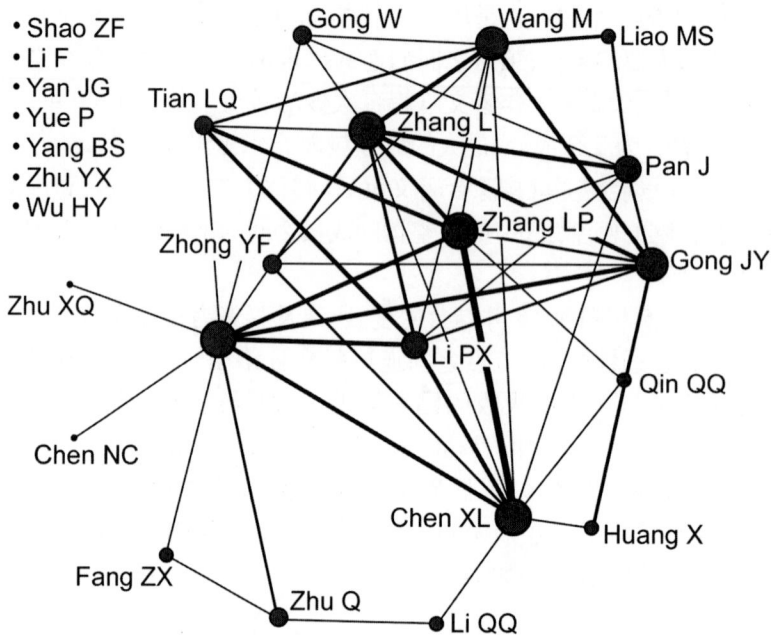

图 4-7 作者关键词耦合网络图(排除合著文献后)

耦合关系,连线的粗细代表两个作者关键词耦合次数的多少。从图 4-7 可以看出,26 位高产作者被分为 8 个成分,最大的成分包含了 19 位作者。

将作者关键词耦合矩阵转化为二值矩阵后,利用 Ucinet 软件得到整体网的密度为 0.1538;整体网成员之间的平均距离为 1.942,凝聚力指数为 0.321。

分析表 4-6 和图 4-7 并结合密度、距离及凝聚力指数等表明,学术社区成员所生产的"知识单元"之间具有较大的共现性和相关性,交流内容比较深入和集中,实现了特定知识的吸收和共享并生产了新的具有同质性的专业知识等,存在显著的作者关键词耦合知识交流模式。

4.1.5 作者耦合式知识交流相关关系分析

如果我们将论文的参考文献看做是作者所吸收的已有知识,将文献的关键词看做是作者所创造的新知识中的知识单元,根据科学知识发展的累积性和递进性等特征,已有科学知识是新科学知识生产的基础,也即是说一篇论文中的参考文献是这篇论文产生的基础,也是其知识单元——关键词产生的基础。结合前面对作者文献耦合和作者关键词耦合的定义可知,尽管科学知识的发展也具有变异性和革新性等特征,但如果两个作者(剔除其合著文献)

之间存在一定程度的文献耦合,那么他们相应的关键词之间也应具备耦合关系,并且其作者文献耦合程度越大,相应的作者关键词耦合程度就愈强。根据前面的论述可知,一个交流充分、联系紧密的学术社区内部存在广泛的作者文献耦合、作者关键词耦合等关系,形成了一个相互交织、复杂的知识交流网络,其知识的吸收和创造之间应存在一定的相关关系。下面,本书用社会网络分析中二次指派程序[1][2](quadratic assignment procedure,QAP)为验证学术社区成员的作者文献耦合矩阵与作者关键词耦合矩阵之间(排除社区成员之间的合著文献之后)的相关性。QAP 是通过对两个方阵中各个元素的相似性进行比较,给出两个矩阵之间的相关系数,同时对系数进行非参数检验,它以对矩阵数据的置换为基础并且计算随机置换后的相关系数大于实际相关系数的概率。具体而言,QAP 计算程序有以下三个步骤:

首先,把每个矩阵中除对角线之外的所有数值看成是一个长向量,计算这两个长向量之间的相关系数。

其次,对其中的一个矩阵的行和相应的列同时进行随机的置换,然后计算置换后的矩阵与另一个矩阵之间的相关系数,保存计算的结果。重复这种计算过程几百次甚至几千次,将得到一个相关系数分布,从中可以看到这种随即置换后计算出来的几百个或几千个相关系数,大于或等于第一步中计算出来的观察到的相关系数比例。

最后,比较第一步中计算出来的实际观察到的相关系数与根据随机重排计算出来的相关系数的分布,看观察到的相关系数是落入拒绝域还是接受域,进而做出判断。也就是说,如果上述比例低于 0.05(假设研究者确定的显著性水平为 0.05),这在统计意义上表明所研究的两个矩阵之间存在强关系,或者说二者之间的相关系数不太可能是随机带来的。

本研究利用软件 Ucinet 计算出的作者文献耦合矩阵和作者关键词耦合矩阵之间的相关系数和显著性水平如表 4-7 所示。

表 4-7　作者文献和作者关键词耦合矩阵之间的相关分析结果

	排除作者合著文献	包含作者合著文献
QAP 相关系数	0.428	0.602
显著性水平	0.000	0.000

从表 4-7 可以看出,排除合著文献后,学术社区成员之间的作者文献耦

---

① 　见刘军《整体网分析讲义》,格致出版社 2009 年版。
② 　见刘军《社会网络分析导论》,社会科学文献出版社 2004 年版。

合矩阵与作者关键词耦合矩阵依然存在较强的正相关关系,相关系数为0.428,并且关系在统计的意义上是显著的。如果包含作者之间的合著文献,由于具有合著文献的作者之间必然有一定数量的参考文献和关键词是相同的,并且合著文献越多,其相同的参考文献和关键词数量就越大,作者文献耦合及相应的作者关键词耦合程度就越强,所以学术社区成员之间包含合著文献的作者文献耦合矩阵与作者关键词耦合矩阵的相关关系比未包含合著文献的作者文献耦合矩阵与作者关键词耦合矩阵的相关关系较强,其相关系数为0.602,并且关系在统计的意义上是显著的。因此,学术社区成员之间的作者文献耦合矩阵与作者关键词耦合矩阵之间(无论是否包含合著文献)都存在显著的正相关关系。

为进一步分析和验证该实验室研究群体所存在的作者合作和作者耦合知识交流模式,分别计算含合著文献的作者文献耦合矩阵和含合著文献的作者关键词耦合矩阵的密度、距离以及凝聚力指数,并汇总为如表4-8所示。

表4-8　各种矩阵的密度和凝聚力指数

作者合著矩阵			排除合著文献后作者文献耦合矩阵			排除合著文献后作者关键词耦合矩阵		
密度	距离	凝聚力指数	密度	距离	凝聚力指数	密度	距离	凝聚力指数
0.1108	2.838	0.372	0.1662	2.047	0.377	0.154	1.942	0.321
			含合著文献作者文献耦合矩阵			含合著文献作者关键词耦合矩阵		
			密度	距离	凝聚力指数	密度	距离	凝聚力指数
			0.2769	1.755	0.553	0.262	1.769	0.546

从表4-8可以看出,武汉大学测绘遥感信息工程国家重点实验室这一优秀学术社区内部的作者合著程度还是较高的,存在显著的作者合作式知识交流。而作者文献耦合矩阵、作者关键词耦合矩阵,无论是否包含合著文献,其密度都大于作者合著矩阵,其作者之间的平均距离都小于作者合著之间的平均距离,说明作者之间知识交流和知识共享程度要大于作者之间的合著这一社会关系程度,交流的互动性强,交流渠道畅通,交流对象广泛,交流内容深入、集中。作者文献耦合矩阵、作者关键词耦合矩阵,无论是否包含合著文献,其本身的密度和凝聚力指数又相对较高,一方面说明学术社区内部存在普遍的作者文献耦合和作者关键词耦合现象,社区内部特定知识的传播和扩

散充分;另一方面,如前所述,若视参考文献为作者的知识来源、论文关键词为作者生产的知识单元,那么,其凝聚力指数较高表明其社区成员具有较强的知识同质性,学术社区成员之间具有明显的身份认同和特定的专业门槛和边界。

理论研究和实证分析表明,国内优秀学术社区除了较常见的作者合著知识交流模式之外,还存在较普遍的作者文献耦合和作者关键词耦合等知识交流模式。其内部知识交流呈现出互动性强,联系紧密,交流途径畅通,交流对象广泛,交流内容深入、集中,特定知识的传播和扩散充分等特征。

4.2 基于关键词共现的知识交流模式实证分析

1. 数据采集

(1) 采集样本

由布拉德福定律可知,学科核心期刊刊载文献能够较全面地反映该学科的研究热点和水平。因此,本研究结合 2004 年版、2008 年版北大中文核心期刊目录和 2000—2009 年中文社会科学引文(CSSCI)每年来源期刊以及武汉大学中国科学评价中心发布的《中国学术期刊评价研究报告——权威期刊和核心期刊排行榜》,按照权威性、代表性和可靠性的原则,我们选择图书情报学科的《中国图书馆学报》《大学图书馆学报》《图书馆杂志》《图书馆建设》四种图书馆学专业核心期刊和《图书情报工作》《现代图书情报技术》《图书情报知识》三种图书情报综合核心期刊所载文献为样本。参考图情档学期刊的半衰期,我们以五年作为一个考察区间,为方便对不同区间的研究主题进行比较,探究图书馆学的发展趋势,我们按"最近"原则将样本的采集区间选定为1999—2008 年,数据来源于中国知网(CNKI)全文数据库(其中 2008 年的数据更新至当年 10 月份)。

(2) 采集方法

文献检索方法是:选择图书馆学专辑,在检索项中选择"刊名",检索期限为 1999 年 1 月至 2008 年 10 月。数据获取方法是:选中每页显示的 50 条检索结果中除会议通知、会议报道、刊物征稿等消息类文献(702 篇)之外的全部学术研究性文献(11 673 篇),将其题录(包括作者、题名、期刊名、年份、期号、关键词、摘要等)导出并保存为一个个文本文件,然后再将文本文件利用自编程序进行处理和统计。同时,为保证研究结果的可信度,在处理时删除没有关键词的学术论文(1 718 篇),只保留有关键词的学术论文,简称学术论文(9 955 篇)。如表 4 - 9 所示。

表4-9 学术论文统计

年　份	1999	2000	2001	2002	2003	2004	2005	2006	2007	2008	合计
保留论文数目	605	872	1 118	1 091	1 165	1 076	1 104	1 210	981	733	9 955
删除论文数目	461	274	263	171	101	68	118	99	100	63	1 718

（3）词频统计

利用计算机程序,将七种图书馆学学术刊物1999—2008年间每年发表的学术论文中出现的关键词按词频的高低排序输出,并将十年中总共出现的关键词也按总词频的高低排序输出,我们发现十年中总词频频次超40(含40)的前77个关键词的累计词频已达9 004,是十年总词频之和35 698的25.2%,并且在每年关键词总频次与每年关键词总数之比呈下降态势的情况下(表明文献主题越来越分散),这些关键词每年的累积频次都达到或超过当年关键词总频次的20%,符合集中分散的"二八定律",说明这些关键词无论是在绝对频次上还是相对比率上都是高频关键词,代表了我国图书馆学最近十年的研究热点。见表4-10。

表4-10 关键词及其词频

年　份	1999	2000	2001	2002	2003	2004	2005	2006	2007	2008	10年
高频词频次	527	892	1 189	1 055	1 149	973	944	989	710	576	9 004
关键词总频次	1 956	2 921	3 853	3 845	4 160	3 887	4 075	4 512	3 623	2 866	35 698
高频词频次与关键词总频次之比	27%	31%	31%	27%	28%	25%	23%	22%	20%	20%	25%
关键词总数	1 093	1 579	1 936	2 077	2 330	2 258	2 345	2 652	2 340	1 849	20 459
关键词总频次与关键词总数之比	1.79	1.85	1.99	1.85	1.79	1.72	1.738	1.70	1.548	1.55	1.745

　　对这些高频关键词中的以下六组同义词进行合并:即将数字图书馆、数字化图书馆合并为数字图书馆;网络、因特网、计算机网络、internet合并为网络;机读目录、marc、cnmarc合并为机读目录;网络信息资源、网络资源合并为网络信息资源;中图法、中国图书馆分类法合并为中图法;开发利用、利用合并为开发利用。高频关键词由原来的77个缩减为现在的68个,重新排序后,它们的位次和总频次如表4-11所示。

<h3>表4-11　前68位高频关键词</h3>

位次	关键词	频次	位次	关键词	频次	位次	关键词	频次
1	图书馆	1 548	24	图书馆自动化	89	47	信息组织	48
2	数字图书馆	950	25	数字化	84	48	电子出版物	47
3	高校图书馆	778	26	参考咨询	80	49	图书馆建设	47
4	信息服务	318	27	图书馆事业	80	50	虚拟图书馆	47
5	网络	278	28	文献资源建设	72	51	情报学	46
6	公共图书馆	256	29	知识经济	70	52	数字参考咨询	46
7	图书馆学	244	30	开发利用	68	53	图书馆建筑	46
8	图书馆管理	198	31	数字资源	66	54	著录	46
9	资源共享	197	32	信息检索	66	55	评价	45
10	网络环境	194	33	信息资源建设	62	56	文献资源	45
11	数据库	175	34	编目	61	57	版权	43
12	信息资源	154	35	学科馆员	61	58	管理模式	43
13	读者服务	153	36	创新	58	59	搜索引擎	43
14	发展	138	37	电子阅览室	57	60	文献传递	43
15	知识管理	132	38	个性化服务	56	61	资源整合	43
16	机读目录	125	39	calis	55	62	改革	42
17	元数据	121	40	知识服务	53	63	虚拟参考咨询	42
18	图书馆员	118	41	馆际互借	52	64	藏书建设	41
19	图书馆服务	106	42	图书馆学教育	52	65	图书馆联盟	41
20	网络信息资源	106	43	知识组织	52	66	信息素质	41
21	期刊	106	44	服务模式	51	67	复合图书馆	40
22	中图法	104	45	知识产权	49	68	共建共享	40
23	电子资源	98	46	文献检索	48			

2. 共词聚类分析

根据前面的叙述,我们采用共词分析法来描述关键词与关键词之间的关联与结合,以便进一步揭示图书馆学领域学术研究内容的内在相关性和学科领域的微观结构。这需要四个步骤来完成:第一,从相关文献数据库中抽取能够代表该学科研究主题或研究方向的高频关键词或主题词,在此,我们就选用表 4-12 中所列的前 68 个高频关键词;第二,两两统计这些高频词同时出现在相关文献中的累计次数,形成共词矩阵并进行标准化;第三,选取多元统计方法分析这个标准化共词矩阵中高频词之间的亲疏关系;第四,对所获得的数据进一步分析,以探讨其所代表的学术研究内容的内在相关性和学科领域的微观结构。

(1) 建立共词矩阵并进行标准化

利用自编程序并结合 SQL Server 2 000 数据库管理系统,对确定的 68 个高频关键词统计出它们在 9 955 篇学术论文中两两同时出现的频次,形成一个 68×68 的共词矩阵(部分数据如表 4-12 所示)。该矩阵为对称矩阵,对角线上的数据为该词出现的频次,如关键词图书馆共出现了 1 548 次,它与数字图书馆同时在 12 篇论文中出现,即表示有 12 篇论文同时使用了这两个关键词。

表 4-12 高频关键词共词矩阵(部分)

高频 关键词	图书馆	数字 图书馆	高校 图书馆	信息 服务	网络	公共 图书馆
图书馆	1 548	12	5	62	40	2
数字图书馆	12	950	16	37	42	17
高校图书馆	5	16	778	64	10	4
信息服务	62	37	64	318	24	18
网络	40	42	10	24	278	2
公共图书馆	2	17	4	18	2	256

表 4-12 中列出的是关键词两两共现频次的观察值矩阵,反映的是一种表象,因为两个关键词共现频次的多少直接受两个关键词各自词频大小的影响。为消除原始共词矩阵绝对值差异的影响,真正揭示关键词之间的共现关

系,我们利用表示关键词共现相对强度的 Salton 系数对矩阵进行标准化处理[①]。其计算公式为:$Sij=nij/(ni×nj)1/2$,式中,Sij 值在 0~1 之间,它代表关键词 i 和 j 共同出现的概率,ni、nj 分别表示关键词 i 和 j 的频次,nij 表示关键词 i 和 j 共现的频次。比如,图书馆和信息服务的 Salton 系数= $62/(1 548×318)1/2=0.088$。两词的对角线上的数据表示某个词与自身的相关程度,换上式计算均为 1,从而将共词矩阵转化为标准相关矩阵。见表 4 - 13。

表 4 - 13　标准化后的共词相关矩阵(部分)

高频关键词	图书馆	数字图书馆	高校图书馆	信息服务	网络	公共图书馆
图书馆	1	0.009895	0.004556	0.0883675	0.060975	0.003177
数字图书馆	0.009895	1	0.018611	0.067317	0.081727	0.034472
高校图书馆	0.004556	0.018611	1	0.12867	0.021502	0.008963
信息服务	0.088367	0.067317	0.12867	1	0.080719	0.063087
网络	0.060975	0.081727	0.021502	0.080719	1	0.007497
公共图书馆	0.003177	0.034472	0.008963	0.063087	0.007497	1

(2) 多元统计分析

多元统计分析是共词分析的核心内容,我们采用其中的因子分析和聚类分析方法对中文关键词进行类属分析,揭示国内图书馆学的研究结构。

① 因子分析。因子分析的目标是用尽可能少的因子去描述众多的指标或因素之间的联系,其基本原理是根据相关性大小把研究对象的变量进行分组,使得每组变量代表一个基本结构,这个基本结构称为公共因子,这样较少的几个公共因子就可以反映原始资料的大部分信息。利用因子分析法,可根据因子个数碎石图,帮助聚类分析时确定最佳分类数。

以标准化后的共词相关矩阵为基础对 68 个关键词进行因了分析,在统计软件 SPSS13.0 中,选取 Principal Components 主成分法进行操作。结果表

---

① AFJ Van Raan, RJW. Tijssen, The neural net of neural network research—An exercise in bibliometric mapping. Scientometrics. 1993(23), pp. 169 - 192.

明有 9 个因子被提取,其累计方差解释贡献率为 87.097%。也就是说,将 68 个关键词分为 9 个类别,就可以解释我国图书馆学研究领域 87.097%的信息,其信息损失率仅为 12%。与因子抽取相配套的因子个数碎石图如图 4－8 所示。

Scree Plot

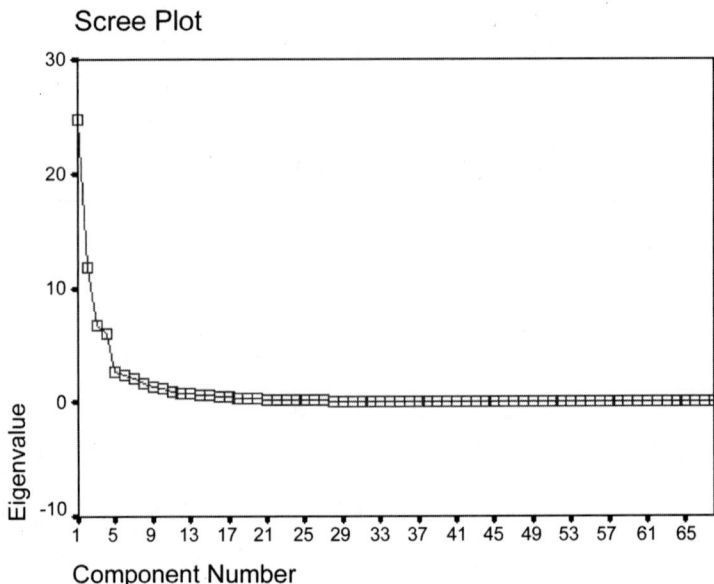

图 4－8　因子个数碎石图

　　② 聚类分析。聚类分析是通过一定的方法将没有分类信息的资料按相似程度归类的过程。本书采用聚类分析中应用最为广泛的分层聚类 (hierachical cluster)。该方法的原理是先将所有 n 个变量看成不同的 N 类,然后将性质最接近的两类合并为一类;再从 N－1 类中找到最接近的两类加以合并,依次类推,直到所有的变量被合并为一个大类。最后再把整个分类系统画成一张谱系图,用它把所有变量间的亲疏关系表示出来。

　　由于共词矩阵经过标准化后,已有 Counts(计数)类型转变为 Interval(连续)类型,因此,我们在利用软件 SPSS13.0 进行聚类时,选择 Squared Euclidean distan(欧氏距离平方)作为变量距离的测度方法,类间距离的计算方法采用 Between-groups linkage(组间连接),根据因子分析的结果,指定聚为 9～13 类,通过分析比较,我们认为将 68 个高频关键词聚为 9 类较为合理。其聚类结果如图 4－9 所示。

```
                    C A S E       Rescaled Distance Cluster Combine
                                 0    5    10   15   20   25
          Label              Num  +----+----+----+----+----+
          机读目录            16  ─┐
          著录                54   ├──────────┐（8）编目
          编目                34  ─┘          │
          期刊                21  ─┐          │
          开发利用            30  ─┤          │
          中图法              22  ─┤          │
          文献检索            46  ─┤          │
          图书馆自动化        24  ─┤          │
          电子出版物          48  ─┤ （7）信息资源开发与利用
          信息资源            12  ─┤          │
          网络信息资源        20  ─┤          │
          数据库              11  ─┤          │
          电子资源            23  ─┤          │
          calis               39  ─┘          │
          信息检索            32  ─┐          │
          搜索引擎            59  ─┤ （2）数字环境下的图书馆
          知识产权            45  ─┤      建设
          版权                57  ─┤          │
          数字资源            31  ─┤          │
          资源整合            61  ─┤          │
          元数据              17  ─┤          │
          信息资源建设        33  ─┤          │
          虚拟图书馆          50  ─┤          │
          知识组织            43  ─┤          │
          信息组织            47  ─┤          │
          网络                 5  ─┤          │
          电子阅览室          37  ─┤          │
          个性化服务          38  ─┤          │
          评价                55  ─┤          │
          数字化              25  ─┤          │
          复合图书馆          67  ─┤          │
          图书馆建设          49  ─┤          │
          数字图书馆           2  ─┘          │
          参考咨询            26  ─┐（9）参考咨询
          数字参考咨询        52  ─┤          │
          虚拟参考咨询        63  ─┘          │
          信息服务             4  ─┐          │
          服务模式            44  ─┤          │
          高校图书馆           3  ─┤          │
          学科馆员            35  ─┤（3）高校图书馆及服务
          网络环境            10  ─┤          │
          藏书建设            64  ─┤          │
          信息素质            66  ─┘          │
          馆际互借            41  ─┐          │
          文献传递            60  ─┤          │
          文献资源建设        28  ─┤（6）文献资源建设与共享
          文献资源            56  ─┤          │
          资源共享             9  ─┤          │
          图书馆联盟          65  ─┤          │
          共建共享            68  ─┘          │
          知识经济            29  ─┐          │
          创新                36  ─┤          │
          图书馆               1  ─┤          │
          知识管理            15  ─┤（1）知识经济下的图书馆发展
          知识服务            40  ─┤          │
          发展                14  ─┤          │
          图书馆事业          27  ─┤          │
          改革                62  ─┤          │
          图书馆管理           8  ─┤          │
          图书馆员            18  ─┤          │
          管理模式            58  ─┤          │
          图书馆建筑          53  ─┘          │
          图书馆学             7  ─┐（5）图书情报学
          情报学              51  ─┘
          公共图书馆           6  ─┐
          图书馆学教育        42  ─┤（4）公共图书馆及服务
          图书馆服务          19  ─┤
          读者服务            13  ─┘
```

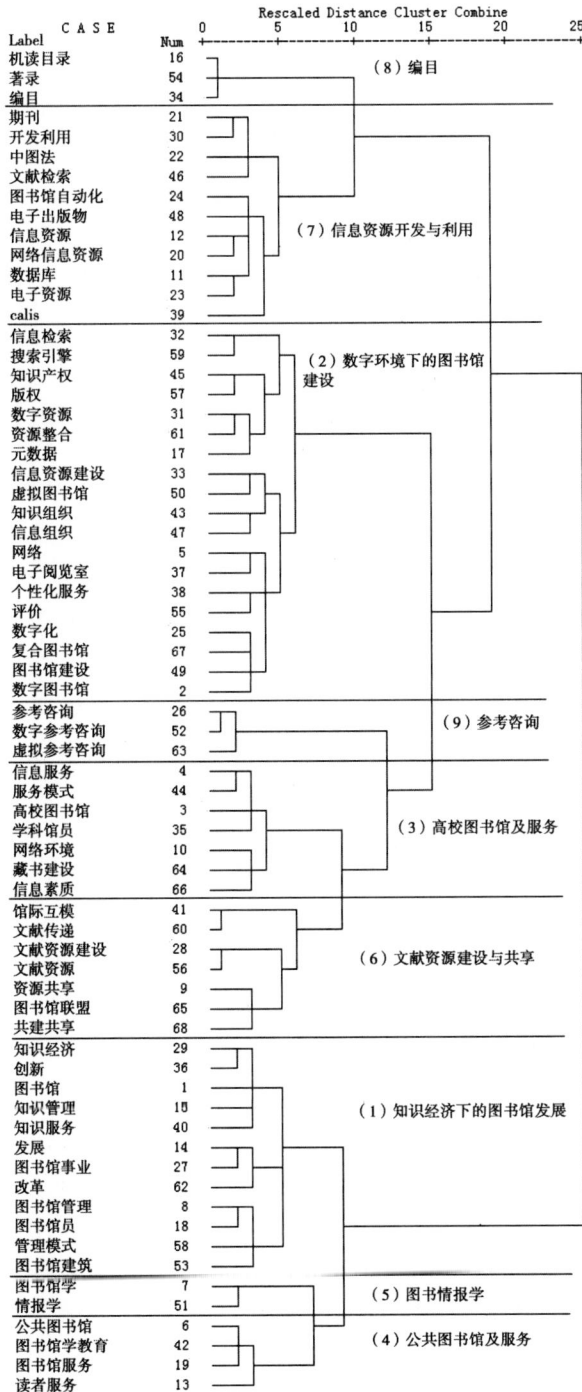

图 4 - 9 聚类结果树状图

3. 共词知识交流分析

（1）知识结构分析

下面,结合相关文献对当前我国图书馆学领域的研究结构逐一进行解读和阐释。

① 知识经济下的图书馆发展。吴慰慈先生曾指出:"图书馆学是一门实践性很强的学科,是一门致用的科学,图书馆学研究不能游离于图书馆事业的实践之外,因而它与技术、经济和社会发展有着密切的联系,离开或割裂了这种联系,图书馆学研究就无法开展下去。"① 因此,置身于"图书馆"内外环境和"知识经济"整个社会大背景中的"图书馆事业"的"改革""发展""创新",便成了图书馆学研究的重要主题,这也可从最近十年中国图书馆学会的年会主题和国家社科基金课题指南中图书馆学的研究主题得到验证。图书馆学研究客体正沿着文献→信息→知识的方向逐步深化,"知识管理"和"知识服务"成为图书馆学新的研究热点和学科增长点。加强"图书馆管理"和"管理模式"以及"图书馆员"角色和素质的研究是提高图书馆"知识服务"能力的重要途径。"知识服务"是为了满足社会"知识经济"发展的需要,而图书馆可以成为"知识服务"的主战场。所以,知识经济背景下的图书馆发展已成为目前我国图书馆学研究的主要结构,这也和美国"芝加哥学派"谢拉和巴特勒的"社会认知论"相一致,即将图书馆、知识与社会三者有机结合,从社会的角度来研究图书馆学,使图书馆学研究上升到一个新的高度。

② 数字环境下的图书馆建设。以计算机、网络为主的当代信息技术驱动着"图书馆建设"从传统的"电子阅览室"过渡到"复合图书馆",现又向"网络"环境下的"虚拟图书馆"和"数字图书馆"发展。相应地,"信息资源建设"也从传统的纸质收藏逐步向"数字化"和"数字资源"过渡,现又向"资源整合"发展,由此又引起了对信息资源的"评价""版权"和"知识产权"的研究;"信息组织"从"元数据"逐步迈向"知识组织";"信息检索"从"搜索引擎"向"个性化服务"发展,这是当前我国图书馆学研究的另一重要主题。

③ 高校图书馆及服务。随着当前我国高校的快速发展,师生人数迅速增加,作为学生第二课堂和高校三大支柱之一的"高校图书馆",一方面,只有不断加强"藏书建设"才能满足广大师生的阅读需求;另一方面,当前开放的"网络环境"对高校图书馆员提出了严峻的挑战,他们需要不断地提高自身"信息素质"和改进"服务模式"才能为广大师生提供满意的"信息服务",并实行"学

---

① 见吴慰慈《回顾过去 展望未来 开拓前进——建设 21 世纪图书馆学学科体系》,《中国图书馆学报》1998 年第 5 期,第 3-6 页。

科馆员"制度,为某一领域或学科的研究和发展提供专深的"信息服务"。

④ 公共图书馆及服务。"公共图书馆"是图书馆学的主要研究对象,也是"图书馆学教育"的主要内容,它为社会公众提供的"读者服务""图书馆服务"等是图书馆学研究的永恒主题。

⑤ 图书情报学。众所周知,"图书馆学"与"情报学"有着很深的渊源关系,它们在理论、方法、技术、内容、性质等方面都存在明显的相同点或近似点,很多研究内容既属于图书馆学也属于情报学研究范畴,没有严格的界线。在当今数字信息环境中,"图书馆学"与"情报学"的融合发展已成为世界性潮流。

⑥ 文献资源建设与共享。"文献资源"是图书馆的核心要素,为图书馆的服务提供保障并决定图书馆的服务能力,因此,"文献资源建设"是图书馆最重要的基础工作。但是在当今信息时代,"文献资源"的有限性和用户信息需求无限性的矛盾使任何图书馆都不可能仅凭自身"文献资源建设"来满足用户的信息需求,所以,"馆际互借""文献传递""图书馆联盟""共建共享""资源共享"等就被提高到了前所未有的高度。由于目前大范围的文献资源共享还不尽如人意,所以文献资源建设与共享从理论到实践便成为当前我国图书馆学研究的一个重要领域。

⑦ 信息资源开发与利用。信息资源的"开发利用"涉及"期刊""电子出版物""电子资源""信息资源""网络信息资源""数据库""calis"等的建设过程,管理上涉及"中图法"等,技术上涉及"文献检索""图书馆自动化"等。中国高等教育文献保障系统"calis"是图书馆学理论、实践、管理、技术相结合的产物,是我国当前信息资源开发与利用的典范,但它仍有待继续完善和发展。当前信息资源开发与利用的广度和深度都有待进一步拓展和深化。

(2) 战略坐标图分析

在上文中,我们已利用多元统计技术的因子分析、聚类分析等定量方法将高频关键词的共词矩阵聚为了九个不同的类团,相应地,最近十年我国图书馆学研究被分为了九种不同的研究结构。但上文给出的只是研究结构的静态特征,为了更好地探讨这些研究热点和研究结构的发展动态,下面我们绘制出它们的战略坐标图。

这种方法最早是由 Law 等提出,用来描述不同研究领域或研究结构的内部联系和相互影响情况①。它是以向心度和密度为参数绘制成的二维坐标

---

① J. Law, S. Bauin, J-P Courtial, J. Whittaker, Policy and the Mapping of Scientific Changer: A co-word analysis of Research into Environmental Acidification [J]. Scientometrics, 1988, 14(3-4), pp. 251-264.

图,一般,X 轴为向心度(centrality),Y 轴为密度(density),原点为二者的均值。

向心度(centrality):用来量度一个类团和其他类团相互影响的程度。一个类团与其他类团联系的数目和强度越大,这个类团所代表的研究结构在整个学科的研究工作中就越趋于中心地位[1]。对于特定的类团,可以通过该类团所有主题词或关键词与其他类团的主题词或关键词之间链接的强度加以计算。这些外部链接的总和、平方和的开平方等都可以作为该类团的向心度。本书采取每个类团与其他类团链接的总和作为该类团的向心度。

密度(density):用来量度使字词聚合成一类的这种联系的强度,也就是该类的内部强度,它表示该类维持自己和发展自己的能力。计算出每个类团中每一对主题词或关键词在同一篇文献中同时出现的次数(即内部链接)之后,可以通过计算这些内部链接的平均值、中位数或者平方和等多种方式得出类团的密度。本书采取每个类团内部链接的平均值作为这个类团的密度。

战略坐标图可以概括地表现一个领域或亚领域的研究结构,将整个平面划分为四个象限,以每个类团在平面中的不同位置代表各个主题的研究程度和发展状况。如图 4 - 10 所示。

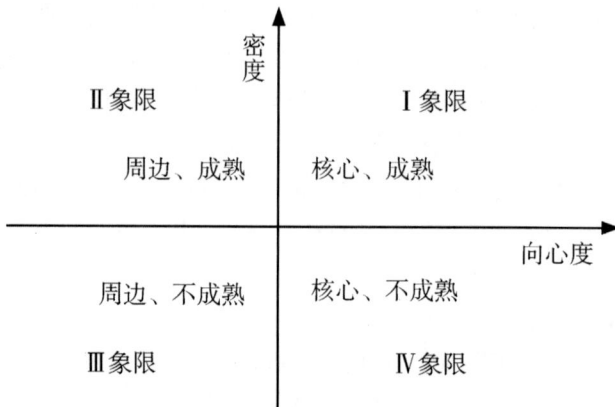

图 4 - 10　战略坐标

Ⅰ象限:如果把战略坐标图看作整体研究网络,则在此象限的研究主题内部联系紧密并处于研究网络的中心。它们的密度和向心度都较高,密度高说明研究主题内部联系紧密,研究趋向成熟;向心度高,说明这个象限中的研

---

[1]　M. Callon, F. Laville, Co-word Analysis as a tool for Describing the Netword for Interactions Between Basic and Technological Research: The Case of Polymer Chemistry[J]. Scientometrics, 1991, 22(1), pp. 155 - 205.

究主题又与其余各研究主题有广泛的联系,即处于研究网络的中心。

Ⅱ象限:此象限的研究主题内部联系紧密,说明结构已相对固定,但与其他研究主题联系不密切,在整个研究网络中处于边缘位置。

Ⅲ象限:此象限的研究主题密度和向心度都较低,说明内部结构松散,研究尚不成熟,处于整个研究网络的边缘。

Ⅳ象限:此象限的研究主题向心度较高,与其他主题联系紧密,研究人员都有兴趣,但是密度较低,内部结构比较松散,研究尚不成熟,这说明此象限的研究主题有进一步发展的空间,是潜在的发展趋势。

本研究根据共词矩阵和聚类后生成的类团,计算出各类团的向心度和密度,如表4-14所示。

表4-14　9个类团的密度和向心度

类别号	1	2	3	4	5	6	7	8	9	平均值
向心度	1 281	1 419	1 115	479	312	614	1 410	352	184	796.22
密度	31.08	33.5	32	22	40	26.4	22.64	45.67	25.67	30.996

然后利用SPSS13.0软件绘制出战略坐标图,如图4-11所示。

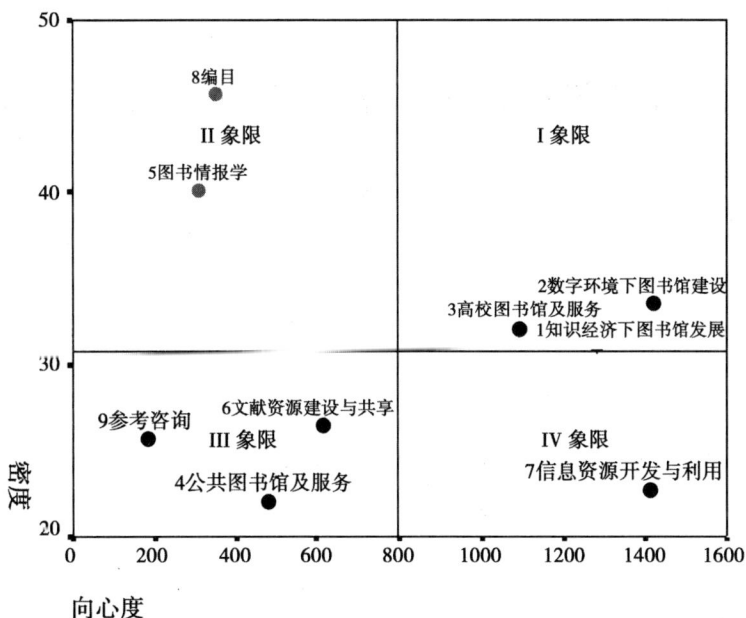

图4-11　最近十年我国图书馆学研究领域战略坐标图

Ⅰ象限中编号为 2 的研究主题"数字环境下的图书馆建设"向心度最高，与其他主题联系紧密，达 1 419，比均值超出 627；密度第三高，但与最高值"编目"差 12.17，仅高出均值 2.5，说明这是目前我国图书馆学研究的核心领域，并且由于研究尚缺乏成熟，未来会继续持热、引领图书馆学研究的潮流；编号为 1 的"知识经济下的图书馆发展"向心度第三，编号为 3 的"高校图书馆及服务"向心度第四，但此二者的密度都不高，分别高出均值 0.08 和 1，说明此二者是未来我国图书馆学研究的重要领域。

Ⅱ象限中的"编目"和"图书情报学"密度分别是最高和次高，说明此二者内部结构联系紧密，有研究机构和研究人员在对其进行专门研究并形成了一定的研究规模，但由于向心度较低、与其他研究主题联系松散，吸引不来广大研究人员的兴趣，未来仍然会维持现状，即继续保持在图书馆学研究中的重要地位但不会变得太热。

Ⅲ象限中的"文献资源建设与共享"、"公共图书馆及服务"和"参考咨询"向心度和密度都不高，未来会继续发展并保持在图书馆学研究中重要地位。

Ⅳ象限中的"信息资源开发与利用"向心度最高，但密度倒数第二，说明研究尚不成熟，但受到广大研究人员的关注和爱好，是未来学科的增长点和发展趋势，比如信息资源的深度开发与利用等。

4.3 基于网络引文的知识交流模式实证分析

随着互联网的飞速发展和深入普及与应用，网络信息资源日益丰富，互联网已成为研究者获取学术信息的重要来源和载体，越来越多的网络信息资源被学术论文所引用并包含在其后的参考文献中，被称为网络引文或网络（电子）参考文献，其突出特征是参考文献著录内容中含有网址（URL）。它是网络资源应用于学术研究的最直接表现，是学科专家对网上学术资源的一种变相的同行评议，说明了对网络资源学术价值的认可，反映学者们利用网络信息的情况，是最具有存档价值的文化、学术信息[1][2]。以网络为载体的知识交流越来越成为一种重要的交流方式，综观国内外对网络引文的相关研究，

---

① 见周毅《网络信息存档：档案部门的责任及其策略》，《档案学研究》2010 年第 1 期，第 70 - 73 页。

② 见毛凌翔《网络信息资源档案化及其服务的探讨》，《档案学研究》2012 年第 2 期，第 50 - 55 页。

对网络引文的数量和可获得性研究较多①②③,而鲜有对网络引文的类型、分布、可追溯性以及相互之间的关系进行分析,而后者的研究有助于探索网络引文的一般规律、完善网络引文研究的内容体系,掌握学者利用网络信息资源的数量和情况,为进一步探索学者利用网络信息资源的模式和规律、更加有效地开发和利用网络信息资源奠定基础。

4.3.1　图书情报学科网络引文的类型、分布与可追溯性分析

1. **数据来源与处理方法**

(1) 数据来源

参考国内外相关研究并结合国内期刊的状况,选取国内图书情报学科最具影响力的《中国图书馆学报》《情报学报》《大学图书馆学报》《图书情报工作》等四种期刊作为选刊样本,从南京大学 CSSCI 数据库下载来源文献,时间跨度为 2005—2010 年。在统计过程中,各期刊中的新闻、通告、快报、简讯、卷首语以及数据库查询失败的论文等不计算在内,剔除之后共有文献 5 323 篇,其中《中国图书馆学报》720 篇、《情报学报》771 篇、《大学图书馆学报》754 篇、《图书情报工作》3 078 篇。

(2) 处理方法

通过自编计算机程序自动提取下载的近五年四种期刊参考文献的所有网络引文,并进行人工检查。在本次研究中,出现一篇文章两次或两次以上引用同一个 URL 时,只将其算做一个网络引文;但当两篇或两篇以上文章同时引用同一个 URL 时,将按其出现的次数计算网络引文个数。此次研究的样本对象共有网络引文 11 328 个,其中《中国图书馆学报》含有 1 812 个、《情报学报》含有 1 334 个、《大学图书馆学报》含有 1 949 个、《图书情报工作》含有 6 233个。此外,为对各种网络引文的可访问性进行研究,使用 Remote Link Checker④ 这一免费共享软件对所获取的网络引文数据集进行测试。

---

① 见杨思洛《国外网络引文研究的现状及展望》,《中国图书馆学报》2010 年第 188 期,第 72‐82 页。

② 见苏芳荔《国内外网络引文分析研究比较》,《情报资料工作》2009 年第 6 期,第 10‐13 页。

③ W. Andrea, Citations to Web Pages in Scientific Articles: The Permanence of Archived References [J]. Annals of Emergency Medicine, 2011, 57(2), pp. 165‐168.

④ Remote Link Checker, http://www. tali. com/linker. html. (检索日期 2012 年 3 月 29)

2. 网络引文期刊分布和年际变化分析

表 4-15 网络引文期刊分布情况

	中图学报	情报学报	大图学报	图情工作	合计
论文数	720	771	754	3 078	5 323
含 Web 引文论文数	399	400	402	1 651	2 852
引文数	9 250	11 338	8 014	33 508	62 110
Web 引文数	1 812	1 334	1 949	6 233	11 328
篇均引文数	12.85	14.71	10.63	10.89	11.67
篇均 Web 引文数	2.52	1.73	2.58	2.03	2.13
Web 引文数/引文数	19.59%	11.77%	24.32%	18.60%	18.24%
含 Web 引文论文数/论文数	55.42%	51.88%	53.32%	53.64%	53.58%

表 4-16 网络引文年际变化分析

年度	论文	含 Web 引文论文	引文	Web 引文	篇均 Web 引文	篇均 引文数	Web 引文数/ 引文总数	含 Web 引文论文/ 论文总数
2005	782	397	7 958	1 875	2.40	10.18	23.56%	50.77%
2006	796	438	8 591	1 334	1.68	10.79	15.53%	55.03%
2007	817	390	9 503	1 467	1.80	11.63	15.44%	47.74%
2008	793	425	9 085	1 953	2.46	11.46	21.50%	53.59%
2009	1 156	637	14 223	2 547	2.20	12.30	17.91%	55.10%
2010	979	565	12 750	2 152	2.20	13.02	16.88%	57.71%
合计	5 323	2 852	62 110	11 328	2.13	11.67	18.24%	53.58%

从表 4-15 和表 4-16 可以看出,5 323 篇论文中含有网络引文的论文共 2 852 篇,占 53.58%,篇均网络引文 2.13 个(篇均引用文献 11.67 篇),网络引文数与所有引文总数之比为 18.24%。无论从期刊分布还是年度来看,含网络引文论文占论文总数的比例基本稳定,都逼近总平均值 53.58%,这说明

随着我国网络信息基础设施的建设和互联网的普及,网络信息资源得到了我国图书情报研究者的信任和利用;而《情报学报》篇均网络引文个数和网络引文占所有引文的比率在四种期刊中最低,《大学图书馆学报》篇均网络引文个数和网络引文占所有引文的比率在四种期刊中最高,说明不同刊物由于其风格和选题的不同使得网络引文数量和比率存在一定的差异。Tajeddini 通过对 2005—2008 年 *Information Processing & Management*、*Library & Information Science Research*、*Journal of Librarianship and Information Science*、*Journal of Information Science*、*Online Information Review*、*Journal of Documentation* 等六种期刊的研究表明 66% 的论文含有网络引文,篇均网络引文 4.2 个(篇均引用文献 36 篇),网络引文数与所有引文总数之比为 11%[①];Riahinia 通过对 2005—2008 年 *Information Processing and Management*、*Journal of Academic Library*、*Journal of Librarianship and Information Science*、*Library and Information Science Research*、*Online Information Review*、*Journal of Documentation* 等六种期刊的研究表明篇均网络引文 4.09 个(篇均引文量 32 篇),网络引文数与所有引文总数之比为 12.81%[②],说明随着我国网络环境的日益发展和完善、我国图书情报学者对获取网络信息资源的能力和意识也得到提高,从含有网络引文的论文率以及网络引文与所有引文总数的比率这两个指标来看,其对网络参考文献的引用已接近国际水平。

  3. 网络引文的类型及年度分布

  根据网络引文的格式类型,将文本格式为 htm、html、pdf、doc、ppt、txt 的归为静态类网络引文;将格式类型为 asp、jsp、php、cfm 以及网址中含有"?"的归为动态类网络引文;将网络引文格式为网站或主机或 IP 地址的归为网站类网络引文;而将以上类型之外的归为其他类网络引文。从表 4-17 可以看出,2008、2009、2010 年静态类网络引文占当年网络引文的比例明显低于 2005、2006、2007 年;而 2008、2009、2010 年动态类网络引文占当年网络引文的比例恰恰都高于 2005、2006、2007 年,说明网络引文中静态类网页的比例在逐年下降,而随着 Web 2.0、Web 3.0 以及各种虚拟社区、动态知识库等的兴起,网络引文中动态类网页的数量和比例在逐渐上升。

---

① O. Tajeddini, A. Azimi. Death of web citations: a serious alarm for authors [J]. Malaysian Journal of Library & Information Science, 2011, 16(3), pp. 17-29.

② N. Riahinia. Web citation persistence over time: a retrospective study The Electronic Library [J]. 2011, 29(5), pp. 609-620.

表 4 - 17   网络引文类型及其年度分布

	2005 年	2006 年	2007 年	2008 年	2009 年	2010 年	合计
静态网络引文	1 109	846	912	1 102	1 423	1 175	6 567
	59.15%	63.42%	62.17%	56.43%	55.87%	54.60%	57.97%
动态网络引文	149	51	101	237	318	330	1 186
	7.95%	3.82%	6.88%	12.14%	12.49%	15.33%	10.47%
网站	210	79	128	144	225	156	942
	11.20%	5.92%	8.73%	7.37%	8.83%	7.25%	8.32%
其他	407	358	326	470	581	491	2 633
	21.71%	26.84%	22.22%	24.07%	22.81%	22.82%	23.24%

对静态类网络引文的文本格式进一步分析(如表 4 - 18 所示),可以看出虽然 htm 或 html 格式的网页占当年网络引文比例在逐渐下降,但 pdf 格式的网络引文占当年网络引文的数量和比例却在逐渐增加,说明我国图书情报学者目前利用网络学术资源的主要文件格式虽是 htm 或 html 格式,但随着 pdf 格式的网络学术信息的大量涌现未来有可能上升为最受欢迎的文件格式。

表 4 - 18   静态类网络引文的本文格式及年度分布

	2005 年	2006 年	2007 年	2008 年	2009 年	2010 年	合计
htm	859	508	637	732	921	766	4 423
	45.81%	38.08%	43.42%	37.48%	36.16%	35.59%	39.04%
pdf	222	302	227	319	446	359	1 875
	11.84%	22.64%	15.47%	16.33%	17.51%	16.68%	16.55%

此外,美国研究型图书馆协会曾于 2008 年通过调查得出博客、维基等八种主要的新型网络学术信息资源的结论[①],为对比国内图书情报学科目前所使用的主要新型网络学术信息,本文专门对博客、维基类型的网络引文进行了统计,如表 4 - 19 所示。通过对博客、维基类网络引文的网址进行分析,我们发现它们的网址中既包含静态网页、又包含动态网页、还包含网站以及其他类型网页,但这两者在 2008、2009、2010 年无论绝对引文数量还是占当年网

---

① N. L. Maron, K. Kirby Smith Current Models of Digital Scholarly Communication. http://www.arl.org/bm~doc/current-models-report.pdf.(检索日期 2012 年 3 月 1 日)

络引文比例都高于 2005、2006、2007 年,说明博客、维基类网络学术信息已日益成为我国图书情报学科正在使用的新型网络学术信息,除作为隐含在作者整个科研过程中(包括选题、收集材料、作品形成等)的信息参考源外,还作为显性参考源被学术论文所引用①。

表 4-19　博客、维基类网络引文的年度分布

	2005 年	2006 年	2007 年	2008 年	2009 年	2010 年	合计
blog	16	13	44	88	98	72	331
	0.853%	0.975%	2.999%	4.506%	3.848%	3.346%	2.922%
wiki	3	5	19	12	35	30	104
	0.160%	0.375%	1.295%	0.614%	1.374%	1.394%	0.918%

4. 不同类型网络引文的可追溯性分析与比较

对网络引文的访问或追溯一般使用超文本传输协议(HTTP, HyperText Transfer Protocol),它是所有 WWW 文件都必须遵守的标准,即由 HTTP 客户端发起一个请求,建立一个到服务器指定端口(默认是 80)的 TCP 连接;HTTP 服务器则在那个端口监听客户端发送过来的请求,一旦收到便向客户端发回一个状态代码或响应消息。根据 W3C 的相关规范及定义②,笔者认为如果 HTTP 服务器返回的状态代码是"200 OK",该网络引文是可以被正常访问和追溯的;如果返回的是其余状态代码或错误的响应消息,如 404 Not Found、500Internal Server Error 等,便认为不能够被正常访问,该网络引文是不可追溯。我们使用 Remote Link Checker 这个免费共享软件对网络引文的可追溯性进行检验和分析,这个软件可以多线程运行、支持对指定网址的重复检验、具有较好的输入输出功能;并且国内外研究者已经成功使用③④。但稍有缺憾的是 Remote Link Checker 软件在处理过程中对重复网址进行自动删除(重复的网址代表了被引用的频次,特别是对于网址只著录

---

① 见朱宁、聂应高《网络学术信息参考源的可信度辨析》,《情报理论与实践》2011 年第 2 期,第 62-66 页。

② HTTP-HyperText Transfer Protocol. http://www.w3.org/Protocols/.(检索日期 2012 年 5 月 29 口)

③ H. G. Dion, K. N. Peng, Link Decay in Leading Information Seciense Journals[J]. Journal of the American Society for Information Science and Technology, 2007, (58), pp. 15-24.

④ 见朱莹、望俊成《情报学领域网络引文衰减规律研究——以三种核心期刊为例》,《情报科学》2010 年第 5 期,第 699-704 页。

到网站或网站的文件夹网络引文有时会代表不同的引用内容),一共删除重复网址 1 105 个,还剩余网络引文 10 223 个。

　　如图 4-12 所示,在 10 223 个网络引文中,能够成功进行追溯的占 53% (5 400 个),不能成功进行追溯的占 47%(4 823 个)。在不能成功访问的返回状态代码中,"404 Not Found"所占比例最大(29%,2 962 个),主要是因为服务器找不到请求的网页,可能的原因一方面是服务器对网页进行删除或位置变更,另一方面是网址人工著录自身不规范或出错(比如". "写成"。"等);其次是"Name not resolved",占 9%(918 个),造成域名不可解析的原因有很多,比如网站停办、域名变更等;"Cannot connect 或 Connection reset"也占到 4% (460 个),可能的原因是服务器撤销或故障造成不能连接;而 403 Forbidden 也占了 3%的份额(289 个),出现的原因是服务器拒绝访问请求,有可能是这部分网页内容需要注册或认证才能使用;而服务器内部错误等其他原因,占了 2%的份额(194 个)。

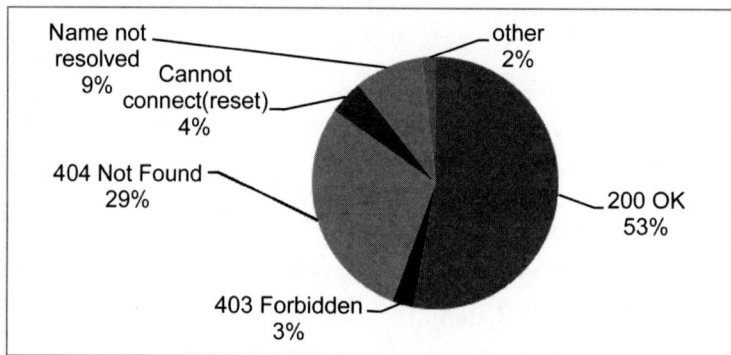

图 4-12　网络引文访问返回状态分布

　　为探讨网络引文类型和可追溯性的相关关系,根据前面的描述,我们将网络引文分为静态类、动态类、网站和其他四种类型进行考察,如图 4-13 所示。从图 4-13 可以看出,四种类型网络引文的可追溯性都超过 50%(网络引文期间是 2005—2010 年),其中,网站类引文的可追溯性最高,达 74.63%,可能的原因是网址只著录到网站或文件夹这个层次,一方面服务器对网页进行删除或位置变更的可能性降低,另一方面,有可能是同一网址却代表了不同的引用内容;而动态类网络引文的可追溯性达 50.93%,静态类网络引文的可追溯性达 50.03%,说明动态类网络引文具有与静态类网络引文同样的可追溯性,动态类网页作为一种新兴的文献信息资源类型已日益被我国图情研究者所接受和认可,并正在得到越来越广泛的应用,已经成为图书情报学者撰写论文时不可或缺的参考文献来源。

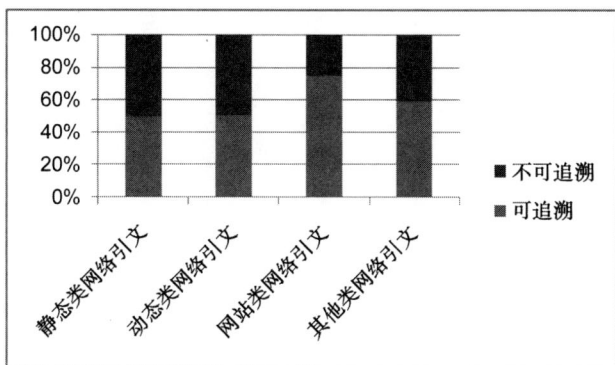

	静态类网络引文	动态类网络引文	网站类网络引文	其他类网络引文
可追溯	3 134(50.03%)	577(50.93%)	609(74.63%)	1 188(59.1%)
不可追溯	3 130(49.97%)	556(49.07%)	207(25.37%)	822(40.9%)

图 4 - 13　不同类型网络引文的可追溯性

5. 网络引文的域名分布与可追溯性分析与比较

对网络引文的域名分布进行分析,一方面可以了解网络引文的来源情况、分布的集中程度,得出国内图书情报学者利用比较集中的网络信息分布特征;另一方面,有助于考察不同域名分布的网络引文的可追溯性情况。按照类别和性质以及对应内容及侧重点的不同,国际通用的顶级域名常用的包括七类:. com(工商企业)、. org(非营利机构)、. net(网络机构)、. edu(教育)、. gov(政府机构)、. ac(学术)、. int(国际组织),其中,. com 域名的注册数量稳居全球第一位。但国内图书情报学者对网络信息资源的利用却呈现出明显的选择性,其网络引文的分布按数量. org 最多、. com 居第二,然后依次是. edu、. gov、. ac、. net、. int,说明国内图书情报学者利用网络信息比较倾向于非营利组织网站和政府机构网站,而不是全球域名数量排名第一的. com 域名。而对分布在不同域名的网络引文的可追溯性统计分析表明(如图 4 - 14 所示),除. edu 域名外,其余域名的可追溯性都介于 50%与 60%之间,其中. com 域名的可追溯性最高,超过 60%,可能的原因是越来越多新闻出版商、数据库生产商、博客服务商的加入,在为图书情报学研究提供丰富网络学术信息的

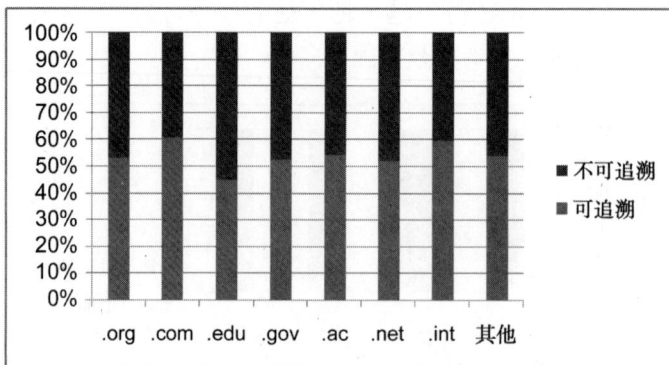

	. org	. com	. edu	. gov	. ac	. net	. int	其他
可追溯	1 356	1 519	869	465	327	244	38	527
	52.9%	60.5%	44.8%	52.3%	54.1%	52.0%	59.4%	53.6%
不可追溯	1 208	991	1 072	425	277	225	26	654
	47.1%	39.5%	55.2%	47.8%	45.9%	48.0%	40.6%	46.4%

图 4-14　不同域名分布网络引文的可追溯性

同时,也提高了网络引文的可持久性和可追溯性。. edu 域名的可追溯性最差
(44.8%),这与 Goh 和 Ng 的研究结论相一致[1],可能的原因是教育类网站更
新频率较快,新的教学课件和研究成果等不断涌现,旧的文档会很快被移除、
更新或替代,考虑到教学、科研对历史网络信息资源正日益增长的需求[2],因
此,亟待加强对. edu 域名网络信息资源的存档研究。

6. 讨论与结论

在当前泛在信息环境下,网络已成为众多单位、机构首选的信息发布媒
介,并且每日都在增加着各种类型的、大量的数字信息内容。因此,网络信息
以其内容的丰富、使用的方便和及时,使得学术用户尽管知道使用网络内容
存在未来不可访问的风险但也不能轻易避免在其出版物中对它的引用。凡
是被引用的网络信息,一般都得到了作者的学术认可,即要么为作者创作提

---

① 　D. H. L. Goh, Ng P. K. Link Decay in Leading Information Science Journals [J].
Journal of the American Society for Information Science & Technology, 2007, 58(1),
pp. 15 - 24.

② 　A. R. Kenney. Preservation risk management for Web resources: Virtual remote
control in Cornell's project prism, http: // www. dlib. org/dlib/january02/kenney/
01kenney. html. (检索日期 2012 年 7 月 2 日)

供了某些背景信息或论据,要么是作者赞同或采用了其中的某些概念、观点或方法。所以,网络信息要成为引文,必须保证其内容的真实、严肃和可靠。.com作为 Internet 的最大信息源却在学术研究中得不到主流应用(比如.com网络引文占其信息总量偏低,几乎可忽略不计),因为除少数专业信息服务商和极少数研发实力很强的大公司之外(如微软、IBM 等),和盈利相关的.com 域名无法像非盈利组织那样提供学者感兴趣的、甚至经过同行评审的学术信息(如. edu 域名、. ac 域名等)。但对其中极小一部分用作网络引文的.com信息的可追溯性相对较高,表明学术研究人员对. com 信息的使用是非常审慎的、是经过精心鉴别和筛选后确定的;而对占因特网信息资源总量不大的. edu 域名信息,其引用比例(. edu 域名的网络引文量与其信息总量相比)相对较高,表明学术研究人员选择网络学术信息时较注重信息的质量和可信性,而对信息的稳定性重视不足。此外,随着网络技术的发展,Web2.0、Web3.0 的兴起,越来越多的学术用户纷纷加入各种各样的虚拟社区,如论坛、微博、讨论组、维基等,进行内容的生成、创造和分享,使得对动态生成的网络信息内容逐渐接受和认可,这体现在网络引文中动态类网络信息的比例在逐渐上升、静态类网络信息的比例在逐年下降,并且目前动态类网络引文的可追溯性已略高于静态类网络引文(但二者可追溯率仍都介于 50% 和 51% 之间),因此,有理由认为随着网络平台管理技术和政策的不断发展和完善以及用户的不断参与,动态类网络信息将会在未来学术研究中发挥越来越重要的作用。

4.3.2 档案网络引文的类型和相关特征分析

1. 数据来源与处理

(1) 数据来源

参考国内外相关研究并结合国内档案学期刊的实际情况,选取南京大学 CSSCI 来源数据库中的《档案学通讯》《档案学研究》作为选刊样本,下载 2002—2011 年间来源文献的完整记录格式。十年间,《档案学通讯》《档案学研究》分别发表了 1 649、1 094 篇论文。在统计过程中,剔除各期刊中的新闻、通告、快报、简讯、卷首语以及参考文献数据库查询失败的论文等,《档案学通讯》《档案学研究》分别还剩余 1 229、753 篇论文作为研究对象,如表4-20 所示。

表 4–20　2002—2011 年两种期刊年度含参考文献论文数

	2002	2003	2004	2005	2006	2007	2008	2009	2010	2011	合计
档案学通讯	94	103	108	135	131	139	137	139	144	99	1 229
档案学研究	51	56	67	65	69	79	81	90	120	75	753

（2）数据处理

通过自编计算机程序自动提取下载的最近十年两种期刊所发表论文的全部参考文献和网络引文,并进行人工检查。在本次研究中,出现一篇文章两次或两次以上引用同一个 URL 时,只将其算做一个网络引文;但当两篇或两篇以上文章同时引用同一个 URL 时,将按其出现的次数计算网络引文个数。此次研究的网络引文样本共有 887 个,其中《档案学通讯》含有网络引文490 个、《档案学研究》含有网络引文 397 个,见表 4–21。十年间,《档案学通讯》在所发表的 1 229 篇论文中有 220 篇含有网络引文,《档案学研究》在所发表的 753 篇论文中有 145 篇含有网络引文,见表 4–22。为了对各种网络引文的可访问性进行研究,使用 Remote Link Checker[①] 这一免费共享软件对所获取的网络引文数据集进行测试。

表 4–21　2002—2011 两种期刊年度网络引文数

	2002	2003	2004	2005	2006	2007	2008	2009	2010	2011	合计
档案学通讯	5	11	17	35	61	17	80	64	110	90	490
档案学研究	2	4	20	21	38	18	46	46	119	83	397

表 4–22　2002—2011 两种期刊年度含网络引文论文数

	2002	2003	2004	2005	2006	2007	2008	2009	2010	2011	合计
档案学通讯	4	5	9	16	20	9	37	35	52	33	220
档案学研究	2	4	8	9	17	9	13	20	37	26	145

---

① Remote Link Checker, http:// www. tali. com/linker. html. (检索日期 2012 年 3 月 29 日)

2. 国内档案学期刊网络引文年际变化分析

表 4－23　两种期刊网络引文年际变化分析

年度	论文	引文	网络引文	含网络引文论文数	篇均网络引文	篇均引文数	网络引文数/引文总数	含网络引文论文/论文总数
2002	145	773	7	6	0.05	5.33	0.91%	4.14%
2003	159	925	15	9	0.09	5.82	1.62%	5.66%
2004	175	984	37	17	0.21	5.62	3.76%	9.71%
2005	200	1 263	56	25	0.28	6.32	4.43%	12.50%
2006	200	1 408	99	37	0.50	7.04	7.03%	18.50%
2007	218	1 532	35	18	0.16	7.03	2.28%	8.26%
2008	218	1 569	126	50	0.58	7.20	8.03%	22.94%
2009	229	1 504	110	55	0.48	6.57	7.31%	24.02%
2010	264	2 037	229	89	0.87	7.72	11.24%	33.71%
2011	174	1 560	173	59	0.99	8.97	11.09%	33.91%
合计	1 982	13 555	887	365	0.45	6.84	6.54%	18.42%

从表 4－20 至表 4－23 可以看出，最近十年《档案学通讯》《档案学研究》每年网络引文的数量、含网络引文的论文数、篇均网络引文数、网络引文占引文总数的比例、含网络引文论文占所发表论文总数的比例都呈现出上升趋势，说明日益丰富的网络信息资源正逐渐得到我国档案学人的认同和使用，并对网络信息进行存档研究①，这与毛凌翔、罗勇等学者提出的开展网络档案学研究相吻合②③。1 982 篇论文中含有网络引文的论文共 365 篇，占18.42%，篇均网络引文 0.45 个(篇均引用文献 6.84 篇)，网络引文数与所有引文总数之比为 6.54%。Tajeddini 通过对 2005—2008 年 *Library & Information Science Research* 等六种期刊的研究表明 66% 的论文含有网络引文，篇均网络引文 4.2 个(篇均引用文献 36 篇)，网络引文数与所有引文总

---

① 见周毅《网络信息存档：档案部门的责任及其策略》，《档案学研究》2010 年第 1 期，第 70－73 页。
② 见毛凌翔《网络信息资源档案化及其服务的探讨》，《档案学研究》2012 年第 2 期，第 50－55 页。
③ 见杨思洛《国外网络引文研究的现状及展望》，《中国图书馆学报》2010 第 188 期，第 72－82 页。

数之比为 11%①；Riahinia 通过对 2005—2008 年 *Journal of Documentation* 等六种期刊的研究表明篇均网络引文 4.09 个（篇均引文量 32 篇），网络引文数与所有引文总数之比为 12.81%②。与国外图书文献学相比，2010 和 2011 年我国档案学研究中网络引文占引文总数的比例已超过 11%，达到国际水平；但篇均网络引文量（即使考虑国内外论文篇均参考文献量的差别）和含网络引文论文数占所发表论文总数的比例与国际水平相比仍然偏低，说明我国档案学研究对网络信息资源的利用程度还能够继续提升。随着我国网络信息环境的不断发展和完善以及我国档案学者对网络信息资源的日益重视和研究，其对网络信息资源的利用必将逐渐深入和提高，网络信息资源在我国档案学研究中将会大有可为。

3. 国内档案学期刊网络引文类型及可访问性分析

（1）国内档案学期刊网络引文类型

根据网络引文的格式类型，将文本格式为 htm、html、shtml、pdf、doc 的归为静态类网络引文；将格式类型为 asp、jsp、php、cfm 以及网址中含有"？"的归为动态类网络引文；将网络引文格式为网站或主机或 IP 地址或其他的归为其他类网络引文。从表 4-24 可以看出，十年间两种档案学期刊的网络引文以静态类网页为主，占了 56.4% 的份额；动态类网络引文从 2005 年开始出现并逐年增多，占了 19.2% 的份额；而其他无法归为动态或静态网页的网络引文占了 25.6% 的份额。

表 4-24　国内档案学期刊网络引文类型

静态网页					动态网页						其他	总计
htm 或 html	shtml	pdf	doc	小计	asp	php	jsp	cfm	？	小计		
376	46	70	8	500	105	28	10	11	16	170	227	887
42.4 %	5.2 %	7.9 %	0.9 %	56.4 %	11.8 %	3.2 %	1.1 %	1.2 %	1.8 %	19.2 %	25.6 %	100 %

※"？"代表网址中含"？"即动态网页

---

① O. Tajeddini, A. Azimi. Death of web citations: a serious alarm for authors [J]. Malaysian Journal of Library & Information Science, 2011, 16(3), pp. 17 - 29.

② N. Riahinia. Web citation persistence over time: a retrospective study The Electronic Library [J]. 2011, 29(5), pp. 609 - 620.

（2）国内档案学期刊网络引文类型的可访问性分析

根据前述,对网络引文可追溯性的访问一般使用超文本传输协议(HTTP),相关规范由 W3C 进行定义①。具体如下:① 1xx(临时响应)表示临时响应并需要请求者继续执行操作的状态代码。包括100(继续)、101(切换协议)。② 2xx(成功)表示成功处理了请求的状态代码。包括 200(成功)、201(已创建)、202(已接受)等。③ 3xx(重定向)表示要完成请求,需要进一步操作,通常这些状态代码用来重定向。包括 300(多种选择)、301(永久移动)、302(临时移动)等。④ 4xx(请求错误)表示请求可能出错,妨碍了服务器的处理。包括400(错误请求)、401(未授权)、403(禁止)等。⑤ 5xx(服务器错误)表示服务器在尝试处理请求时发生内部错误。这些错误可能是服务器本身的错误,而不是请求出错。包括 500(服务器内部错误)、501(尚未实施)、502(错误网关)等。以上都是客户端请求后,服务器响应的返回状态代码。除此之外,还有一类服务器没有应答的问题,包括请求超时,请求被重置,域名无法解析等情况。本文使用 Remote Link Checker 这个免费共享软件对网络引文可访问性进行检验和分析,这个软件可以多线程运行、支持对指定网址的重复检验、具有较好的输入输出功能;并且国内外研究者已经使用②③。但稍有缺憾的是 Remote Link Checker 软件在处理过程中对重复网址进行自动删除(重复的网址代表了被引用的频次,特别是对于网址只著录到网站或网站的文件夹的网络引文有时会代表不同的引用内容),一共删除重复网址 45 个。剩余 842 个网络引文的访问返回状态代码及数量如表 4 - 25 所示。

表 4 - 25　国内档案学期刊网络引文可访问性状态及数量

返回代码	200	3xx	4xx	5xx	无响应	合计
数量	459	5	266	7	105	842

如图 4 - 15 所示,在 842 个网络引文中,能够成功访问的占 55%(459),不能成功进行访问的占 45%(383)。在不能成功访问的返回状态代码中,404 所

① HTTP-Hypertext Transfer Protocol, http://www.w3.org/Protocols/.(检索日期 2012 年 5 月 29 日)
② H. G. Dion, K. N. Peng, Link Decay in Leading Information Sceience Journals[J]. Journal of the American Society for Information Science and Technology, 2007,(58), pp. 15 - 24.
③ 见朱莹、望俊成《情报学领域网络引文衰减规律研究——以三种核心期刊为例》,《情报科学》2010 年第 5 期,第 699 - 704 页。

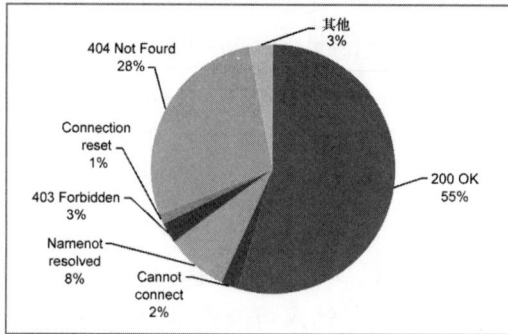

图 4‑15　国内档案学期刊网络引文访问返回状态分布

占比例最大(28%,235),其出错主要是服务器找不到请求的网页,可能的原因一方面是服务器对网页进行删除或位置变更,另一方面是网址人工著录自身不规范或出错(比如".”写成"。”等);其次是"Name not resolved",占 8%(69),造成域名不可解析的原因有很多,比如网站停办、域名变更等;而 403 Forbidden 也占了 3%的份额(23),出现的原因是服务器拒绝访问请求,有可能是这部分网页内容需要注册或认证才能使用;而其他包含了"500Internal Server Error(5)""Timeout(5)""301 Moved Permanently(4)"等类型,占了 3%的份额(26)。

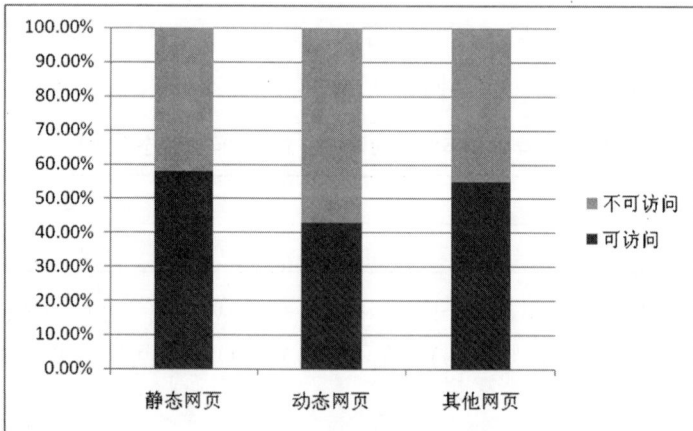

	静态网页	动态网页	其他网页	合计
可访问	280	68	111	459
不可访问	202	90	91	383

图 4‑16　国内档案学期刊不同类型网络引文的可访问性情况

从图 4-16 可以看出,在以上三种类型的网络引文中,静态类网络引文可访问性相对较高,为58%;其他类网络引文的可访问性次之,为55%(可能的原因是部分网站类网络引文,由于网址只著录到网站或文件夹这个层次,一方面服务器对网页进行删除或位置变更的可能性降低,另一方面,有可能是同一网址却代表了不同的引用内容);而动态类网络引文的可访问性最低,为43%,说明动态类档案网络引文的可访问性要略逊于静态类网络引文,档案学人在参考、引用动态类网络信息时要更加注重鉴别和判断。此外,档案网络引文作为档案学研究中最具有文化、学术价值的网络信息资源,其可访问性普遍不高,说明亟待开展网络存档和网络档案学研究的紧迫性和必要性①。

4. 国内档案学期刊网络引文域名分布及可访问性分析

通过对网络引文的域名进行分析,可以了解网络引文的来源情况、分布的集中程度,得出档案学者们利用比较集中的网络信息域名分布特征。国际通用顶级域名常用的包括七类:.com(工商企业)、.net(网络机构)、.org(非营利机构)、.edu(教育)、.gov(政府机构)、.ac(学术)、.int(国际组织)。另外,还有地区域名及新出现的域名,如.biz(商业)、.pro(专业人士)、.name(个人)、.coop(合作公司)等。因网站的类别和性质不同,其相应的内容及侧重点也有所不同。如图 4-17 所示,最近十年两种档案学期刊网络引文中的.com、.gov、.org、.edu、.net 数量较多,是档案网络信息利用的主体。而根据中国互联网络信息中心发布的《第 30 次中国互联网络发展状况调查统计报告》②,截至 2012 年 6 月底,我国域名总数为 873 万个,其中.com 占 43.1%、.gov 占 0.63%、.org 占 1.2%、.net 占 5.5%、.edu 占 0.05%。.gov、.org 占域名总量比例很少,但两种类型的档案网络引文比例却很高,说明档案学者利用网络信息呈现出一定的选择性,比较倾向于政府机构和非营利组织网站。.com 类引文所占比例最高,一方面因为.com 本身域名总数较多;另一方面,许多新闻出版商、数据库生产商、博客服务商也利用.com 域名提供信息服务,为档案学研究提供了丰富的网络学术信息。

从图 4-17 可以看出,各种域名的网络引文可访问性差别不大,其中.com、.net 域名网络引文的可访问性比例较好,分别为 60.89%、60.87%;.gov、.org 域名网络引文的可访问性次之,分别为 54.29%、54.24%;.edu 类

---

① 见罗勇《亟待开展的互联网档案学研究》,《图书情报工作》2006 年第 11 期,第 117-120 页。

② 见中国互联网信息中心《第 30 次中国互联网络发展状况调查统计报告》,http://www.cnnic.net.cn/dtygg/dtgg/201207/t20120719_32230.html(检索日期 2012 年 7 月 16 日)。

网络引文的可访问性最差,这与 Goh 和 Ng 的研究结论相一致,他们把原因归结于教育类网站更新频率较快①(由于高校类网站教育和研究成果不断涌现,旧的文档会很快被移除或替代,并且高校运作具有周期性,如教学课程和课件等每年都会进行更新和调整等),而同时,国外又有学者研究指出在教学、科研上对历史网络信息资源的需求正日益增长②,这就更加印证了对网络信息资源进行存档以及建立网络档案学研究的紧迫性和必要性。

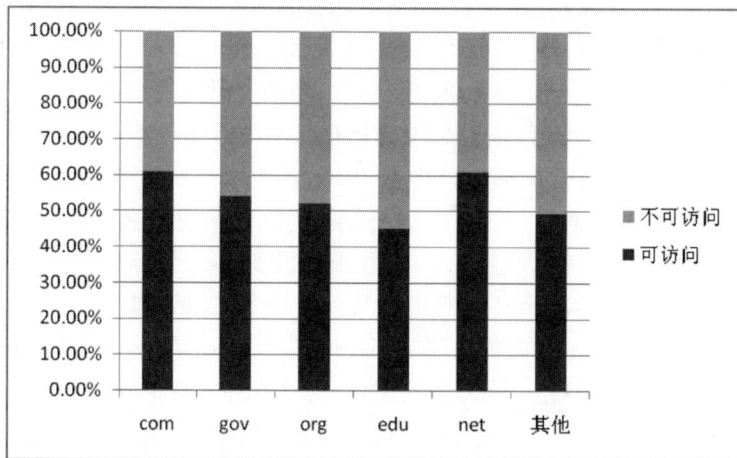

	com	gov	org	edu	net	其他	合计
可访问	151	114	70	29	28	69	461
不可访问	97	96	64	35	18	71	381

图 4-17　国内档案学期刊不同域名分布网络引文的可访问性情况

---

① D. H. L. Goh, P. K. Ng, Link Decay in Leading Information Science Journals [J]. Journal of the American Society for Information Science & Technology, 2007, 58(1), pp. 15-24.

② A. R. Kenney. Preservation risk management for Web resources: Virtual remote control in Cornell's project prism, http://www.dlib.org/dlib/january02/kenney/01kenney.html. (检索日期 2012 年 7 月 2 日)

5 学术社区知识交流模式的应用

学术社区知识交流模式的研究和构建,有利于深入了解和把握科研人员知识交流的行为和特征,从而有助于图书情报机构提高用户知识信息服务质量、政府相关部门制定数字环境下的学术交流政策以及提高科研管理效率等。

5.1 在用户知识信息服务中的应用

图书情报机构可以基于本研究所构建的各种知识交流模式,改善和提高用户的知识信息服务质量,丰富用户服务的方式和手段以及进行服务创新等。

(1) 提供人际情报服务

由前述可知,人际知识交流在科学研究中发挥着重要的作用,学术社群中也存在多种不同的人际知识交流模式。但随着现代"大科学"的迅猛发展,从业人员数量激增,给科研人员发现和识别不同领域的专家及其专长、进行有效的交流和协作带来了一定的困难。因此,学术社区中的各种人际知识交流迫切需要得到相关人际信息源的指引和帮助,以使科研人员从繁杂的人际知识查询和搜索中解脱出来,提高科学研究效率,这给图书情报机构及其相关人员提供了前所未有的机遇和挑战。其实,自从社会网络理论诞生以来,就一直在国内外知识管理和知识创新领域得到研究和应用①②③④。基于此,

---

① P. M. Stephen, Using social network analysis to visualize project teams [J]. Project Management Journal, 2001, 32(4): 32-38.

② C. Kelvin, The synergy of social network analysis and knowledge mapping: a case study [J]. Management and Decision Making, 2006, 7(1), pp. 19-35.

③ M. T. Hansen, The search transfer problem: The role of weak ties in sharing knowledge across organization subunits [J]. Administrative Science Quarterly, 1999, 44, pp. 82-111.

④ 见武淑媛《社会网络视角下的高校科研团队知识交流研究》,大连理工大学 2010 年硕士学位论文。

国内学者包昌火、谢新洲等人率先提出了人际情报网络的概念。① 所谓人际情报网络是指关于"谁认识谁"（who knows whom）和"谁知道什么"（who knows what）的人际资源地图，通过它可以扩大认知主体与外部的联系并提高获取信息、知识等稀缺资源的能力。② 图书情报机构及其广大工作者如果能够参与提供"谁认识谁"（who knows whom）和"谁知道什么"（who knows what）等的人际知识信息服务，可以大大提高不同专业和领域学术社群知识交流的效率和效果。包昌火与谢新洲还认为，人际情报网络是搜集、分析情报并提供用户服务的最好机制和手段之一。③ 王曰芬等认为，人际情报网络是情报从业者获取、分析和传播非公开信息和隐性知识的重要平台。④ 翟金金和刘敏榕认为，人际情报网络理论和应用是对传统的、以文献资源和文献交流为基础所建立的情报学理论体系的一大挑战。⑤ 顾立平博士对中国科学院研究生的问卷调查研究表明，用户希望数字图书馆联系研究者和联系解答者的比率分别达到80.7%、67.1%，⑥说明用户急切渴望得到图书情报机构的人际信息服务，找到拥有相关知识的合适的人。为此，图书情报从业人员应充分发挥自己的学科专长，运用文献计量、知识计量、信息检索等方法和技术识别专家专长，并通过专家个人科研合作网络分析专家合作偏好，建立学科领域专家信息指引库、专家专长知识库、人际知识地图，向科研人员提供人际情报服务，比如向科研人员推荐满足其问题解决需求的专家、帮助科研人员识别和联系专家、协助专家开展知识参考咨询等。

　　（2）嵌入用户网络空间

　　互联网对学术信息的传播已从 Web 1.0 时代静态的开放存取发展到 Web 2.0 时代的动态式群体交互。Web 2.0 以人为中心的思想理念实现了信息交流从"人—机"模式到"人—人"模式的转变，不单单是用户和电脑的一对一对话，也可以是用户之间的思想碰撞和知识交流，并通过群体的交互作用，使得用户从单纯的信息消费者变成信息生产者、知识交流者，连接用户群体

---

① 见包昌火、谢新洲、申宁《人际网络分析》，《情报学报》2003 年第 3 期，第 365－374 页。
② 见包昌火、李艳、王秀玲《人际情报网络的开发》，《中国信息导报》2005 年第 11 期，第 45－47 页。
③ 见包昌火、谢新洲《人际网络·竞争对手分析》，华夏出版社 2003 年版，第 503－549 页。
④ 见王曰芬等《人际情报网络分析的方法和模型研究》，《情报学报》2007 年第 4 期，第 574－582 页。
⑤ 见翟金金、刘敏榕《竞争情报活动中的人际网络研究综述》，《图书与情报》2007 年第 4 期，第 82－84 页。
⑥ 见顾立平《介于用户和图书馆员的心理契约——基于问卷调查的实证研究》，《图书情报工作》2010 年第 7 期，第 63－65 页。

(即虚拟社群)的电子线路里流淌得更多的是用户的思想、观点和知识,互联网已成为用户迅速获取有效知识信息的一个重要渠道。中国科协在 2008 年对中国科技工作者所做的调查报告显示:"66.5％的科技工作者把互联网作为获取科技信息的常用渠道之一,29.1％将其作为最主要渠道,该比例几乎是 2003 年(10.7％)的 3 倍;与此同时,73.2％的科技工作者把学术著作和科技期刊作为获取科技信息的常用渠道,其中 41.3％将其作为最主要渠道,与2003 年(65.4％)相比,下降了 20 多个百分点。"① 这充分说明,学术著作和科技期刊虽然仍是获取科技信息的主要渠道,但其地位在削弱,已不占绝对优势;互联网正日益成为重要的渠道,并且其地位越来越得到加强。顾立平博士在对中国科学院研究生群体所做的问卷调查和深度访谈也表明,绝大多数受访者都表示既从期刊文献数据库里查询信息,也关注虚拟社群或论坛中的各种学术信息来源,以免漏掉重要的学术信息而丧失信息资料的完整性。②当前数字化、网络化、群体交互化的即时学术信息交流环境已对用户的信息行为产生重要的影响,使得开放存取、个人媒介成为学术社群重要的知识交流模式和渠道。因此,图书情报工作者必须嵌入用户网络空间,提供用户真正需要的服务,才能得到用户的信任和认可。比如建立学科知识导航门户,链接核心学术网站;利用 RSS 等工具,有系统、有策略地收集和整理网上各类学术信息,提供信息增值服务,如构建学术博客知识库等;嵌入用户社群,分析用户行为和需求,利用社会标签向用户推荐知识信息或进行个性化服务;根据用户的特别需求,收集领域重点 Blog 的内容和反馈以及重要 BBS 板块等;对 E-mail 的群组活动进行分析,这些非正式交流包含着丰富的隐性知识,是形成系统化期刊文献知识的"科学氛围"信息;分析 Blog 之间或 Blog 与非Blog 之间的关联度、响应度等,绘制和掌握虚拟社群的人际关系网络,为研究者提供人际情报、角色情报服务;识别不同用户或用户群体的行为和特征,向用户推荐智趣相投的伙伴或虚拟社群等等。

(3) **开展数字环境下的定题信息服务**

在现代科学技术迅速发展的今天,情报信息是促进科学研究的先导。科研课题研究人员希望能够及时、准确地掌握该研究课题的最新资料、最新技术、最新动态以及最新发展趋势。据统计,一个研究人员在一项科研项目中,

---

① 见中国科学技术协会调研宣传部《2008 年中国科技工作者状况调查》,《科技导报》2009 年第 13 期,第 19 - 26 页。
② 见顾立平《创建与使用在 Web 2.0 搜索信息的型人——从问卷调查、深度访谈与追踪观察的心理与社会分析推导创新服务》,《图书情报知识》2010 年第 2 期,第 10 - 23 页。

查找和阅读文献资料的时间占完成该项目全部时间的50%左右。因而高校图书馆应主动与有关科研人员加强合作,深入了解他们的特定需要,提供特定服务。图书馆作为信息的重要集散地,承担着提供信息服务的社会责任。在主动为读者提供所需书刊资料的同时,还可以编制一些专题文摘、索引,收集最新研究动态,并不断了解研究课题的进展情况、存在的问题等,针对科研过程中不同阶段的不同需求提供文献信息。这样做,可以让科研人员尽可能节省时间和精力,在更短的时间内获取更多的情报信息,加快科研项目的进程。如何通过信息服务为专门一项科研课题有针对性地提供专题资料,已经成为当今图书馆开展科研定题服务面临的新任务。北京大学图书馆馆长朱强教授认为,资源必须与服务相结合,没有服务的资源是无用的。① 因此,图书情报工作人员应基于科研选题、情报调研、实验探索等的知识交流模式,嵌入用户研究问题空间,通过跟踪调查,了解用户知识信息需求,在现代数字科研环境下,开展全方位的、有针对性的定题信息服务。所谓定题信息服务是指图书情报机构根据一定范围内的用户对某研究领域的知识信息需求,确定服务主题,然后围绕该主题进行各种研究知识信息的搜集、筛选、整理,向用户提供连续的信息服务。数字环境下的定题信息服务应充分利用全社会的公共信息资源和互联网免费的学术信息,检索、查找、收集、组织关于所定主题的现状、成果及发展的各种文献、报告、事件、数据、阶段性研究成果和个人即兴观点等,通过系统的整理、加工,提供给从事该主题研究的用户使用,以便实现增值服务。具体而言,在数字科研环境中,需要用到 Push、Pull、Agent等技术手段提供主动、个性化的信息服务②。

5.2 在学术交流政策中的应用

政府相关部门、行业及知识生产单位可以基于学术社区中开放存取、关联链接、层级结构等知识交流模式的研究和分析,并结合环境、结构、行为、制度等因素制定促进本单位或国内学术信息交流的政策和策略。

① 制定开放存取相关的政策。开放存取能够保证各种各样的研究成果得到最广泛地传播和利用,提供了从不同信息源将知识进行整合的机会,因

---

① 见一凡《创新环境下的社会科学情报事业——记"中国社会科学情报合作与创新论坛"》,《国外社会科学》2008 年第 5 期,第 13 页。

② 见张林龙《网络定题信息服务初探》,《图书情报知识》2003 年第 4 期,第 59-61 页。

此应制定与开放存取相关的政策。比如宣传开放获取的基本知识,指导科研人员进行自存储,向科研人员宣传和推介开放存取资源;积极扶持开放存取期刊的发展、发展各种开放存取或在线电子期刊;制定开放获取存缴、版权管理等制度;宣传、呼吁政府科研资金资助机构、单位参与开放存取,树立各知识生产机构对开放存取的意识和责任感;建立并管理适应开放存取需要的机构知识库、学科知识库;鼓励科研人员利用个人主页、博客、机构知识库等形式公开宣传自己的研究成果,设计科研人员参与开放存取的激励机制,比如采取一系列质量保证措施的基础上,逐步将网络学术成果纳入科研人员的考评体系等。

　　② 建立网络学术信息交流质量规范与学术规范。目前,网络学术信息交流质量已成为学术社区普遍关注和忧虑的问题,规范网络学术交流、净化网络学术空间已成为有效开展网络学术交流的必要前提①②。美国、澳大利亚等西方发达国家已颁布了网络学术信息交流质量控制相关的法律、法规和政策。陈传夫、吴钢、唐琼等认为,网络学术交流质量规范的核心在于规定网络学术信息质量的程序、公众监督和质量控制过程,并进一步提出,针对具体的学科网络发表平台,制定相应的质量规范手册,使之作为作者在网络平台发表研究成果之前进行自审和修改的参照标准,以及论文在线编辑和评审专家评价发表论文的指南等。宋丽萍认为,网络环境下的学术交流仍然需要延续传统印本环境下科学交流系统的三大核心功能:交流科学知识、维护科学规范、对研究成果给予声望和承认。③ 这里科学规范是指全部科研工作者群体探索未知、追求真理的共同理想和信念,具体可包括学术研究规范、学术评审规范、学术批评规范、学术管理规范等,比如论文的撰写、文献、数据的引用、研究伦理规范等等。同样,针对网络学术成果也应提倡、建立和维护类似的学术规范。因此,应大力倡导、建立和维护网络学术信息质量控制和交流规范,依靠科研人员的学术价值信念和自律以及科研群体的共同监督,规范网络学术成果创作,克服网络环境下数字信息内容易于拷贝、复制等方面的弊

---

① H. Diane. Scholarly communication: academic values and sustainable models. http://cshe. berkeley. edu/publications/docs/scholarlycomm_report. pdf. (检索日期 2010 年 10 月 10 日)

② 见陈传夫、吴钢、唐琼《信息化环境下学术优先权的挑战与对策》,节选自中国科协学会学术部《信息时代的学术交流》,清华大学出版社 2009 年版,第 1－5 页。

③ 见宋丽萍《基于网络的学术信息交流体系构建》,《图书情报工作》2007 年第 2 期,第 75－78 页。

端,妥善解决学术不端、知识侵权等风险。

③ 尊重和保护网络学术研究成果发表的优先权。《哲学汇刊》主编奥尔登伯格曾经指出,公开科研成果是引导研究人员通过主动交换而进行自愿交流的基础,同时要在制度上保证其本人提供新知识的荣誉性产权①。著名科学社会学家默顿首先提出了科学社会中存在的学术发现优先权概念,明确解答了"学者为什么发表论文"这一科学交流尤其是正式交流的根本性问题。②所谓学术优先权是指学术社区将给予第一个发表某种观点或者发现的人全部或大部分学术荣誉。而网络学术信息由于其即时、开放、虚拟的特点,使得更加易于被人发现、拷贝、复制甚至占为己有,大大挫伤原创作者的积极性;学术界激烈的成果优先权竞争,也使得很多人不敢或不愿在自己的博文或相关学术网站上泄露重要的研究信息,更有甚者,一些别有用心者还会故意发表一些虚假信息,进行误导和混淆视听等,大大阻碍和削弱了网络学术信息交流的质量和效果。为保证知识发现的优先权得到明确的确认和保护,除了依靠学术规范、学术界的自律之外,还可以在技术上进行相应的处理,比如网络实名制等。但网络实名制由于公开了作者的社会身份,会降低网络虚拟和匿名交流所具有的优越性,甚至会降低用户参与程度,采取只在计算机后台进行技术辨识,而不在用户界面上对其显示是一个较好的处理办法。网络实名制有利于确认知识信息发现的优先权,保证思想和观点的不被盗用和滥用,调动广大用户的积极性;有利于净化网络信息空间,使得科研人员所发表言论和观点的好与坏直接影响到其本身的声誉,更使故意发表谬论的别有用心者为自己的丑陋行为付出沉痛的代价,因此,有利于促进网络学术信息的高效交流。

④ 加强公共存取仓储平台及机构知识库建设。目前,公共存取仓储平台建设以美国最为发达,出现了著名的 arXiv. org 预印本系统、美国 PubMed Central 全文开放存取系统及各大学机构知识库等。我国应适应建设创新型国家的需求,加大力度建设高质量的开放存取期刊和仓储,借助国家、部门、行业、机构甚至社会的力量建设各种类型、各种层次的开放存取仓储平台,如中国科技论文在线、奇迹文库、各类机构知识库等,并在不断实践中逐步完善各系统平台的功能。比如,各平台建立学术用户信用评级机制,通过平台用

---

① 见宋丽萍《基于网络的学术信息交流体系构建》,《图书情报工作》2007 年第 2 期,第 75 - 78 页。

② 见谭萍《贝尔纳与默顿:科学社会学研究纲领比较》,《理论月刊》2006 年第 5 期,第 43 - 45 页。

户对单个个人发表信息质量所授予信用的积累实现对信息的有效过滤;提供开放存取环境的数字化计量①和引文链接服务,通过对反映作者和文章学术水平的点击量、被引率等指标的实时监测,实现网络信息交流质量的间接控制;改善传统的同行评议机制,进行开放的网上评议,既允许论文先在网上发布,然后通过广大网络用户的阅读和点评,再对论文进行修改和升华,等条件成熟后再在相关学术期刊进行正式发表。按照统一的 OAI 标准对开放存取仓储平台进行建设,开放存档计划(OAI,Open Archiving Initiative)制定了建立开放获取资源库的指南和协议,并提供对可以用于建立开放获取档案库的工具的链接。由于开放获取文献分散在各个学科资源库、机构电子印本库、机构知识库和开放获取期刊中,学者很难查找某一个学科所有需要的资源,需要学者连续地逐一查找系统。为解决这一问题,开放存档计划(OAI)制定了开放存档计划元数据收割协议 (Open Archiving Initiative Protocol for Metadata Harvesting,OAI-PMH),OAI-PMH 能够实现检索系统(服务提供者)从各种资源库和知识库中检索开放获取文献的元数据,并对这些数据加以集成以便一次提问就能检索到所有的结果,为建设机构知识库、学科知识库提供了可依据的标准。此外,还要注意加强对开放存取机构知识库、学科知识库等仓储的管理,需要制定适宜的政策和机制②,比如内容管理和文献版本控制系统(content management and document version control systems)。机构知识库的政策框架和技术基础设施必须能让机构管理者灵活地控制这样一些内容:谁提交了作品、谁对作品的质量进行了评议、谁获取、更新了这些内容,这些人员是来自机构中的哪些部门,他们是来自一个系、图书馆、研究中心和实验室,还是来自个人。一些机构知识库底层系统目前已能够禁止或暂缓对提交上来而尚未被评议的作品的获取,直到作品被评议之后才能被获取和使用。这种评议将反映出每个机构的政策和需求,也可以通过考察该机构的机构知识库的评议水平从一个侧面看出该机构作者的作品质量和权威性。加州理工大学专门为其机构知识库建立了管理标准,规定:每个 CODA 机构知识库的主体内容必须是本校的专职教师的作品;CODA 中的著作必须是本校的专职教师创作、提交的,或由本校的专职教师发起的,必须已经完成,并且是终稿,必须是有长久保存价值的学术性的、研究性的、或教学类资源;作品的作者或所有者必须同意 Caltech 有永久保存和发布作品的权利。

---

① T. Brody, Digitometric services for open archives environments. [2011—01—06]. Digitometric services for open archives environments.
② 见李麟《开放获取对科研人员学术交流行为的影响与对策研究》,中国科学院国家科学图书馆 2006 年论文。

5.3　在科研管理中的应用

学术社区作者合作、作者引用、作者耦合等知识交流模式的构建和研究，能够为科研组织和管理部门提供决策的参考与依据。

（1）识别和描述科学共同体和高影响力科研团队

首先，通过对作者合作、作者引用、作者耦合等知识交流模式的分析，能够回答这样几个问题，一是"一个领域由哪些科学共同体构成"，二是"每个科学共同体到底在研究什么"，三是"每个科学共同体的作者的特点是什么"。实质上，这一方面的应用就是如何发现一个研究领域的知识结构，知识结构正是由不同研究主题构成的有机整体。而研究对象既可以是文献（比如文献同被引 documentation co-citaion 和文献耦合 Bibliographic coupling），也可以是词汇（比如共词 co-word），还可以是作者（比如作者同被引 author co-citation）。能够识别出各研究领域少量的高合作、高产、高被引作者，他们同时也是本领域的核心、高影响力作者。1996 年，世界经济合作与发展组织（OECD，Organization of Economic Cooperation and Development）在题为《以知识为基础的经济》的报告中也指出，科研人员和研究机构在网络内和网络间表现出不同等级的"知识分配力"，这里的"知识分配力"是指"确保创新者及时获得相关知识的能力"。不同研究领域的高影响力、高被引作者已经在这个研究方向取得了较为突出的成绩，具有较强的创新能力并同时影响着较多人的研究，因此，在实际的科研管理中，要对各研究领域的领军式人物给予较多的关注和支持，激发他们为本领域的研究做出更大的贡献；发现结构合理、知识交流进行充分、产出较高、具有突出"知识分配力"的科研团队，以用于国家优秀科研创新团队的培育、遴选和资助，在项目审批、科研奖励等方面进行政策倾斜，帮助其尽快成长并在某些领域做出重大贡献和突破，以点带面的带动整个相关科研领域上层次、上水平，更好地服务和支持创新型国家建设。

（2）揭示科学共同体的演变

很多研究已经表明一个学科或者领域的科学共同体的构成并不是一成不变的，而是随着时间的推移而有所改变的。即使是一个科学共同体内部也会随着时间在人员组成和数量方面都会有所改变，这种改变对于我们了解一个学科或者领域的变化、把握研究重点和前沿领域都有非常重要的意义，不仅能够了解和把握本领域的研究动态和知识结构，与专家咨询得出的主观判断相互补充，为管理部门进行科研选题规划、调整和布局研究方向等提供更加科学合理的决策依据,而且,研究小组和个人还可以通过对这些群体的关注与接触,能够较好地把握本领域当前研究的前沿和热点,获得较好地知识交流效果,以帮助微观主体进行科研选题决策。

(3) 辅助进行学术评价

文献计量已经非常广泛地应用在评价作者、论文和期刊等的影响力方面,产生了很多研究成果。比如被引次数、高被引论文、热门论文、影响因子、即年指标、h 指数等都是被大家熟知的评价指标。可以说,利用文献计量进行科学评价,由于其定量、客观,摆脱了人为的主观干扰,正越来越受到国内外的关注,其在地区、机构科研影响力和发展力评价时具有一定的精准性。

6 总结与展望

本书前面各章主要围绕学术社区知识交流模式展开了论述,从人际社会网络、知识生产创作以及虚拟学术社区等方面构建了学术社区知识交流模式,并通过实证分析,对其中作者合作、作者耦合、作者引用、关键词共现、网络引证等知识交流模式进行了检验,最后提出了学术社区知识交流模式相关理论在用户知识信息服务、学术交流政策以及科研管理中的具体应用。本章主要对已完成的工作加以总结,归纳研究结论,并进行研究展望。

6.1 总　　结

随着"大科学"的不断发展和科研环境的日益数字化、网络化,学者、科研人员进行跨时空、跨边界的知识交流活动日趋活跃和频繁。在系统参阅国内外大量相关研究文献和进行实地调研的基础上,本书综合运用比较分析、逻辑归纳、演绎推理等科学研究方法,重点从人际社会网络、知识生产创作以及虚拟学术社区等方面研究构建了学术社区知识交流模式。主要完成了以下工作:

① 本书建立了学术社区知识交流模式研究的理论框架和概念体系。在梳理和归纳学术社区知识交流相关理论的基础上,通过与信息交流、科学交流、知识交流的比较与分析,给出了学术社区知识交流的概念定义,明确了本书的研究范围和对象;在对学术社区知识交流类型分析的基础上,根据交流渠道将学术社区知识交流分为正式、半正式和非正式三种类型;总结和归纳了学术社区正式知识交流、半正式知识交流和非正式知识交流的特征,对三者进行了比较分析;对学术社区知识交流的影响因素进行了分析,深化了对学术社区知识交流的认识;并基于社会学、组织行为学、科学学等理论探讨了学术社区知识交流的内在机制,为后面的模式构建奠定了理论基础。

② 基于图书馆学、情报学、管理学、社会学、科学学、组织行为学等学科基

础理论,运用相关研究方法,从个体知识交流和群体知识交流两个层面构建了学术社区人际知识交流模式,以便探索提高和改善学术社区知识交流效率的途径和方法,拓展图书情报专业的研究范围和学科空间;根据科学不仅依赖个人的"观察"和"思考"、人际的"言说"和"交流",而且还需要具体的"介入"和"操作"的现实状况,把在国内外研究中相互隔离的人与人、人与知识以及知识与知识的交流相统一于"酝酿——研究——发表——评议"知识生产生命周期流程,运用系统论的思想和方法,从科研选题、论证支持、探索检验、科研合作、作者引用、作者耦合、作者语词共现、关联链接等八个方面研究构建了学术社区基于知识生产创作过程的知识交流模式;并对虚拟学术社区知识交流模式进行了初步的研究和探索。

③ 在理论探讨的基础上,本书以武汉大学测绘遥感信息工程国家重点实验室研究群体、最近十年我国图书馆学研究以及我国图书情报学科、档案学科的网络引文为例,对作者合作、作者耦合、关键词共现、网络引证等知识交流模式进行了实证分析。

④ 最后,本书有针对性地研究了学术社区知识交流模式在用户知识信息服务、学术交流政策、科研管理等中的应用。

6.2 研究展望

学术社区知识交流包含了太多复杂的因素,本书虽然围绕学术社区知识交流模式研究取得了一些初步的成果和结论,但限于笔者的能力、时间和精力,仍存在一些不足和有待进一步深入研究的问题。

① 本书虽然按照系统论的观点,将学术社区从事科学研究所依赖的物理世界和数字世界进行整合和统一,并构建了学术社区基于人际网络和知识生产过程的知识交流模式,但并没有对不同领域的学术社群进行分类探索和比较,以便得出不同学科、不同研究领域更具体、适用的交流模式,比如自然科学研究群体与人文社会科学研究群体、物理科学研究群体与生物科学研究群体、经济管理学科研究群体与宗教历史学科研究群体、理论物理研究群体与实验物理研究群体、分析化学研究群体与化学工程研究群体等。

② 本书虽然从规范研究出发,通过大量文献的研读和比较以及焦点团体的观察和访谈构建了学术社区知识交流模式,但并没有展开大规模的问卷调查和有深度的社会访谈,对人际知识交流模式进行实证检验;也没能详细调查和解释某一学科或某一领域科研人员的知识交流结构,在此基础上构建出具体的、差异化的知识交流模式甚至模型。

③ 通过本书的研究可以看出，Web 2.0 环境下用户交互协同的知识交流模式，虽然是对传统科学知识线性传播交流模式的革命性创新，但由于面临着信息质量控制、知识产权保护、网络安全威胁等一系列问题，使得它目前还没有取得和传统的正式文献传播科学知识交流同等重要的地位。但随着网络学术信息交流质量规范与学术规范的逐渐建立，网络开放存取期刊、电子预印本等交流渠道的不断兴起，以及学术信息发现优先权在网络学术交流体系中的逐渐承认和确立，Web 2.0 环境下的知识交流地位必将随之得到提升，这也为理论界和图书情报工作者提出了诸多理论和实践问题，这是今后有待努力的研究方向。

参考文献

图书:

[1] 齐曼. 真科学:它是什么,它指什么[M]. 曾国屏,译. 上海:上海科学教育出版社,2002.

[2] FERDINAND T. 共同体与社会[M]. 林荣远,译. 北京:商务印书馆,1999.

[3] 司托克斯. 基础科学与技术创新:巴斯德象限[M]. 周春彦,谷春立,译. 北京:科学出版社,1999.

[4] 科学、工程与公共政策委员会. 怎样当一名科学家:科学研究中的负责行为[M]. 刘华杰译. 北京:北京理工大学出版社,2004.

[5] 克林顿. 科学与国家利益[M]. 曾国屏,王蒲生,译. 北京:科学技术文献出版社,1999.

[6] BECHER T. 学术部落及其领地:知识探索与学科文化[M]. 唐跃勤,译. 北京:北京大学出版社,2008:1 - 251.

[7] 米哈依诺夫,乔尔内,吉里列夫斯基. 科学交流与情报学[M]. 徐新民,译. 北京:科学技术文献出版社,1980.

[8] 秦铁辉. 成才之路——学习、研究和修身的艺术[M]. 北京:北京图书馆出版社,2003.

[9] 邱均平. 信息计量学[M]. 武汉:武汉大学出版社,2007.

[10] 孙建军,李江. 网络信息计量理论、工具与应用[M]. 北京:科学出版社,2009.

[11] 库恩. 必要的张力[M]. 福州:福建人民出版社,1981.

[12] 艾莉. 知识的进化[M]. 刘民惠,译. 珠海:珠海出版社,1998.

[13] 严怡民. 现代情报学理论[M]. 武汉:武汉大学出版社,1996.

[14] 杨丹. 网络时代的社会科学知识生产[M]. 北京:社会科学文献出版社,2009.

［15］赵红州. 科学能力学引论[M]. 北京:科学出版社,1984.

［16］周文俊. 文献交流引论[M]. 北京:书目文献出版社,1986.

［17］CRANE D. 无形学院——知识在科学共同体的扩散[M]. 刘珺珺,顾昕,译. 北京:华夏出版社,1998.

［18］BARNLUND D C. A transactional model of communication[M]. New Jersey:Transaction, 2008.

［19］BERLO D K. The process of communication[M]. New York:Holt, Rinehart, & Winston, 1960.

［20］BORGMAN C L. Scholarly communication and bibliometrics[M]. Newbury Park:SAGE Publications, 1990.

［21］EGGHE L, ROUSSEAU R. Introduction to Informetrics[M]. Amsterdam:Elsevier, 1990.

［22］GIBBONS M. The New Production of Knowledge:The Dynamics of Science and Research in Contemporary Societies[M]. London:Sage, 1994.

［23］GOOD D. Individuals, Interpersonal Relations, and Trust[M]. Oxford:University of Oxford, 1988.

［24］HAGSTROM W. The scientific community[M]. New York:Basic books, Inc, 1965.

［25］KRONE K J. Communication Theory and Organizational Communication:Multiple Perspectives[M]. Newsbury Park:Sage, 1987.

［26］LANCASTER F W. Toward Paperless Information Systems[M]. London:Academic Press, 1978.

［27］LATOUR B, WOOLGAR S. Laboratory Life[M]. Princeton, N. J.:Princeton Univ. Press, 1986.

［28］LEWICKI R J, BUNKER B B. Developing and maintaining trust in work relationships, in Trust in Organizations[M] // Frontiers of Theory and Research. Thousand Oaks:Sage, 1996.

［29］MEADOWS A J. Communicating research[M]. San Diego:Academic Press, 1998.

［30］MEHRABIAN A. Silent Messages[M]. Belmont, CA:Wadsworth, 1971.

［31］NONAKA I, TAKEUCHI H. The Knowledge-Creating Company:How Japanese Companies Create the Dynamics of Innovation[M]. New York:Oxford University Press, 1995.

［32］ OECD. The knowledge-based economy［M］. Paris：OECD, 1996.

［33］ RHEINGOLD H. The Virtual Community-Homesteading on the Electronic Frontier（revised edition）［M］. Cambridge：MIT Press, 2000.

［34］ SHANNON C E, WEAVER W. The mathematical theory of communication［M］. Urbana linois：University of linois Press, 1949.

［35］ STACEY R. Complex Responsive Processes in Organizations［M］. London：Routledge, 2001.

［36］ ZUCKER L G. The production of trust：Institutional sources of economic structure in Research in Organizational Behavior［M］. Greenwich, CT：JAI Press, 1986.

期刊：

［1］ 白淑英,何明升. BBS 互动的结构与过程［J］. 社会学研究,2003(5)：16 - 17.

［2］ 包昌火,李艳,王秀玲. 人际情报网络的开发［J］. 中国信息导报,2005(11)：45 - 47.

［3］ 包昌火,谢新洲,申宁. 人际网络分析［J］. 情报学报, 2003, 22(3)：365 - 374.

［4］ 常唯. 标签在数字学术资派内容揭示中的作用研究［J］.图书馆杂志,2007(1)：46 - 52.

［5］ 常唯. 机构知识库：数字科研时代一种新的学术交流与知识共享方式［J］.图书馆杂志,2005(3)：16 - 19.

［6］ 陈向东,马金金,谢三林,等. 在线知识交流协作状况的个案研究［J］.情报理论与实践,2008(2)：263 - 266.

［7］ 陈向东,徐之路. 在线知识交流回帖动因的个案研究［J］.图书情报工作,2010(10)：30 - 34.

［8］ 陈向东. Wiki 环境下知识交流的个案研究［J］.情报理论与实践,2010,33(2)：63 - 67.

［9］ 成全. 基于 Wiki 的知识联盟创新机制研究［J］.情报理论与实践,2008,31(1)：76 - 80.

［10］ 成全. 网络环境下科学知识交流与共享模式研究［J］.科学学研究,2010,28(11)：1691 - 1699.

［11］ 戴俊,朱小梅.基于团队知识交流的组织知识转化机制研究［J］.科研管

理,2005,26(3):121-128.

[12] 朱莹,望俊成.情报学领域网络引文衰减规律研究——以三种核心期刊为例[J].情报科学,2010,28(5):699-704.

[13] 党跃武.信息交流及其基本模式初探[J].情报科学,2000,18(2):117-118.

[14] 邓丹.基于小世界网络的 NPD 团队交流网络分析[J].研究与发展管理,2005,17(4):83-86.

[15] 邓胜利,胡吉明.Web 2.0 环境下网络社群理论研究综述[J].中国图书馆学报,2010,36(189):90-94.

[16] 丁汉青,王亚萍.SNS 网络空间中"意见领袖"特征之分析——以豆瓣网为例[J].新闻与传播研究,2010(3):82-91.

[17] 范晓屏.基于知识交流的虚拟社区管理方式研究[J].经济论坛,2005(19):53-56.

[18] 方锦清.国家自然科学基金网络初探[J].中国科技资源导刊,2009,41(6):1-7.

[19] 冯博,刘佳.大学科研团队知识共享的社会网络分析[J].科学学研究,2007,25(6):1156-1162.

[20] 宫辉,徐渝.高校 BBS 社群结构与信息传播的影响因素[J].西安交通大学学报(社会科学版),2007,27(1):93-96.

[21] 顾立平.Web 2.0 环境中的学术信息检索行为[J].图书情报知识,2008(11):69-74.

[22] 顾立平.基于 Web 2.0 用户信息检索行为的交互设计:后设分析与问卷调查研究[J].图书情报知识,2009(5):26-34.

[23] 顾立平.创建与使用在 Web 2.0 搜索信息的型人——从问卷调查、深度访谈与追踪观察的心理与社会分析推导创新服务[J].图书情报知识,2010(2):10-23.

[24] 顾立平.介于用户和图书馆员的心理契约——基于问卷调查的实证研究[J].图书情报工作,2010(7):63-65.

[25] 贺德方.知识链接发展的历史、未来和行动[J].现代图书情报技术,2005(3):11-15.

[26] 侯壮.机构知识库与大学图书馆新拓展空间[J].现代情报,2006(12):39-41.

[27] 胡昌平,胡吉明,邓胜利.基于社会化群体作用的信息聚合服务[J].中国图书馆学报,2010(3):51-56.

［28］ 胡德华,方平,吴忠祖.情报学期刊网络参考文献的调查研究[J].图书情报知识,2005(6):84-86,89.

［29］ 黄晨.Lib 2.0的观念与变革——以维基(Wiki)和标签(Tag)为例[J].图书馆杂志,2007,26(8):36-39.

［30］ 黄晓斌.社会书签与网络信息推荐服务[J].情报理论与实践,2006(1):121-124.

［31］ 江小云,谭芳兰.学术博客:一种基于OA的新型学术交流模式[J].南华大学学报(社会科学版),2008,9(5):111-113.

［32］ 姜霁.知识交流及其在认识活动中的作用[J].学术交流,1993(4):59-63.

［33］ 雷雪,焦玉英,陆泉,等.基于社会认知论的Wiki社区知识共享行为研究[J].现代图书情报技术,2008(2):30-34.

［34］ 李炳昌.交流与合作激励科学创新[J].前沿,2005(4):25.

［35］ 李锡元.知识交流与共享的障碍与对策研究[J].科技管理研究,2006(9):113-115.

［36］ 林凤.提升知识管理效果的知识交流机制建设[J].商场现代化,2007(5):87-88.

［37］ 林敏,李南,季旭.研发团队知识交流网络的小世界特性分析与证明[J].情报学报,2010,29(4):732-736.

［38］ 林忠.学术博客与传统学术交流模式的差异探析[J].情报资料工作,2008(1):41-44.

［39］ 刘蓓,袁毅,Boutin Eric.社会网络分析法在论文合作网中的应用研究[J].情报学报,2008,27(3):407-417.

［40］ 刘晶.合作信息检索研究现状分析与启示[J].图书馆学研究,2011(8):85-88.

［41］ 刘丽群,宋咏梅.虚拟社区中知识交流的行为动机及影响因素研究[J].新闻与传播研究,2007,14(1):43-50.

［42］ 刘松年.试论学术交流的本质及其意义[J].科协论坛,2006(8):7-8.

［43］ 刘晓玲.社区建设与社区发展的辩证关系[J].湖南经济.2002(4):26-28.

［44］ 刘志辉,张志强.作者关键词耦合分析方法及实证研究[J].情报学报,2010,29(2):268-274.

［45］ 娄银银.基于Wiki的网络学术交流模式探析[J].情报资料工作,2007(3):53-57.

［46］ 罗勇. 亟待开展的互联网档案学研究[J]. 图书情报工作,2006,50(11):
117 - 120.

［47］ 马凤,武夷山. 中国科技期刊研究界科研合作动机及相关问题研究[J].
科技管理研究,2009(8):572 - 575.

［48］ 毛波,尤雯雯. 虚拟社区成员分类模型[J]. 清华大学学报(自然科学
版),2006,46(S1):1069 - 1073.

［49］ 毛凌翔. 网络信息资源档案化及其服务的探讨[J]. 档案学研究,2012
(2):50 - 55.

［50］ 宓浩. 知识、知识材料和知识交流——图书馆情报学引论(纲要)之一
[J]. 图书馆学研究,1998(6):28 - 35.

［51］ 倪蕙文. 知识创新体系中知识交流特征分析[J]. 情报杂志,2004(10):
73 - 74.

［52］ 彭红彬,王军. 虚拟社区中知识交流的特点分析——基于 CSDN 技术
论坛的实证研究[J]. 现代图书情报技术,2009(4):44 - 49.

［53］ 邱均平,丁敬达. 1999—2008 年我国图书馆学研究的实证分析(上)
[J]. 中国图书馆学报,2009,35(183):72 - 79.

［54］ 邱均平,丁敬达. 1999—2008 年我国图书馆学研究的实证分析(下)
[J]. 中国图书馆学报,2009,35(184):79 - 87.

［55］ 任锁宁. 虚拟学习社区异步互动发帖研究[J]. 软件导刊,2009
(4): 64 - 66.

［56］ 沈丽宁. 学术信息合作查寻行为及其动机剖析[J]. 情报理论与实践,
2010,33(11):86 - 89.

［57］ 施杨,李南. 研发团队知识交流网络中心性对知识扩散影响及其实证研
究[J]. 情报理论与实践,2010,33(4):28 - 31.

［58］ 宋丽萍. 基于网络的学术信息交流体系构建[J]. 图书情报工作,2007,
51(2):75 - 78.

［59］ 苏芳荔. 国内外网络引文分析研究比较[J]. 情报资料工作,2009(6):
10 - 13.

［60］ 孙坦. 关于新世纪图书馆变革的若干思考[J]. 图书情报工作,2000(8):
64 - 67.

［61］ 谭萍. 贝尔纳与默顿:科学社会学研究纲领比较[J]. 理论月刊,2006
(5):43 - 45.

［62］ 谭支军. Wiki 在教育教学中的应用初探[J]. 中国远程教育,2005(5):
66 - 68.

[63] 陶志梅,王瑞文.高校知识交流环境变化对高校科研管理改革的影响[J].科技管理研究,2008(10):99-100.

[64] 汪丁丁.知识沿时间和空间的互补性以及相关的经济学[J].经济研究,1997(6):70-78.

[65] 王飞绒,柴晋颖,龚建立.虚拟社区知识共享影响因素的实证研究[J].浙江工业大学学报(社会科学版),2008,7(3):283-289.

[66] 王瑞文,刘东鹏.构建高校学术信息机构库的知识交流环境分析[J].情报理论与实践 2008(4):554-556.

[67] 王晓光.科学知识网络的形成与演化(Ⅱ):共词网络可视化与增长动力学[J].情报学报,2010,29(2):314-320.

[68] 王欣妮.基于博客的图书馆学学术交流系统思考和启示[J].图书情报工作,2009,53(1):93-96.

[69] 王学东,易明,占旺国.虚拟团队中知识共享的社会网络嵌入性视角[J].情报科学,2009,29(12):1761-1764.

[70] 王艳.以计算机为中介的知识交流[J].图书馆学研究,2000(1):7-10.

[71] 王曰芬.人际情报网络分析的方法和模型研究[J].情报学报,2007,26(4):574-582.

[72] 王真星.基于本体的协同知识交流模型[J].计算机工程,2007,33(2):1-3.

[73] 温有奎,焦玉英.知识元语义链接模型研究[J].图书情报工作,2010,54(12):27-30.

[74] 吴海霞,朱志伯.知识的非正式交流与机构知识库[J].情报探索,2009(12):18-21.

[75] 吴慰慈.回顾过去 展望未来 开拓前进——建设 21 世纪图书馆学学科体系[J].中国图书馆学报,1998(5):3-6.

[76] 徐丽芳.科学交流系统的要素、结构、功能及其演进[J].图书情报知识,2008(11):114-117.

[77] 徐丽芳.论科学交流及其研究的流变[J].情报科学,2008,26(10):1461-1463.

[78] 徐美凤,叶继元.学术虚拟社区知识共享主体特征分析[J].图书情报工作,2010,54(22):111-113.

[79] 徐树维,范炜.用户协作检索研究述评[J].情报科学,2010(7):1108-1112.

[80] 杨思洛.国外网络引文研究的现状及展望[J].中国图书馆学报,2010

(4):72-82.

[81] 杨玉兵,潘安成.强联系网络、重叠知识与知识转移关系研究[J].科学学研究,2009,27(1):25-29.

[82] 杨中楷,梁永霞.专利引用过程中的知识活动探析[J].科研管理,2010,31(2):171-177.

[83] 一凡.创新环境下的社会科学情报事业——记"中国社会科学情报合作与创新论坛"[J].国外社会科学,2008(5):13.

[84] 应洪斌,沈瑶.非正式网络中隐性知识传递的影响机制研究[J].科研管理,2009,30(4):130-137.

[85] 余菲菲,林凤.基于层次分析法的隐性知识交流与共享效果评估[J].科技进步与对策,2007(10):185-187.

[86] 员巧云,程刚.隐性知识交流中的透视变换[J].中国图书馆学报,2007(5):95-98.

[87] 曾翠,高波.基于学习共用空间的知识交流研究[J].图书情报工作,2010,54(2):21-25.

[88] 曾建勋.知识链接的研究现状与发展趋势[J].情报理论与实践,2011,34(2):122-123.

[89] 翟杰全.国家科技传播体系内的知识交流研究[J].科研管理,2002,23(2):5-11.

[90] 翟金金,刘敏榕.竞争情报活动中的人际网络研究综述[J].图书与情报,2007(4):82-84.

[91] 张翠英,安美荣,王建芳.Web引文数量探析[J].情报学报,2004,23(5):566-570.

[92] 张钢,倪旭东.从知识分类到知识地图:一个面向组织现实的分析[J].自然辩证法通讯,2005(1):60-69.

[93] 张林龙.网络定题信息服务初探[J].图书情报知识,2003(4):59-61.

[94] 张三保,李锡元.走向正和博弈的知识交流与共享[J].科学管理研究,2005,23(6):89-92.

[95] 张晓林.开放数字环境下的参考文献链接[J].现代图书情报技术,2002(1):9-10.

[96] 张永祥.促进档案馆隐性知识交流与传递的策略研究[J].云南档案,2008(2):44-45.

[97] 张玥,朱庆华.Web 2.0环境下学术交流的社会网络分析——以博客为例[J].情报理论与实践,2009(8):28-32.

［98］ 赵静. 高校知识交流的特点与控制［J］. 图书馆理论与实践,2006(1):88－90.

［99］ 赵营波. 科学、学术、知识、文化之间的区别和联系——兼论大协调文化观［J］. 未来与发展,2002(3):4－8.

［100］ 中国科学技术协会调研宣传部. 2008 年中国科技工作者状况调查［J］. 科技导报,2009(13):19－26.

［101］ 周和荣,张鹏程,张金隆. 组织内非正式隐性知识转移机理研究［J］. 科研管理,2008,29(5):70－76.

［102］ 周毅. 网络信息存档:档案部门的责任及其策略［J］. 档案学研究,2010(1):70－73.

［103］ 朱红涛. 知识特性对知识交流效率的影响研究［J］. 情报理论与实践,2012,35(7):34－37.

［104］ 朱宁,聂应高. 网络学术信息参考源的可信度辨析［J］. 情报理论与实践,2011,34(2):62－66.

［105］ ZUCCALA A. Modeling the invisible college［J］. Journal of the American Society for Information Science and Technology, 2006, 57(2):152－168.

［106］ ABRAHAMSON E. Management fashion［J］. Academy of Management Review, 1996, 21(1):254－285.

［107］ ALKJAERSIG L. Knowledge exchange and cooperation in the university environment［J］. DF Revy, 2006, 29(3):4－6.

［108］ ANDREA W. Citations to Web Pages in Scientific Articles: The Permanence of Archived References［J］. Annals of Emergency Medicine, 2011, 57(2):165－168.

［109］ BAR-IIAN J, PERITZ B C, WOLMAN Y. A survey on the use of electronic databases and electronic Journals accessed through the web by the academic staff of Israeli universities［J］. The Journal of Academic Librarianship, 2003, 29(6):346－361.

［110］ BARRY B, CORLEY E. Scientists' collaboration strategies: Implications for scientific and technical human capital［J］. Research Policy, 2004, 33(4):599－616.

［111］ BARRY B, FULMER I S. The medium and the message: The adaptive use of communication media in dyadic influence［J］. The Academy of Management Review, 2004, 29(2):272－292.

[112] BARTEL C A, SAAVEDRA R. The collective construction of work group moods[J]. Administrative Science Quarterly, 2000, 45(2): 197 - 231.

[113] BECKER G, MURPHY K. The Division of Labor, Coordination Costs and Knowledge[J]. Quarterly Journal of Economics, 1992(11): 1137 - 1160.

[114] BENDER S, FISH A. Transfer of knowledge and the retention of expertise: the continuing need for global assignments[J]. Knowledge Management, 2000, 4(2):125 - 137.

[115] BIAN Y J. Bringing strong ties back in: Indirect ties, network bridges, and job searches in China[J]. American Sociological Review, 1997(62):366 - 385.

[116] BROWN J, DUGUID P. Organizing knowledge [J]. California Management Review, 1998, 40(3):90 - 111.

[117] CALLON M, LAVILLE F. Co-word Analysis as a tool for Describing the Netword for Interactions Between Basic and Technological Research: The Case of Polymer Chemistry[J]. Scientometrics, 1991, 22(1):155 - 205.

[118] CHAMPIKA L. Knowledge communication and translation-knowledge transfer model[J]. Journal of knowledge management. 2009, 13(3):118 - 131.

[119] CHEN C. Visualizing semantic spaces and author co-citation networks in digital libraries [J]. Information Processing and Management, 1999, 35(2):401 - 420.

[120] CORREIA AMR, TEIXEIRA JC. Reforming scholarly publishing and knowledge communication-From the advent of the scholarly journal to the challenges of open access[J]. Online Information Review, 2005, 29(4):349 - 364.

[121] CRANEFIELD J, YOONG P. Organisational factors affecting inter-organisational knowledgetransfer in the New Zealand state sector-a case study[J]. The Electronic Journal for Virtual Organizations and Networks, 2005, 7(12).

[122] DAFT R L, LENGEL R H. Organizational information requirements, media richness and structural design[J]. Management Science, 1986,

32(2):554 – 571.

[123] DAS T K, TENG B. Between trust and control: Developing confidence in partner cooperation in alliances[J]. Academy of management Review, 1998, 23(3):491 – 512.

[124] DESCY D E. The Wiki true Web democracy[J]. TechTrends, 2006 (50):4 – 5.

[125] DIMAGGIO P J, POWELL W W. The iron cage revisited-Institutional isomorphism and collective rationality in organizational fields [J]. American Sociological Review, 1983, 48(2):147 – 160.

[126] DION H G, PENG K N. Link Decay in Leading Information Secience Journals[J]. Journal of the American Society for Information Science and Technology, 2007(58):15 – 24.

[127] EMIRBAYER M, GOODWIN J. Network analysis, culture, and the problem of agency[J]. American Journal of Sociology, 1994, 99(2): 1411 – 1454.

[128] FREEMAN C. The Economics of Technical Change[J]. Cambridge Journal of Economics, 1994(18):463 – 514.

[129] GARFIELD E. Citation indexes for science, A new dimension in documentation through association of ideas[J]. Science, 1995(122): 108 – 112.

[130] GERRY M. New Products in Grey Literature-arXiv. org: the Los Alamos National Laboratory E-print Server [J]. The International Journal on Grey Literature, 2000(3):127 – 138.

[131] GIBBONS D E. Friendship and advice networks in the context of changing professional values [J]. Administrative Science Quarterly, 2004(49):238 – 262.

[132] GOH D H L, NG P K. Link Decay in Leading Information Science Journals [J]. Journal of the American Society for Information Science & Technology, 2007, 58(1):15 – 24.

[133] GORAN M. Pragmatism and self-organization Research collaboration on the individual level[J]. Research Policy, 2000(29):31 – 40.

[134] GRANOVETTER M. Economic Action and Social Structure: The Problem of Embeddedness[J]. American Journal of Sociology, 1985, 91(3):481 – 510.

[135] HAMEL G. Competition for competence and inter-partner learning within international strategic alliances [J]. Strategic Management Journal, 1991(12):97 - 98.

[136] HANSEN M T. The search transfer problem: The role of weak ties in sharing knowledge across organization subunits [J]. Administrative Science Quarterly, 1999(44):82 - 111.

[137] HENDRIKS P. Why share knowledge? The influence of ICT on motivation of knowledge sharing [J]. Knowledge and Process Management, 1999, 6(2):91 - 100.

[138] HERSCHEL R T. Tacit to explicit knowledge conversion: knowledge exchange protocols[J]. Journal of Knowledge Management, 2001, 5 (1):107 - 116.

[139] HIPPLE V. "Sticky information" and the locus of problem solving: implications for innovation[J]. Management Science, 1994, 40(4): 429 - 439.

[140] HOOFF B. Knowledge sharing in context-the influence of organisational commitment, communication climate and CMC use on knowledge sharing[J]. Journal of Knowledge Management, 2004, 8(6):17 - 30.

[141] HUMMON N P, DOREIAN P. Connectivity in a Citation Network: The Development of DNA Theory[J]. Social Networks, 1989(11): 39 - 63.

[142] HURD J M. The Transformation of Scientific Communication: A model for 2020[J]. Journal of the American Society for Information Science, 2000, 51(14):663 - 703.

[143] JANSEN D, GORTZ R, HEIDLER R. Knowledge production and the structure of collaboration networks in two scientific fields [J]. Scientometrics, 2010, 83(1):219 - 241.

[144] KANG M, SUH H, KWON S. Web-Based Knowledge Construction System[J]. Journal of Educational Technology, 2000, 16(4):56 - 68.

[145] KELVIN C. The synergy of social network analysis and knowledge mapping: a case study[J]. Management and Decision Making, 2006, 7 (1):19 - 35.

[146] KOUSHA K, THELWALL M. Google Scholar citations and GoogleWeb/ URL citations: A multi-discipline exploratory analysis[J]. Journal of

the American Society for Information Science and Technology, 2007, 58(7):1055 - 1065.

[147] KOUSHA K, THELWALL M. Motivations for URL citations to open access library and information science articles[J]. Scientometrics, 2006, 68(3):501 - 517.

[148] KRACKHARDT D. Assessing the political landscape: structure, cognition and power in organizations [J]. Administrative Science Quarterly, 1990(35):342 - 369.

[149] KRACKHARDT D, HANSON J R. Informal networks: the company behind the chart[J]. Harvard Business Review, 1993, 71(4): 104 - 111.

[150] KRETSHMER H. Author productivity and geodesic distance in bibliographic co-authorship networks, and visibility on the Web[J]. Scientometrics, 2004, 60(3):410.

[151] LAW J, BAUIN S, COURTIAL J-P, et al. Policy and the Mapping of Scientific Changer: A co-word analysis of Research into Environmental Acidification [J]. Scientometrics, 1988, 14 (3—4): 251 - 264.

[152] LEYDESDORFF L. A Triple Helix of University-Industry-Government Relations[J]. The Journal of Science & Health Policy, 2000, 1(1): 51 - 60.

[153] LIEVROUW L A. Four programs of research in scientific communication [J]. Knowledge in Society, 1988(1):6 - 22.

[154] LIN F L. Prestige as an Indicator of Knowledge Exchange in the Community of School Technology Coordinators [J]. Online Information Review, 2010, 34(1):5 - 20.

[155] LIND M R, ZMUD R W. Improving interorganizational effectiveness through voice mail facilitation of peer-to-peer relationships [J]. Organization Science, 1995, 6(4):445 - 461.

[156] LING L Z. Study on improving efficiency of knowledge sharing in knowledge-intensive organization[J]. Internet and network economics: First International Workshop, WINE, Hong Kong, China, 2005(12):15 - 17.

[157] LIYANAGE C. Knowledge communication and translation-a knowledge transfer model[J]. Journal of knowledge management, 2009, 13(3):

118 - 131.

[158] LUYT B, TAN D. Improving Wikipedia's credibility: References and citations in a sample of history articles [J]. Journal of the American Society for Information Science and Technology, 2010, 61 (4): 715 - 722.

[159] MACDONALD K. Alzheimer Knowledge Exchange: turning information into action[J]. Feliciter, 2007, 53(1):46 - 47.

[160] MARGARETE B. Knowledge communication in computer-supported groups: theoretical background and empirical results [J]. Information:Wissenschaft & Praxis, 2008, 59(1):41 - 48.

[161] MARICUS B. Multinational licensing as part of Knowledge Exchange [J]. Zeitschrift fur Bibliothekswesen und Bibliographie, 2009, 56(6): 339 - 346.

[162] MCCAIN K W. Mapping authors in intellectual space: a technical overview [J]. Journal of the American Society for Information Science, 1990, 41(6):433 - 443.

[163] MEIER-EHLERS P. "Enrich Your Library"—International Knowledge Exchange between Inimitability and Sustainability [J]. BuB Forum Bibliothek und Information, 2009(2):112 - 113.

[164] MICHEL C. Four Models for the Dynamics of Science[J]. Handbook of Science and Technology Studies, 1995(11):32 - 43.

[165] MORENO A. Enhancing knowledge exchange through Communities of Practice at the Inter-American Development Bank [J]. Aslib Proceedings, 2001, 53(8):296 - 308.

[166] MORRISON E W. Newcomers' relationships: The role of social network ties during socialization [J]. Academy of Management Journal, 2002, 45(6):1149 - 1160.

[167] MOSSINK W. Knowledge Exchange multinational licensing tender:an evaluation[J]. Serials, 2008, 21(1):19 - 24.

[168] NAHAPIET J, GHOSHAL S. Social Capital, Intellectual Capital and the Organizational Advantage [J]. Academy of Management Review, 1998, 23(2):242 - 266.

[169] NEWMAN M E J. The structure of scientific collaboration networks [J]. Proceedings of the National Academy of Sciences, 2001, 98(2):

404 - 409.

[170] NEWMAN M E J. Coauthorship networks and patterns of scientific collaboration[J]. Proceedings of the National Academy of Sciences, 2004(101):5200 - 5205.

[171] NONAKA I. A dynamic theory of organizational knowledge creation [J]. Organization Science, 1994, 5(1):15 - 16.

[172] OERMANN M H. Web citations in the nursing literature: how accurate are they[J]. Journal of Professional Nursing, 2008, 24(6): 347 - 351.

[173] OHRSTROM B. Knowledge Sharing through Knowledge Exchange Cooperation[J]. DF Revy, 2008, 31(6):4 - 6.

[174] OTTE E, ROUSSEAU R. Social network analysis: A powerful strategy, also for the information sciences[J]. Journal of information science, 2002, 28(2):443 - 455.

[175] PARK H W, LEYDESDORFF L. Knowledge linkage structures in communication studies using citation analysis among communication journals[J]. Scientometrics, 2009, 81(1):157 - 175.

[176] PAUL G. Content in institutional repositories: a collection management issue[J]. Library Management, 2004, 25(6):300 - 306.

[177] RAY P P. Knowledge communication in Tagore's Model for rural reconstruction: an Overview[J]. Annals of Library and Information Studies, 2005, 52(3):94 - 102.

[178] RENNOLLS K, AL-SHAWABKEH A. Formal structures for data mining, knowledge discovery and communication in a knowledge management environment [J]. Intelligent Data Analysis, 2008, 12(2):147 - 163.

[179] RIAHINIA N. Web citation persistence over time: a retrospective study[J]. The Electronic Library, 2011, 29(5):609 - 620.

[180] RICHARD K. Institutional Repositories Partnering with Faculty to Enhance Scholarly Communication[J]. D-Lib Magazine, 2002, 8(11).

[181] RINIA E J. Citation delay in interdisciplinary knowledge exchange [J]. Scientometrics, 2001, 51(1):293 - 309.

[182] ROWLANDS I. Knowledge production, consumption and impact: policy indicators for a changing world[J]. Aslib Poreeedings: New

Information Perspectives, 2003(2):5 - 12.

[183] RIAHINIA N. Web citation persistence over time: a retrospective study[J]. The Electronic Library, 2011, 29(5):609 - 620.

[184] SAPARITO P A, Gopalakrishnan S. The Influence of Communication Richness, Self-Interest, and Relational Trust on Banks' Knowledge About Firms Within the Small-Cap Debt Finance Markets[J]. IEEE Transactions on Engineering Management, 2009, 56(3):436 - 447.

[185] SAPARITO P. The role of relational trust in bank-small firm relationships [J]. The Academy of Management, 2004, 47(3):400 - 410.

[186] SCHARMER C O. Self-transcending knowledge: sensing and organizing around emerging opportunities[J]. Journal of Knowledge Management, 2001, 5(2):137 - 151.

[187] SMALL H, GREENLEE E. Citation context analysis of a co-citation cluster: Recombinant-DNA[J]. Scientometrics, 1980, 2(4):277 - 301.

[188] SMITH M. The trend toward multiple authorship in psychology[J]. American Psychologist, 1958, 13(10):596 - 599.

[189] SONNENWALD D H. Designing to support situation awareness across distances: an example from a scientific collaborator [J]. Information Processing & Management, 2004, 40(6):989 - 1011.

[190] SOOHO L, BOZEMAN B. The impact of research collaboration on scientific productivity[J]. Social Studies of Science, 2004, 35(5): 673 - 702.

[191] STEPHANIE T, STEVEN W. Comunication:Scientific Collaborations at a Distance[J]. Science, 2001, 292(5525):2254 - 2255.

[192] STEPHEN P M. Using social network analysis to visualize project teams[J]. Project Management Journal, 2001, 32(4):32 - 38.

[193] SUZUKI S. Cultural transmission in international organizations:Impact of interpersonal communication patterns in intergroup contexts[J]. Human Communication Research, 1997, 24(1):147 - 181.

[194] SZULANSKI G. Exploring internal stickiness: impediments to the transfer of best practice within the firm[J]. Strategic Management Journal, Winter Special Issue, 1999(17):27 - 44.

[195] TAJEDDINI O, AZIMI A. Death of web citations:a serious alarm for

authors[J]. Malaysian Journal of Library & Information Science, 2011, 16(3):17 - 29.

[196] TONTA Y, DARVISH H R. Diffusion of latent semantic analysis as a research tool: A social network analysis approach[J]. Journal of informetrics, 2010, 4(2):166 - 174.

[197] TORAL S L, MARTÍNEZ-TORRES M R, BARRERO F. Analysis of Virtual Communities supporting OSS Projects using Social Network Analysis[J]. Information and Software Technology, 2010, 52(3):296 - 303.

[198] TYSHENKO M G, PHILLIPS K P, MEHTA M, et al. Risk communication of endocrine-disrupting chemicals: Improving knowledge translation and transfer[J]. Journal of Toxicology and Environmental Health-Part B-Critical Reviews, 2008, 11(3):345 - 350.

[199] UPHAM S P, ROSENKOPF L, UNGAR L H. Innovating knowledge communities: An analysis of group collaboration and competition in science and technology[J]. Scientometrics, 2010(83):525 - 546.

[200] UZZI B. Social structure and competition in interfirm networks: the paradox ofmbeddedness[J]. Administrative Science Quarterly, 1997 (42):35267.

[201] WALSH J P, Tbaymaodd Bayma. The Virtual College: Computer-Mediated Communication and Scientific Work[J]. The Information Society, 1996, 12(4):343 - 363.

[202] WANG X G, JIANG T T, MA F C. Blog-supported scientific communication: An exploratory analysis based on social hyperlinks in a Chinese blog community[J]. Journal of Information Science, 2010, 36(6):690 - 704.

[203] WATTS D J, STROGATZ S H. Collective dynamics of "small-world" network[J]. Nature, 1998(393):440 - 442.

[204] WHITE H D. Pathfinder networks and author co-citation analysis: A re-mapping of paradigmatic information scientists[J]. Journal of the American Society for Information Science and Technology, 2003:54 (5):423 - 434.

[205] WHITE H D. Author co-citation: A literature measure of intellectual structure [J]. Journal of the American Society for Information

Science, 1981, 32(3):163 - 169.

[206] WHITE H D. Visualizing a discipline: an author co-citation analysis of information science, 1972—1995 [J]. Journal of the American Society for Information Science, 1998, 49(4):327 - 355.

[207] YAN E J, DING Y, ZHU Q H. Mapping library and information science in China: A coauthorship network analysis [J]. Scientometrics, 2010, 83(1):115 - 131.

[208] YLI-RENKO H, AUTIO E. Social capital, knowledge acquisition, and knowledge exploitation in young technology-based firms [J]. Strategic Management Journal, 2001, 22(6):587 - 613.

[209] ZHAO D Z. Evolution of Research Activities and Intellectual Influences in Information Science 1996—2005: Introducing Author Bibliographic-Coupling Analysis[J]. Journal of the American society for information science and technology, 2008, 59(13):2070 - 2086.

[210] ZUCCALA A. Mapping review networks: Exploring research community roles and contributions[J]. scientometrics, 2009, 81(1): 111 - 122.

论文:

[1] 成全.基于网络协同的专家知识共享研究[D].武汉:武汉大学,2009.

[2] 邓胜利.基于用户体验的交互式信息服务[D].武汉:武汉大学,2008.

[3] 甘永成.虚拟学习社区中的知识建构和集体智慧研究[D].上海:华东师范大学,2004.

[4] 侯婕.近十年来国内外图书馆学情报学进展的比较研究[D].武汉:武汉大学,2009.

[5] 李麟.开放获取对科研人员学术交流行为的影响与对策研究[D].北京:中国科学院国家科学图书馆,2006.

[6] 李正风.科学知识生产方式及其演变[D].北京:清华大学,2005.

[7] 梁永霞.引文分析学中的知识计量研究[D].大连:大连理工大学.2009.

[8] 刘佳.基于网络的学术信息交流方法与模式研究[D].长春:吉林大学,2007.

[9] 马瑞敏.基于作者学术关系的科学交流研究[D].武汉:武汉大学,2009.

［10］沈瑶.非正式网络中隐性知识传递效果的影响机制研究[D].杭州:浙江大学,2007.

［11］宋歌.网络理论与方法在引文分析中的应用研究[D].南京:南京大学,2008.

［12］王东.虚拟学术社区知识共享机制研究[D].长春:吉林大学,2010.

［13］王磊.大学创新学术团队研究[D].上海:华东师范大学,2008.

［14］王晓光.基于社会网络的知识转移研究[D].武汉:武汉大学,2007.

［15］武淑媛.社会网络视角下的高校科研团队知识交流研究[D].大连:大连理工大学,2010.

［16］谢彩霞.科学合作方式及其功能的科学计量学研究[D].大连:大连理工大学,2006.

［17］于长福.社会网络分析法在网络人际关系中的应用研究[D].武汉:武汉大学,2009.

［18］赵琴琴.虚拟科技创新团队的知识流动机制研究[D].哈尔滨:哈尔滨工业大学,2009.

［19］赵万里.建构论与科学知识的社会建构[D].天津:南开大学,2000.

［20］周春雷.基于 h 指数的学术授信评价研究[D].武汉:武汉大学,2010.

［21］RIOUX K S. Information acquiring and sharing theory in internet based environments: An exploratory study of individual user behaviors[D]. Austin:The University of Texas at Austin, 2004.

电子文献:

［1］博客和 BBS 的区别[EB/OL].[2010-10-06]. http://zhidao.baidu.com/question/20946894.html? si=5.

［2］陈丽美.学术传播[EB/OL].[2012-12-05]. http://shupiny.googlepages.com/schcomm.ppt.

［3］范并思.老槐也博客[EB/OL].[2010-11-08]. http://oldhuai.bokee.com.

［4］关于 Tags,背景解说和应用设想[EB/OL].[2010-12-01]. http://www.dwei.net/blog/article.aspid=2.

［5］郭萍.一束最美丽的"激光"——再记优秀共产党员、中科院院士、哈工大教授马祖光[R/OL].[2010-07-24]. http://www.jyb.cn/gb/2004/08/03/zy/jryw/1.htm.

［6］老槐也博客[EB/OL].[2010-09-08]. http://oldhuai.bokee.com.

[7] 彭实戈. 倒向随机微分方程理论的一段往事[R/OL]. [2010 - 11 - 06].
http：// blog. sina. com. cn/s/blog_56c1bca10100gbxf. html.

[8] 数学家彭实戈：中国金融数学的开创者[R/OL]. [2010 - 11 - 06].
http：// www. hinews. cn/news/system/2008/04/29/010229487_01.
shtml.

[9] 吴建中. 建中读书[EB/OL]. [2012 - 03 - 08]. http：// www. wujianzhong.
name/.

[10] 武夷山[EB/OL]. [2012 - 03 - 06]. http：// blog. sciencenet. cn/home.
php？ mod＝space＆uid＝1557.

[11] 杨立英. "科学前沿领域"挖掘的文献计量学方法研究[EB/OL]. [2011
- 08 - 04]. http：//ir. las. ac. cn/handle/12502/3849.

[12] 中国互联网信息中心. 第 30 次中国互联网络发展状况调查统计报告
[EB/OL]. [2012 - 07 - 16]. http：// www. cnnic. net. cn/dtygg/dtgg/
201207/t20120719_32230. html.

[13] TABS. 基于 Web 2. 0 的用户群体交互分析及其服务拓展研究[EB/
OL]. [2009 - 01 - 07]. http：// www. lcls. org/tabs/.

[14] ACKERMAN M S. Providing Social Interaction in the Digital Library
[EB/OL]. [2010 - 08 - 23]. http：// citeseerx. ist. psu. edu/viewdoc/
download？ doi＝10. 1. 1. 48. 2437＆rep＝rep1＆type＝pdf.

[15] American Library Association. Scholarly communication [EB/OL].
[2011/01/21]. http：// acrl. ala. org/scholcomm/node/21.

[16] Communication[EB/OL]. [2010 - 10 - 16]. http：// www. k12. wa. us/
CurriculumInstruct/Communications/default. aspx.

[17] DIANE H. Scholarly communication：academic values and sustainable
models[R/OL]. [2010 - 10 - 10]. http：// cshe. berkeley. edu/
publications/docs/scholarlycomm_report. pdf.

[18] HEATH A. Using Social Network Analysis to Study the Interaction
Patterns in an Online Knowledge Community[EB/OL]. [2010 - 09 - 12].
http：//onlinelibrary. wiley. com/doi/10. 1002/meet. 14503901114/full.

[19] HITCHCOCK S, BERGMARK D. Open citation linking：The way
forward[EB/OL]. [2010 - 07 - 22]. http：// www. dlib. org/dlib/
october02/hitchcock/10hitchcock. html.

[20] HTTP-Hypertext Transfer Protocol[EB/OL]. [2012 - 05 - 29]. http：
// www. w3. org/Protocols/.

[21] KAREN C. Free the Data:Discussion Panel at IFLA 2008 [EB/OL].
[2012 - 02 - 09]. http: // community. oclc. org/meatlogue/archives/
2008/08/freethedatadiscussionpane. html.

[22] KENNEY A R. Preservation risk management for Web resources:
Virtual remote control in Cornell's project prism[EB/OL]. [2012 - 07
- 02]. http: // www. dlib. org/dlib/january02/kenney/01kenney. html.

[23] MARON N L, KIRBY SMITH K. Current Models of Digital
Scholarly Communication[EB/OL]. [2012 - 03 - 01]. http: // www.
arl. org/bm～doc/current-models-report. pdf.

[24] PRINCE V. Modelling and managing knowledge through dialogue:A
model of communication-based knowledge management [EB/OL].
[2010 - 11 - 08]. http: // hal-lirmm. ccsd. cnrs. fr/docs/00/12/28/46/
PDF/VPicsoft2. pdf.

[25] Remote Link Checker[EB/OL]. [2012 - 03 - 29]. http: // www. tali.
com/linker. html.

[26] ROOSENDAAL H E. Forces and functions in scientific communication:
an analysis of their interplay[EB/OL]. [2010 - 09 - 21]. http: //
www. physik. Uni-oldenburg. de/conferences/crisp97/roosendaal.
html.

[27] STEVAN H. Research Access, Impact and Assessment [EB/OL].
[2010 - 11 - 03]. http: // www. ecs. soton. ac. uk/～harnad/Tp/thes1.
html.

[28] TERVEEN L G, HILL W C. Evaluating Emergent Collaboration on
the Web[EB/OL]. [2010 - 12 - 02]. http: // portal. acm. org/citation.
cfm? id=289510.

[29] WELLMAN B, GULIA M. Virtual communities as communities[EB/OL].
[2010 - 11 - 01]. http: // books. google. com/books? hl=zh-CN&lr=&id
=harO_jeoyUwC&oi = fnd&pg = PA167&dq = ％E5％9C％A8％E6％
A0％87％E9％A2％98:＋Virtual＋communities＋as＋communities&ots
= JWWPcGeywU&sig = SpBiCWjcG6YxPaPfpxcJ6aLNp7M ♯ v =
onepage&q&f=false.

[30] WISER-Web indicators for science, technology & Innovation research
[EB/OL]. [2010 - 11 - 28]. http: // www. wiserweb. org/WI-
documents/WP3-1. html.

后 记

时光荏苒,转眼间来上海工作已近两年;回首往事,"求索"之路仍历历在目。学习、工作、再学习、再工作……尤其难忘在武汉大学攻读博士学位期间忙碌而充实的一千多个日日夜夜。东湖之滨、珞珈山下,我尽情地吮吸着知识的琼浆、聆听着智者的教诲、享受着求知的乐趣! 其间,我先后参与了导师邱均平教授主持的两项国家自然科学基金项目、一项"985"工程过渡期项目和多个科学评价项目的研究工作,在邱老师的悉心指导下,我接受了系统的科研训练,掌握了信息资源计量与评估的相关理论、方法和技术,初步具备了将这些理论、方法和技术应用于信息资源管理的素质和能力。

本书是在我博士学位论文的基础上修改而成的。我深深地感谢我的导师邱均平教授多年来对我的谆谆教诲、悉心指导、热心鼓励和苦心鞭策。邱老师渊博的知识、敏锐的学术眼光、深邃的洞察力、坦诚率真的学者风度,传授给我的是一生取之不尽、用之不竭的宝贵财富!

感谢赵蓉英教授、王伟军教授、董慧教授、查先进教授、唐晓波教授、张美娟教授、周黎明编审等在论文开题中给予我的指导和建议! 感谢马费成教授、陈传夫教授、胡昌平教授、张玉峰教授、李纲教授、查先进教授、唐晓波教授、邓仲华教授、沈阳教授等三年来对我的指导和教诲!

感谢谭春辉、任全娥、马瑞敏、什培源、程妮、罗力、周春雷、苏金燕等师兄师姐,王菲菲、胡伟雄、宋艳辉、曾倩、谢辉、温芳芳、马凤、瞿辉、杜晖、余凡等师弟师妹对我的帮助和厚爱! 感谢同班好友温有奎、杨思洛、望俊成、彭敏慧、许洁、赵雪芹、牛春华、陈明红、宋琳琳、李海涛、张耀坤、胡凤、丁韧、杨瑞仙、霍艳芳、朱红涛、王云娣、徐军华等一起的切磋和交流,他们横溢的才华、丰富的才情,始终能促使我快乐前行! 共同的求学生涯带给我们的是美好的回忆、友谊天长地久!

感谢上海大学图书情报档案系金波教授、潘玉民教授、吕斌教授、丁华东教授、于英香教授以及同事们的支持和帮助! 此外,还要感谢他们对我工作、生活上所给予的无微不至的关心和照顾!

在本书的写作和完善过程中,借鉴和参考了大量的资料和论著,这些论文、书籍及报刊资料为本书提供了有益的启发和帮助,在此,谨向各位作者表示诚挚的感谢!感谢世界图书出版上海有限公司吴柯茜编辑为本书的出版所付出的辛苦劳动!由于本人水平、写作时间有限,本书定会存在一些谬误或不足之处,恳请读者和专家批评指正!

最后,还要感谢我善良的妻子,是她用柔弱的双肩挑起了抚养孩子、赡养老人的重担,让我在而立之年还能够专心致志地攻读博士学位、全身心的投入科研和教学工作!感谢敬爱的老母亲给予我的理解和支持!感谢我儿子天真烂漫的笑脸带给我的快乐、希望和前进的动力!'

丁敬达

2012 年 6 月于上海大学